中日现代物流研究成果精编

日本企业共同物流案例精选

李 瑞 雪
（日）大矢昌浩　主编

中国财富出版社有限公司

图书在版编目（CIP）数据

日本企业共同物流案例精选／李瑞雪，（日）大矢昌浩主编. — 北京：中国
财富出版社有限公司，2024. 2

（中日现代物流研究成果精编）

ISBN 978－7－5047－8075－1

Ⅰ.①日… Ⅱ.①李… ②大… Ⅲ.①物流-案例-汇编-日本
Ⅳ.①F253.13

中国国家版本馆 CIP 数据核字（2024）第 026121 号

策划编辑 郑欣怡		**责任编辑** 白 昕 陈 嘉		**版权编辑** 李 洋	
责任印制 尚立业		**责任校对** 张营营		**责任发行** 敬 东	

出版发行	中国财富出版社有限公司	
社　　址	北京市丰台区南四环西路 188 号 5 区 20 楼	**邮政编码**　100070
电　　话	010－52227588 转 2098（发行部）	010－52227588 转 321（总编室）
	010－52227566（24 小时读者服务）	010－52227588 转 305（质检部）
网　　址	http：//www.cfpress.com.cn	**排　　版** 宝蕾元
经　　销	新华书店	**印　　刷** 北京九州迅驰传媒文化有限公司
书　　号	ISBN 978－7－5047－8075－1/F・3633	
开　　本	710mm×1000mm　1/16	**版　　次** 2024 年 2 月第 1 版
印　　张	15	**印　　次** 2024 年 2 月第 1 次印刷
字　　数	253 千字	**定　　价** 98.00 元

主　　编：

李　瑞　雪（Li Ruixue）

　　　　日本法政大学经营学部教授（日本名古屋大学 学术博士）

大 矢 昌 浩（Oya Masahiro）

　　　　《物流商务》编辑发行人

其 他 作 者（单位和职务均是写作时的）：

藤 原 秀 行（Fujiwara Hedeyuki）

　　　　《物流商务》在线版主编

平冈真一郎（Hiraoka Shinichiro）

　　　　狮王株式会社执行董事兼供应链管理本部长

堀　尾　仁（Horio Jin）

　　　　味之素株式会社上席理事兼物流企划部长

井 上 浩 志（Inoue Hiroshi）

　　　　日通综合研究所先端技术部门负责人

石　原　亮（Ishihara Toru）

　　　　《物流商务》记者

石　锅　圭（Ishinabe Kei）

　　　　《物流商务》记者

江　微　言（Jiang Weiyan）

　　　　丸红（上海）有限公司职员（日本法政大学 经营学硕士）

金　艳　华（Jin Yanhua）

　　　　日本羽衣国际大学现代社会学部准教授（日本神奈川大学
　　　　经济学博士）

孔　令　建（Kong Lingjian）

　　　　常州机电职业技术学院经济管理学院讲师（日本神奈川大
　　　　学 经济学博士）

黎　　　雪（Li Xue）

　　　　GASCO 株式会社取缔役（日本名古屋大学 学术硕士）

李　英　实　（Li Yingshi）
　　爱发科低温泵技术株式会社生产本部生产管理部职员（日本法政大学 经营学硕士）

冈山宏之　（Okayama Hiroyuki）
　　自由记者

千田裕士　（Senda Yuji）
　　日通综合研究所先端技术部门研究员

单　瀚　姬　（Shan Hanji）
　　浙江华正新材料股份有限公司日本分公司总经理（日本法政大学 经营学研究科硕士研究生）

时　　　键　（Shi Jian）
　　曲阜师范大学管理学院讲师（日本北海道大学 经营学博士）

唐　丽　菲　（Tang Lifei）
　　日发运输株式会社职员（日本法政大学 经营学硕士）

鸟羽俊一　（Toba Shunichi）
　　《物流商务》记者

内田三知代　（Uchida Michiyo）
　　自由记者

王　慧　娟　（Wang Huijuan）
　　日本法政大学 经营学研究科博士研究生

王　诗　雨　（Wang Shiyu）
　　瑞穗情报综研株式会社研究员

王　亦　菲　（Wang Yifei）
　　日本法政大学 经营学研究科博士研究生

谢　　　蕊　（Xie Rui）
　　安康学院科研处科员（日本法政大学 经营学硕士）

姚　佳　顺　（Yao Jiashun）
　　特兰科姆株式会社职员（日本法政大学 经营学硕士）

序　章

继 2013 年出版的《日本物流与供应链管理案例精选》和 2015 年出版的《日本企业物流中心案例精选》之后，本书是日本企业优秀物流案例系列的第三本。选取共同物流（Joint Logistics）作为本书的主题并非笔者最初的构想，笔者原计划聚焦物流设备和信息系统，但当笔者着手收集案例时，意识到物流设备和信息系统具有很强的跨国共性，能反映日本企业特色的案例并不多见。

笔者曾于 2017—2018 年调研过中国一些城市的物流集群，这促使笔者把目光转向了共同物流。对产业集群的理论稍有了解的人都知道，产业集群能够促进企业间的横向协作，物流集群的形成和发展也势必会对共同物流产生积极的影响。笔者发现，在中国的许多物流集群内，虽然企业之间确实发生了库存或运力的融通互助等现象，但有目的、有计划地开展共同物流的企业并不多见。

物流集群内尚且如此，集群外的共同物流更是罕见。为了确认来自田野调查的发现是否具有普遍性，笔者还特地检索了中文文献，发现其中有大量关于纵向物流协作的研究，但关注共同物流即横向物流协作的论文或报道却极少，与中国物流研究人员的交流也证实了笔者的看法，共同物流的实践在中国尚未得到足够的重视。

共同物流指的是两家及两家以上的企业在物流业务上的横向协作和物流资源上的共享，目的是节约物流成本，提高物流资源的使用效率，确保物流服务符合企业需求。共同物流有别于针对特定企业的完全定制化物流，也不同于公共承运商（common carrier）所提供的标准化、规格化的物流。它是介于这两者之间的物流形态，既可体现集中运输的经济优势，又不丧失定制化物流的品质优势，对于物流市场的供需平衡也能起到积极的调节作用。

共同物流也称为联合物流，包括共同配送（联合配送）、共同干线运输

(联合干线运输)、共同仓储（联合仓储）、集装箱及托盘的共同使用或循环使用等多种形态。本书将共同物流和联合物流作为同义词使用。从广义上说，共同物流还包括同一供应链内上下游企业间的纵向物流协作以及同一企业内的物流整合，但更多的情况下都是特指企业间的横向物流协作。

日本企业在开展共同物流上做了大量的有益尝试，积累了丰富的经验。尤其是近年来由于劳动力短缺和减排压力日增，日本企业对于共同物流的研究更加积极。本书主编之一大矢昌浩负责的物流行业杂志《物流商务》（*Logistics Business*）近年来登载了许多有关共同物流的文章。从这些文章中笔者筛选了31个特色鲜明的优秀案例，并对每个案例补充新的内容，整理编写成本书。

为了方便读者更好地理解本书的案例，笔者在序章里扼要地概述了日本企业开展共同物流的背景和特征。

1. 物流共享的可能性

伴随电商渠道货物的迅速增加，企业物流能力不足的问题在许多国家和地区普遍存在，尤其是在日本等发达国家，物流服务的供需不均衡问题日益严峻。为了应对这一问题，物理互联网（Physical Internet, PI）的概念应运而生。物理互联网是将数字互联网的设计理念应用于物流领域，试图通过共享司机和仓库等物流资源来提高整个社会的物流能力，并从根本上改善物流效率。

现在的混载运输网络基本上都是根据轴辐式（Hub-and-Spoke）物流网络设计的。按照这一方式，货物先汇集到枢纽中心，按目的地分拣后运输。与各物流节点都直接连接的方式相比，轴辐式物流网络可以大大减少运输路径的数量，提高每条路线上运输工具的装载率，从而优化整体运输效率。

这一方式据说是联邦快递（FedEx）的创业人弗雷德里克·史密斯最先构想并付诸实践的。联邦快递在世界各主要地区设立了巨大的轴心基地（Hub），并以这些轴心基地为核心，在其周围卫星状地配置揽货配送基地，形成多个轴辐式物流网络，再通过干线运输将轴心基地连接起来，从而构建了覆盖全球的国际物流网络。

轴辐式现在已被认为是运输网络合理化的基本范式，但它也有不容忽视的缺点。由于货物必须经由轴心基地中转，运输时间难免被拉长。如果货运量超过轴心基地实际处理能力导致基地爆仓，或设备故障和自然灾害导致轴心基地停止运作，就会造成整个物流网络瘫痪。而物理互联网被认为可以有效地避免这样的事态发生。

轴辐式物流网络与物理互联网之间的差异，与固定电话网络和互联网通信之间的差异很相似。固定电话网络采用的是线路交换方式，每个通话都占用一条线路。而互联网通信采用的是分割交换方式，语音数据被分割成固定大小和规格的"包裹"传送。即使最短的路径出现阻塞或拥挤，互联网系统也会立即搜索出其他可通过的路径，将数据包传递到目的地，重新"组装"后还原成语音。

物理互联网旨在将这一原理应用到物流上。它通过将各种各样的货物分割成标准化的货物单元（加拿大的 Montreuil 教授把这种货物单元称为"π 型集装箱"，与互联网通信中的"包裹"相似），根据掌握的卡车和仓库等物流资源的实时状况，在全球范围灵活自如地整合可以利用的物流能力，安排合适的运输路径。

与所有货物都经过轴心基地的轴辐式不同，物理互联网可以使无数个货物单元在蜘蛛网般复杂的网络中流动。当某些物流基地或运输车辆达到了处理能力的极限，便可立即利用其他资源继续完成运输任务，通过共享富余资源，大幅提高社会整体的物流能力和运输速度。

在欧洲，物理互联网还被视为实现 2050 年零碳排放目标的手段之一。大约有 50 家大型制造企业和行业团体加盟的欧洲物流创新合作联盟（Alliance for Logistics Innovation through Collaboration in Europe，ALICE）计划在 2030 年开始应用物理互联网。

不过物理互联网的应用绝非易事。首先，要有一个实时掌握所有目标资源状态的信息平台，还要实现设备和业务流程的标准化。其次，所有参与物理互联网的企业必须保持信息开放，并使其设备和业务能力符合标准。

物理互联网在日本也引起了极大关注。2019 年，日本最大的快递企业雅玛多集团（Yamato Holdings）旗下的雅玛多集团研究所（Yamato Group Research Institute）与美国佐治亚理工学院的物理互联网研究中心签署了合作备忘录，双方同意就在日本构建物理互联网的课题开展联合研究。除了雅玛多集团，日本其他一些大型物流公司也参与了这项研究。一些日本物流业从业者在初步查阅欧美的 PI 研究资料后，发现了一件令人惊讶的事：在欧美地区，物理互联网的文献中所倡导的许多措施其实已在日本实施了很多年！

雅玛多集团研究所的一位资深研究员就曾告诉笔者："从构成物理互联网的要素层面来看，日本其实在许多方面都走在欧美的前面。比如，制造企业之间的共同物流和一站式物流服务等在日本已十分常见，而在欧美却刚刚起步。"

这话听起来多少有些自以为是，因为他忽略了 PI 的基础要素"π 型集装箱"所包含的设计思想恰恰是日本企业的物流活动中所欠缺的。如果要选出 20 世纪中叶以来最伟大的物流创新，来自美国的集装箱应该是最有力的候选之一。集装箱的使用实现了货物包装的标准模块化，从而引发包装运输装卸方式的一系列革命，极大提高了物流效率。集装箱以及托盘等周转容器所体现的货载单元化与 PI 中的"π 型集装箱"在基本理念上可以说是一脉相承。在日本，同一行业内货载单元的标准化常常难以实现，更遑论比欧美超前了。

不过那位研究员偏颇的评价里也有接近真实的一面。从货载单元化到 PI，欧美所探索和追求的都是全社会物流效率的提升，一旦实现必将产生革命性的变化，但也因过于复杂而难以迅速实施。日本企业很少追求这样的宏大设计，而是专注具体的问题，竭力找出切实可行的解决办法。尤其是针对物流的高频度、小批量趋势，许多日本企业开展共同物流来改善效率，并开发出一系列支撑共同物流的运营模式和要素技术。本书第Ⅳ部介绍了 10 个比较成功的运营模式或要素技术。

2. 高频度、小批量物流

共同物流在日本的发展背景和历程非常独特。20 世纪 90 年代，当日本的日化品行业大张旗鼓地开展共同物流时，笔者曾查阅过有关共同物流的论文和案例研究，但所得甚微，没找到任何令人兴奋的资料。记得当时曾有一名物流人士疑惑地问笔者："日本企业为什么要搞共同物流呢？难道不会因为增加物流环节造成运营效率的下降吗？"

许多西方企业认为如果卡车装载率存在问题，可以通过调节交易批量来解决，甚至可以根据卡车的载货量来安排交易批量。实际上，为了控制运输成本和装卸成本，很多西方企业常常把最小起订量规定为整车运输的量，以方便日常管理，对少于最小起订量或非整数的订单，要么拒绝受理，要么征收额外的费用。

可是在日本设定最小起订量的情况并不多见，哪怕只有一件货物的订单，企业也不会额外收费，且视其为理所当然的客户服务。交货条件的差异（如订货批量和交货周期不同）很少与交易价格挂钩，而且由卖方承担所有物流成本是长期以来的商业习惯。

因此，所谓的准时制生产（Just in Time，JIT）在日本大行其道，买方要求卖方在正好的时间交付其正好需要的量。这样买方可以避免由于缺货而造成的机会损失，同时又能最大限度地规避库存风险。

然而，频繁的小批量交易必然导致供应商的运输成本和库存水平上升，这部分成本最终还是要转嫁到产品价格上。从供应链整体的角度来看，这显然不是一种合理的交易安排，但在日本，长期以来这一商业习惯非常顽固。

这个问题本来应该通过供应链管理来解决，把多家企业构成的供应链作为一个整体来优化库存分配和运输批量。根据美国供应链管理专业协会的定义，供应链管理是将提供价值的从原材料供应商到最终消费者的全过程中的各个业务流程看作连贯的商业流程。这是一种战略性经营管理手法，旨在超越各企业和组织的界限，持续地追求流程整体的优化，以不断提高产品和服务的顾客价值，并为各企业带来高收益。

如果供应链真的能按定义那样去管理和运营，导致高频度、小批量物流过多的许多因素就都可以被消除。只要能优化交货频率和批量，开展共同物流的必要性就会大大降低。

然而，现实的商业交易伴随着各种利害关系和得失考量，很难就每个企业在供应链中的作用和责任达成共识，并分担由此产生的风险和回报。即使达成协议，一旦环境发生变化或预判出现误差，违背协议的情况也会出现。

虽然不是最优选，但共同物流目前在许多地区都受到了广泛的关注。消费者的需求越来越多样化，商品更新换代的速度加快，持有大量库存所产生的风险和成本在不断攀升。高频度、小批量物流不仅已在日本出现，而且在全球大多数市场都已出现。

因此，如何降低商品库存对于企业的运营和管理来说变得越来越重要。为了既防止生产过剩又避免因库存不足而造成断货，制造企业在努力提高需求预测精度的同时尽量缩短交货周期、加快市场响应速度，这些举措给物流活动带来的直接影响就是运输的频度增加和批量变小。

电商的迅猛发展也加速了物流的小批量化。如今，不仅仅 B2C 电商企业，就连位于供应链上游的传统 B2B 企业，为了开展品牌直销（Direct to Consumer，DTC）或第三方发货（Drop Shipping）等业务，也开始直接向最终消费者发货。

为了更好地应对市场需求的不确定性，越来越多的企业倾向于采用大规模定制和柔性化生产的战略。尽管仍然有企业采用量产量贩模式，利用规模效益和运营杠杆以获取成本优势，但大多数企业都不得不顺应市场潮流，应对高频度、小批量的交易。对于这些企业来说，共同物流是一个不错的解决方案。

3. 日本与欧美在市场结构上的差异

阅读本书收录的案例之前，读者有必要大概了解一下日本与西方在市场结构上的差异，因为这是共同物流在日本被广泛应用的另一个重要原因。

西方国家的产业集中度较高，流通领域的寡占现象更是严重，几家大型流通企业占有整个市场销售额一半以上的现象比比皆是。特别是在欧盟各国，前五位流通企业的市场占有率之和高达80%。制造企业也是如此，大多由几家主要制造商瓜分了各细分市场。由于流通企业和制造企业的规模都很大，参与市场交易的主体数量又有限，因此交易的批量就变得很大。

与西方国家相比，分散化和多元化是日本市场的显著特点。前五位流通企业的市场占有率之和仅为14%。生产领域的大多数行业也是企业林立，仅日化品制造商就有近1000家。因此，每个交易的批量难免很小。

对于日本市场的分散化特征，以前许多学者和从业者都认为其与产业的现代化进程有关。随着产业的发展，就会发生所谓的"筛出"（Shake out）现象，日本市场终将达到与西方市场类似的集中度。但是几十年过去了，情况似乎没什么大的变化。这期间，沃尔玛、家乐福等巨型跨国流通企业都曾试图用欧美式低成本运营模式打入日本市场，但成功的例子寥寥无几，大多以撤退收场或只是惨淡维持。

对于日本没有出现类似西方市场的寡占现象，另一种观点得到了越来越多学者的支持。他们相信市场的分散化与日本人的消费习惯有关。大多数日本家庭每天购买当日所需的生鲜食品和日配品，这样的消费理念根深蒂固，从家用冰箱的大小到商店货架上商品包装的尺寸，以及门店分布等都与日本人的消费习惯相匹配，甚至可以说是以这样的消费习惯为前提而设计的。

人们的饮食喜好和习惯相对稳定，不容易迅速改变。再加上老龄化社会的到来，老人越来越多，人们的健康意识也不断增强，这些因素都导致了消费者更加偏爱生鲜食品和日配品。现在主流的观点认为：日本市场不会西方化，分散化的市场结构还会持续下去。甚至有学者观察到：由于地产地消（本地生产、本地消费）模式的渗透以及饮食习惯的改变，西方市场反而在某种程度上逐渐与日本市场趋同。

在西方，由于市场被为数不多的大型企业垄断或寡占，每家商店陈列的商品都十分雷同。而日本零售店里的商品琳琅满目。人们的购物模式在很大程度上受到当地消费者习惯的影响，饮食等生活习惯的相似性决定了亚洲各国的市场可能与日本有更多的共同之处。

市场结构的分散化和商品的极度多样化需要高频度、小批量的物流来支撑。与基于大批量交易的供应链相比，日本的物流效率较低，商品价格中物流成本所占比例偏高。共同物流就是在这样的市场结构下出现的，其主要目的之一就是在坚持高频度、小批量物流服务的同时，尽可能地提高物流效率。

4. 物流危机和可持续性物流

除了市场结构方面的因素，物流产业面临的劳动力不足也是共同物流在日本兴起的重要原因。近年来，根据日本卡车运输协会的调查，卡车司机的缺口高达 9 万人，而且司机平均年龄接近 50 岁，30 岁以下的不到 25%。由于卡车运输承担了日本国内 90% 以上的货运周转量，卡车司机的短缺对日本企业正常开展物流业务造成了严重的威胁。装卸和流通加工等其他物流环节也面临同样的窘境。劳动力短缺导致了物流能力的供给紧张，许多媒体称为"物流危机"。

日本在经济高速增长的时期也经历过一次"物流危机"。当时随着经济的飞速发展，货运量猛增，加之企业为了市场竞争的需要，越来越需要定制化的高品质物流服务，但物流产业无法满足不断增长的物流需求。于是规模较大的企业纷纷采取了自建物流网络来解决供需矛盾。到 20 世纪 80 年代，几乎所有的大型制造企业都有物流子公司或实际控制的关联物流公司。

但当下的物流危机显然不能用自建物流的老办法来化解。因为货主企业的内部物流相较社会物流而言，更容易造成资源利用率低的问题，在劳动力供给不足的前提下，单纯强化自身内部物流很难保障稳定的物流能力。于是人们就把目光转向了企业间的物流协作，希望通过应用共同物流模式，共享物流网络、提高资源利用率、降低社会物流总需求，以达到物流的供需平衡，保障物流的可持续性。

日本政府对于企业间的共同物流给予了大力的政策支持。《第六次综合物流施策大纲（2017—2020）》就明确地把实现物流的"共创"作为提高物流效率的六大方针之一，大力鼓励企业间的物流协同合作。日本政府还通过了《物流综合效率化法》，对开展共同物流业务的企业，以及建设运营与共同物流匹配的物流设施的企业给予资金补助或税收减免等政策扶持。

可持续性是当下日本企业共同物流的关键词之一。可持续性不仅指供需平衡，还指环境友好。交通运输中产生的二氧化碳约占日本全社会二氧化碳排放量的17%，通过企业间的物流协同和设备共享，减少车辆运行、降低碳排放，也是共同物流的重要使命之一。因此，共同物流的方案常常伴随着运输方式转换。例如，将各企业原先采用卡车运输的货物合并为用铁路运输，这样既减少了对卡车司机的需求，又大大降低了对环境的影响，还提高了运输效率，一举三得。

本书收录的都是近几年比较优秀的日本企业的共同物流案例。与日本相比，欧美企业似乎对共同物流的兴趣并不强烈，但这并不意味着没有类似的案例。实际上，在欧美被广泛采用的循环取货（Milk-run）模式在广义上也可以看作是一种共同物流。与日本相比，物流集群内产生了许多共同物流，这算得上是欧美企业的一大特色。麻省理工学院的尤西·谢菲（Yossi Sheffi）教授在他的《物流集群》一书中介绍了很多这样的案例，建议有兴趣的读者找来一读，并可比较该书与本书案例的异同。

李瑞雪

2022 年 1 月

· 目 录 ·

第 I 部分　行业内物流平台

第 II 部分　竞争对手间的共同物流

第Ⅲ部分　同行业及跨行业的互补性共同物流

第Ⅳ部分　共同物流的运营模式和要素技术的开发与应用

第 I 部分
行业内物流平台

1　构建包装食品物流平台的 F-LINE

崛尾仁/王亦菲

【摘　要】包装食品行业是日本"白色物流推进运动"① 的发源地。劳动力短缺是日本各行业普遍面临的问题，包装食品行业的情况尤其严重，原因之一就是该行业长期以来存在着许多不合理的做法，包括卡车司机交货等候时间长、附带作业强度高等。深感危机的包装食品企业建立合作，加快构建能够实现可持续发展的物流平台。

1.1　物流企业希望终止合作

日本物流行业的劳动力供给状况急剧恶化。据预测，2025 年以后物流行业所需的卡车司机将出现约 25% 的缺口。而包装食品行业的运输工作尤其不受欢迎，司机不愿意承接包装食品企业运输委托的主要原因是交货批量小和附带作业强度大。

此外，交货等待时间过长也是包装食品行业不受司机欢迎的原因之一。味之素公司对交货实际情况调查后发现，有些交货点经常出现如下状况：收货方的约定收货时间段为 7 点到 11 点，交货数量约为 750 箱；卡车在约定时间段内的 10 点左右到达，但实际卸货时间为 17 点 10 分。虽然卸货作业只花费 10 分钟，但是从收货方检验到收货签单完成又需等待两个半小时。

这样的情况并非特例，在作业现场，长时间等待是常见现象。根据对卡车

---

　①　白色物流推进运动是为了应对日益严重的卡车司机不足等问题，确保国民日常生产生活所需的物流活动稳定运行，促进经济发展，由日本国土交通省等部门倡导，货主企业和物流企业参加的国民运动。其主要目的包括：提高卡车运输效率，创建有利于女性及 60 岁以上司机工作的环境。

司机的走访，笔者发现交货实际等待时间超过五小时的状况大量存在。

这种现象最终导致了令整个包装食品行业担忧的后果。2018 年年底，当时的味之素物流（现为 F-LINE）接到承运商希望终止合作的通知，表示包装食品物流业务的工作效率低下，所以决定不再承接包装食品行业的任何业务委托，转而寻找其他业务。

不久之后的 2019 年 4—5 月，又有多家物流企业表示它们再也无法应对任何新的加班要求，而且书面要求对司机的附带作业收取费用，这让货主企业面临越来越大的压力。

针对物流行业的严峻局面，日本政府也出台了一些新的政策。2017 年 7 月开始，因为货主的原因产生超过 30 分钟的等待时间必须记录。2019 年 6 月开始，司机承担的装卸及附带作业也列入登记内容。强求司机长时间等待和承担附带作业的货主企业将被列入"货主劝告书"并实名公布，驾驶工作记录作为判断货主企业是否应该被列入名单的重要依据。

根据 2018 年通过的《工作方式改革相关法案》有关规定，从 2024 年 4 月开始，卡车司机的加班时间一年不得超过 960 小时；从 2019 年 4 月开始，仓库装卸作业人员加班时间一年不得超过 720 小时。对货主企业来说，如何应对黄金周、盂兰盆节、年底等业务繁忙时期，以及将全年的加班时间控制在 720 小时以内，都是迫切需要解决的棘手问题。

在 2019 年 7 月，国土交通省就《货运汽车运输事业法修正案草案》中与货主企业有关的内容，征询货主企业的意见。此次法规修正的目的在于，在货主企业理解和配合下，推进卡车司机的工作方式改革、强化守法意识，法规主要做出了以下三点修正：①规定货主有考虑司机工作方式的义务；②扩大货主劝告制度的适用范围；③国土交通大臣对有违规嫌疑的货主企业进行必要的干预。

卡车司机短缺 25%，意味着现在 100 人的工作量，只能由 75 人来完成。因为等待时间长和附带工作多，不受物流从业者欢迎的包装食品行业，面临可能只能由 60 人来完成工作的状况。以前可以用延长工作时间解决人员不足的问题，但是随着加班时间上限相关规定的实施，此方法已不可行。因此，必须构建 50 人就能完成当前 100 人工作量的新体系，否则将没有人承接包装食品行业的物流业务。

目前为止，都是货主企业在各个区域选择物流企业，但是今后可能是物流企业反向选择。因此，货主企业需要适应买方市场的变化趋势。2019 年，味之素物流等企业发现不能止步于此，需要从整体上把握问题，从食品物流可持续发展的角度寻找对策，力图让食品物流业务转变成物流企业愿意选择的业务。

1.2　包装食品物流平台的创建和发展

实现上述目标的具体措施是构建包装食品物流平台。图 1-1 是平台的概况示意图，左侧为"软件平台"，右侧为"硬件平台"①；上半部分为生产企业合作方式，下半部分为各个相关机构及合作方式。简单来说，硬件平台的构建从图中 A "F-LINE 项目"发展到 B "设立 F-LINE 公司"。

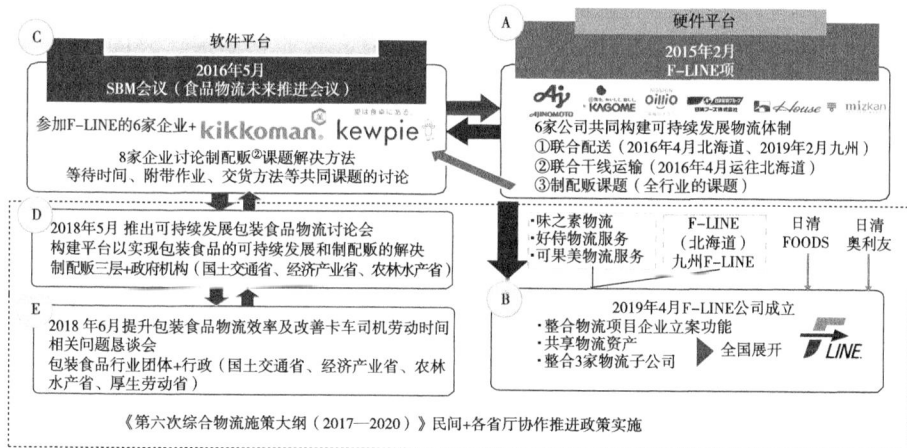

图 1-1　构建包装食品物流平台②

2015 年 2 月，可果美、日清奥利友、日清 FOODS③、好侍食品、味滋康、味之素 6 家公司为实现"构建可持续发展物流体系"，创立了 F-LINE 项目。

---

①　此处的硬件和软件为广义的泛指，不同于 IT 行业常用的意义。
②　制（生产商）配（批发商等中间流通商）贩（零售商），指制配贩互相协作以实现供应链优化。
③　文中的日清 FOODS 与生产方便面的日清食品不是同一家企业。

项目名称取自 Food Logistics Intelligent Network（食品物流智能网络）的首字母，创立该项目的契机可追溯到 2010 年左右。当时，与日用品、酒类等行业相比，食品行业在共同物流方面明显落后，加上卡车司机严重缺乏等因素，促使食品企业的管理层意识到，企业自有的物流体系已无法适应物流行业的变化。2010 年左右，各食品企业的负责人开始就物流问题交换意见，寻找解决方法。2013 年年底至 2014 年 3 月底消费税率上调之前①，暴增的消费需求引发了货运卡车短缺的危机，使食品行业更加迫切感到需要改革物流体系。

2014 年春，各食品企业物流部门部长级人员举行了会谈，通过会谈，发现物流方面存在诸多共同的问题，因此，各食品企业在解决物流相关问题的机制上达成了一致，F-LINE 项目应运而生。

虽然上述共识构成了 F-LINE 项目的基础和框架，但各食品企业的侧重点和优先事项并不一致。随着问题的深入，各食品企业在具体问题上的意见分歧逐渐显现。为了求同存异，明确合作方向，秉持"商品上竞争，物流上联合"的态度，各食品企业提出了以构建高效稳定的食品行业物流基础为目标，兼顾经济合理性和社会合理性的基本理念，并欢迎认同该基本理念的同行共同参与项目。

F-LINE 项目的最高决策机构是由各食品企业分管物流的董事参加的"峰会"，每年举行两次，主要就关键性的议题讨论和做出决策。峰会下面设立了由各食品企业物流部门负责人组成的"运营部会"作为项目的秘书处，大致每两个月举行三次。运营部会根据不同的课题，设立了联合配送工作组、干线运输工作组、制配贩工作组三个工作小组。各工作小组提交的物流高效化提案首先由运营部会审议决定是否采用，然后上报峰会核准。

F-LINE 项目的主要工作包括联合配送、联合干线运输、制配贩协作。2016 年 4 月，F-LINE 项目在北海道地区开始进行联合配送和联合干线运输。2019 年 2 月，F-LINE 项目在九州地区开始为六家公司的产品开展联合配送。

为了有效推进联合配送和联合干线运输，落实 F-LINE 项目制定的具体战略，就需要建立一个有全国规模的物流公司。于是在 2019 年 4 月，味之素物

---

① 2014 年 4 月开始，日本的消费税率由 5% 上调到 8%，商品售价随之上涨。

流、好待物流服务、可果美物流服务三家物流子公司合并为 F-LINE 公司，F-LINE 项目成员日清 FOODS、日清奥利友也对该公司出资。自此联合配送和联合干线运输就由 F-LINE 公司来具体执行。

与联合配送和联合干线运输相比，协调难度更大的制配贩工作，需要构建更大的框架。2016 年 5 月参加 F-LINE 项目的六家公司，加上龟甲万酱油（Kikkoman）和丘比（Kewpie）共八家公司一起召开了 SBM 会议（食品物流未来推进会议），就有关作业等待时间、附带作业、交货方式的标准化等问题进行了讨论。

然而，仅仅靠生产企业的努力很难有效推动解决 SBM 会议中所讨论的问题，因此，八家公司积极参与政府有关部门组织的跨领域研讨会，如图 1-1 中 D 部分所示的"可持续发展包装食品物流讨论会"和 E 部分所示的"提升包装食品物流效率及改善卡车司机劳动时间相关问题恳谈会"。前者成立于 2018 年 5 月，秘书处为日本物流系统协会（JILS），成员包括食品行业的生产企业、批发企业、零售企业以及国土交通省、经济产业省、农林水产省的主管人员。后者是 2018 年 6 月国土交通省汽车局货运课主导成立的。二者虽各有侧重，但目的都是提高包装食品行业整体的物流效率，探索更加人性化的可持续行业物流标准。

1.3　F-LINE 公司大型联合配送中心的运营

最早开始联合配送的北海道地区，主要开展了三个方面的改革，分别是统一的联合配送交货单、标准化联合配送运营管理、与客户共同改善交货问题（见图 1-2）。该区域联合配送取得了配送车辆减少 18%、装载率增加 11% 等显著成果。

实施联合配送的一个关键点是统一联合配送的交货单，通过这个方式，提高了收货方的验货作业效率。因为应用统一交货单需要各生产企业更新系统，以及相应的投资，所以推进交货单标准化和电子化也被提上日程。另外，在制定联合配送规则和统一交货流程时，需要各生产企业在交货时间等方面作出必要的调整，所以各生产企业北海道地区销售负责人的协助和支持必不可少。可

■ 统一联合配送的交货单

- 尺寸、页数都不同的交货单统一改为
  F-LINE交货单

- 提高收货方验货作业效率

	货主信息
客户信息	订单编号

交货商品信息

备注：客户信息等　发货物流中心信息

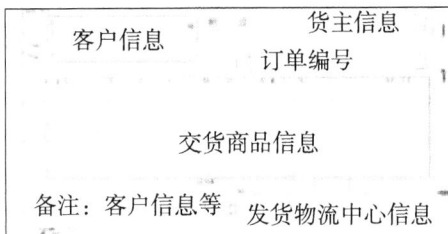

■ 标准化联合配送运营管理

- 管理KPI
  生产商对物流公司的要求：交货错误
  率、污损率、到货不及时率等

- 标准化KPI
  物流公司对生产商的要求：出货指令
  延迟、紧急配送、增加提货要求等

※ 削减影响出货业务效率的非正常
  业务(每月共享相关内容)

■ 与客户共同改善交货问题

- 对于F-LINE公司提出的收货方相关问
  题，货主与客户协商解决

......

图1-2　F-LINE项目北海道联合配送的各项措施

见，生产企业内跨部门的协调是实现生产企业间物流协作的关键要素之一。

北海道地区联合配送业务开始时，虽然导入 F-LINE 交货单的过程非常困难，但是取得了很好的效果。各生产企业本来预想的是，联合配送给收货方带来的最大好处应该是收货次数减少，收货作业负荷减轻。但实际上交货单的统一最受收货方的好评。在开展联合配送以前，各生产企业的交货单中各类信息的标注位置都不相同，验收工作非常烦琐。交货单统一以后，采用了客户信息在左上，货主信息在右上，订单编号在货主信息的下方，交货商品信息在中央，发货物流中心信息在右下的标准化格式，大大提高了验收工作的效率。由此，参加 F-LINE 项目的各家企业都认识到了联合配送中使用统一交货单的好处。

同时开展的还有标准化联合配送运营管理。在实施联合配送之前，六家企业用不同方式考核物流公司的服务质量。联合配送后，它们采用了统一的格式，设定每日、每月、每年的管理项目。货主企业和物流公司为了确保物流服务质量，设定了包括交货错误率、破损率、交货及时率等管理 KPI。另外，它们还制定了标准化 KPI，用来管理生产企业的发货信息提交延误、要求紧急配送等影响物流效率和生产效率的项目。刚开展联合配送的阶段，由于各生产企业原有做法的差异，这些 KPI 的推进反而妨碍效率的提高。但随着各生产企业意识的加强和联合物流项目的进展，管理指标标准化的程度逐渐得到了提高，并计划进一步扩展到退货标准、外包装污损标准等方面。

北海道联合配送项目与白色物流相关的核心是与客户共同改善交货问题。在北海道地区，与长时间等待相比，承担附带作业的情况更加严重。在实际调查过程中，有 45 处收货方的物流中心存在要求司机承担验货后的上架、按配送地点分拣、粘贴标签等附带作业。为了解决这一长期存在的问题，货主企业和客户就推进废除附带作业进行反复磋商并达成了相关协议。

2018 年 9 月，九州地区联合配送物流中心竣工，中心仓储能力为 120 万箱，总面积约 38880 平方米，各企业在该地区的货物库存都可以集中此处。2019 年 1 月，该中心正式开始了一部分产品的联合配送，到了同年 5 月，六家企业产品仓储迁移工作完成，联合配送全面展开如图 1-3 所示。

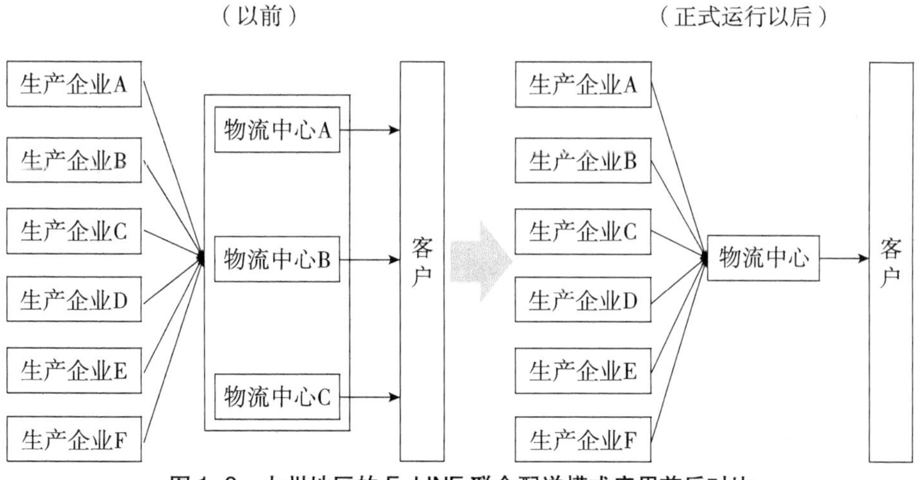

图 1-3　九州地区的 F-LINE 联合配送模式应用前后对比

F-LINE 公司的正式成立意味着 F-LINE 项目的具体落地实施迈出了重要一步，但是项目的进一步推进仍然面临一些需要解决的问题。

第一个问题是伴随联合配送的实施，如何贯彻各项制度。其关键是联合配送业务的标准化。前面提到的北海道地区制定的相关标准和管理办法，在九州地区推广并取得了很好的效果，今后计划逐步向全国推广。

第二个问题是如何统一安排配送时间。在联合配送中，必须对配送时间进行统一安排，但是各家企业的休息日工作日历并不一致，日程协调工作并非易事。

第三个问题是外包装污损认定基准的标准化。目前没有针对配送过程中货物损坏的统一处理方法。因此，不同收货方的退货情况差距很大。

第四个问题是BCP①的应对。2018年，F-LINE公司通过采用干线运输方式，提高了灾害发生时的应对能力，保证了货物的运输。即便在火车、飞机等都停运的情况下，也可以使用卡车进行运输。但是，必须考虑卡车也不能正常运输货物时的应对方法。

联合干线运输是区域内联合配送业务向上游的延展。关于联合干线运输，在这里介绍两个相关案例。一个是2016年3月开始，味之素和味滋康使用31英尺（1英尺≈0.3米）集装箱，进行东西向铁路循环运输。联合干线运输实施以前，味之素从关东物流中心到关西物流中心和味滋康从关西物流中心到关东物流中心的货物运输都是依靠卡车。两家企业对回程货物的问题一直很头疼。这次通过将卡车运输改为铁路集装箱循环运输的方式解决了回程货物的问题。另一个是本州到北海道的联合干线运输，实施北海道联合配送需要解决从本州出发的干线运输问题。参与F-LINE项目的企业大多在关东设有物流基地，从关东使用12英尺的铁路集装箱散装运输至北海道。这样的干线运输方式从2016年7月改为甩挂加滚装船海运的联合运输方式，并从散装运输改为托盘单元化运输，装卸作业时间得以减半。每辆半挂车厢内混装日清FOODS、味滋康、好侍食品和味之素的货物。

1.4 物流标准化和软件平台"SBM会议"

制配贩工作组首先达成共识的是，在解决司机和仓库作业人员不足，改

---

① BCP（Business Continuity Plan）是指企业为了在发生自然灾害或恐怖袭击等紧急情况时，力图实现业务和资产损失最小化，确保核心业务的继续开展或尽早恢复正常运作而制订的计划。计划包括了日常工作中的注意事项和紧急情况下的应对方法。

善物流现场作业的过程中，货主企业应该发挥更大的作用。在此基础上，设定了"整改制配贩的结构，构建可持续发展的食品物流环境"的目标。但是经过深入交流发现，各企业对相关现象的定义不同造成了沟通上的障碍。例如，"等待时间"起点的设定，就有从进入物流中心开始、从物流中心受理开始、从装卸货物开始等不同方式。为此，制配贩工作组对各类用语明确了具体定义。

同时，从生产商的角度，将制配贩合作中的问题系统整理成制配贩"共同问题一览表"，以此作为问题讨论的前提。其中不仅包括减少交货等待时间、废除危险作业、需明确附带作业内容、减少作业量、减少货物超出托盘现象、对外包装标识标注等对物流会产生较大影响的项目，而且将标注保质期、修改交货期限等与制配贩的关联项目也纳入其中。

在制配贩工作组的工作成果基础上，生产商通过 SBM 会议来进一步推进制配贩合作。SBM 会议的主要任务包括：①F-LINE 项目活动内容的分享；②生产商解决方案的分享和合作；③讨论制配贩中的问题（等待时间、附带作业等）。

F-LINE 项目活动内容分享的核心是推进供应链的整体优化，使生产、批发、零售等各环节企业实现共赢。通过和行政机关、行业团体的协作，推进行业标准化，避免产生多重标准。

先行实施的是生产商可以自行推进的"生产商解决方案的分享和合作"部分，外包装标识的标准化是其中一项重要工作。此前，因为没有明确规定，各企业对各类商品的外包装上物流信息的标注方式各不相同。随着仓库作业人员中外籍员工和高龄员工的增加，这个情况可能会影响作业的精度和效率。因此，根据味之素公开的外包装标识指南，F-LINE 项目制定了在外包装的右上角集中标注物流信息的基本要求。

各企业利用新商品上市或商品升级的机会逐步增加使用标准化标识，经过三年左右的时间，物流作业现场也熟悉了这个标准。同时通过将保质期的标识从"年月日"改为"年月"，把 365 个管理项目精简为 12 个，大大简化了管理工作，提高了生产效率（见图 1-4）。

SBM 会议通过讨论制配贩中的问题，将各企业货物等待时间、交货附带

1.外包装标识的标准化
- 各种商品外包装的信息标注位置不统一，需要进行标准化、便于高龄员工和外籍员工作业
- 应对方案
公开味之素的外包装标识手册；物流信息在外包装右上角集中标注;物流编码统一使用白底黑字；这是各公司应对的最低标准

2.保质期仅标注年月
- 通过保质期仅标注年月的方法，简化收货日程管理，提高作业效率
- 应对方案
共享味之素先行实施的解决方案；随时共享各家企业讨论结果、应对情况

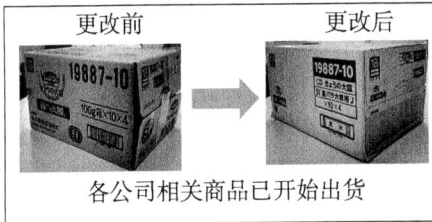

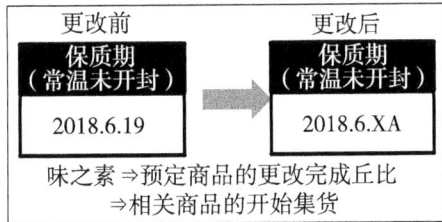

更改前　　　　　　更改后

19887-10　→　19887-10

各公司相关商品已开始出货

更改前　　　　　　更改后

保质期	保质期
（常温未开封）	（常温未开封）
2018.6.19	2018.6.XA

味之素⇒预定商品的更改完成丘比
⇒相关商品的开始集货

·其他：共享货物超出托盘问题的解决方法　　·收货方反馈良好。各企业积极推广

图1-4　SBM会议中生产商课题解决方案

作业的定义，进行了整理及统一，将相关作业归纳为仓库作业、驾驶、收货方作业三大类。在此基础上，进一步分为发货前作业、集货、装车、驾驶、卸货、验货、上架等次级分类，最终把从出库到交货完成离开的一系列作业细分为38个小项。各企业根据此分类标准，对各类作业进行归类。另外，非标准作业也大致被分为生产商的销售策略、收货方要求两大类。

1.5　扩大交货前置期延长的范围

有些问题只在生产商之间协商讨论是无法解决的，所以需要将相关议题提交到前文提到的跨领域会议上讨论。这些会议包含"通过放宽日程管理简化作业"和"延长前置期放宽各项作业时限"两个议题。而这两个议题，同时也是当前软件平台正在解决的最大难题（见表1-1）。

表1-1　　　制配贩工作组和政府、行业团体参与课题情况

可持续发展包装食品物流讨论会	提升包装食品物流效率及改善卡车司机劳动时间相关问题恳谈会
秘书处：JILS	秘书处：国土交通省

可持续发展包装食品物流讨论会	提升包装食品物流效率及改善卡车司机 劳动时间相关问题恳谈会
制配贩：各层参加	制配贩：各层参加
团体：—	团体：全日本卡车协会，3PL 协会、冷藏仓库协会
部门：国土交通省、经济产业省、农林水产省（作为观察员参加）	部门：国土交通省、经济产业省、农林水产省、厚生劳动省
参加人数：13 人	参加人数：18 人
议题： （1）通过放宽日程管理简化作业； （2）延长前置期放宽各项作业时限； （3）交货时附带作业的对策	议题： （1）通过放宽日程管理简化作业； （2）延长前置期放宽各项作业时限； （3）减少下单次数、提高派车效率； （4）通过预约受理系统减少等待时间； （5）通过使用托盘提高配送效率

放宽日程管理是指放宽交货到零售门店的期限。会议将原来的 1/3 规则（向零售企业的交货日必须在商品保质期的 1/3 以内）改为 1/2 规则，虽然大部分企业还没采用这个新规则，但是前文所述的保质期只标注年月等方法被广泛使用。

交货前置期的变更也同样在推进当中，包装食品恳谈会首次将此列入正式议题。包括味之素在内的各家包装食品生产商在 2019 年 2 月黄金周和盂兰盆节期间，将交货前置期延长了一天。并且，一部分包装食品厂家和饮料生产商从 2019 年 8 月开始实施隔日配送和接单日提前两天。虽然这种做法还没有被客户完全接受，但是企业期待在日后与客户加强沟通后能够顺利推进。

延长前置期可以使包装食品物流的夜间作业大幅减少。而削减夜间作业，与减少物流作业人员流失和构建可持续发展物流体系密切相关。在次日交货的情况下，一般作业流程是：上午接单，白天备货、配货，傍晚出库，运输车辆当天夜间到达交货地区合作方的物流中心。如果门店需要次日早晨送货，则必须进行夜间分拣。如变更成隔日交货，就可以将夜间分拣作业挪到次日白天进行。包括包装食品物流在内的整个物流行业都很关注这个做法，所以，2019

年 7 月，全日本卡车协会发布了"将前置期延长纳入白色物流推进运动"的倡议书。

1.6　改变物流环境

包装食品行业在白色物流推进运动开展之前进行的改革，仅仅在物流活动范围内，推进了联合化、标准化，以及改变了一些商业习惯和规则，并且效果十分有限，不能彻底解决问题。

解决问题的关键是"合作"。从强化横向合作的 F-LINE 项目以及 SBM 会议，进一步发展为强化整体供应链，即制配贩三个层面的纵向合作。并且，仅在行业内进行横向合作和纵向合作是不够的，必须通过"斜向合作"，获得政府部门的引导和支持，以及行业团体、经济团体的配合（见图 1-5）。

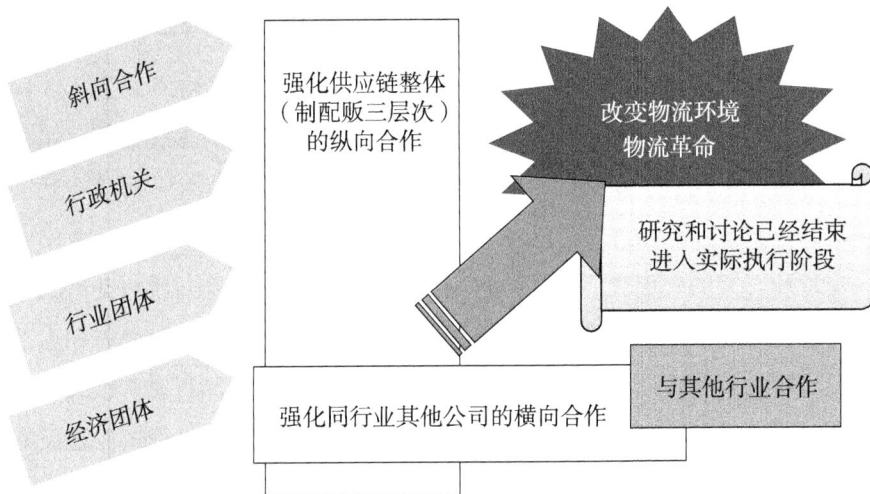

图 1-5　相关团体的有机联动

面对严重的劳动力不足，电商普及带来的小批量配送激增，各种自然灾害影响等难题，物流行业已经精疲力竭。毋庸置疑，物流环境的改变已经刻不容缓。

F-LINE 的官方网站：https://www.f-line.tokyo.jp/

味之素的官方网站：https://www.ajinomoto.co.jp/

好侍食品的官方网站：https：//housefoods.jp/

可果美的官方网站：https：//www.kagome.co.jp/

日清 FOODS 的官方网站：https：//www.nisshin.com/company/group/about/foods/

日清奥利友的官方网站：https：//www.nisshin-oillio.com/

味滋康的官方网站：http：//www.mizkan.co.jp/

【思考题】

1. 作为同行间的物流协作平台，你认为 F-LINE 有哪些创新之处？根据平台战略理论，试分析 F-LINE 项目平台的结构和优缺点。

2. 当下许多物流企业和货主企业都追求货物配送的速度，而 F-LINE 项目决定延长交货前置期，减少夜间作业等措施。试分析其合理性和利弊。

3. 讨论 F-LINE 公司的作用和价值，并结合本案例及其他相关资料，分析合资成立物流公司是不是实施联合物流的有效手段。

4. 通过 F-LINE 项目的推进，有关人员认为联合物流需要包括横向、纵向、斜向三个方向的协作。试分析三个方向的协作，分别解决的是联合物流中的哪些课题，以及达到了怎样的效果。你认为政府和行业协会应该以怎样的角色参与共同物流活动，并发挥什么作用？

2　JASPLO 的体育用品物流平台

冈山宏之/黎雪

【摘　要】2009 年 4 月，体育用品批发行业的大型企业 ZETT 与日立物流等三家物流公司联手，合资成立了体育用品物流平台公司 JASPLO（Japan Associated Sports Logistics），旨在开展体育用品的共同物流业务。JASPLO 在起步阶段因缺乏制造企业加盟一度陷入经营困难，但在承接了一家大型体育用品零售连锁企业的物流中心一揽子运营业务的委托后，逐渐找到了战略突破口。

2.1　联手物流企业搭建体育用品物流平台

JASPLO 是体育用品批发企业 ZETT 和日立物流、佐川急便、e-logit 于 2009 年 4 月合资成立的公司，主营共同物流业务，注册资本为 6000 万日元。

ZETT 是日本一家知名的体育用品批发企业，同时也是一家制造企业，生产 ZETT 品牌的棒球用品和其他体育用品，批发业务销售额约占其总销售额的 75%。作为一家流通企业，ZETT 一直把物流作为其核心功能，并在 1990 年成立了一家全资物流子公司 ZAIRO。ZAIRO 虽然曾一度尝试拓展 ZETT 之外的非体育用品物流业务，但很快就转变了战略方向，只专注于企业内的物流服务。与 ZAIRO 不同，JASPLO 的定位是体育用品行业的物流平台。JASPLO 的首任社长太田达男曾告诉笔者，JASPLO 主要是通过开展共同物流以降低体育用品行业的物流成本，追求利润则在其次。

ZETT 携手物流企业一起运营 JASPLO 的目的在于消除体育用品行业内制造企业的疑虑，鼓励它们使用这个物流平台。物流咨询公司 e-logit 可以协调各方的合作，尽量避免 JASPLO 与 ZAIRO 的业务交叉。因此尽管 ZAIRO 在东京、大阪和福井三地都有自营的物流中心，JASPLO 并没有依托这些物流设施来开展业务。

JASPLO 起源于 ZETT 2006 年启动的"SL 项目"。S 和 L 分别代表系统和物流，"系统物流"也就是合同物流或第三方物流。ZETT 希望通过提供系统物流服务来强化企业运营能力，提高其在行业内的竞争力。

ZETT 的 SL 项目启动与体育用品产业特殊的结构和近些年的变化有关。由于各种体育项目都要求不同的体育用品，造成了这个行业品种繁杂而且企业众多，除了一些国际大品牌，大多是中小型制造企业和专业零售门店（见表 1-2）。该行业全日本的市场规模大概在 1.3 万亿日元，作为大批发商的 ZETT 的销售额也不过 382 亿日元（2010 会计年度），整个行业的中间流通环节的集中度极低。

表 1-2　　　　　　　　2007 年体育用品零售行业各业态的概况

业态	业务实体数（个）	从业人数（人）	商品年销售额（百万日元）	卖场面积（平方米）
专业店	11824	47366	900512	1749345
	78.0%	64.7%	69.1%	59.1%
专业超市	977	18035	275022	989388
	6.4%	24.6%	21.1%	33.4%
其他类型超市	669	2536	47414	82391
	4.4%	3.5%	3.6%	2.8%
家居用品为主的门店	1681	5261	79235	137418
	11.1%	7.2%	6.1%	4.6%
合计	15165	73232	1302551	2959805

资料来源：日本商业统计（包含未列入表中的业态的数据）。

虽然各体育用品企业的市场份额都不大，但需要具备多品种、小批量的经销能力。ZETT 经销的商品品项大概有 50 万，如果把颜色和尺码都分别计算的话，SKU 数就会多达 360 万。ZETT 要从近 400 家供货商中采购这些商品，再将它们分销到全国各地的零售门店去。

近年来，体育用品行业也出现了大型零售连锁企业，但一些冷门体育项目的用品仍然只有那些中小型企业在生产，并在专业门店销售。虽然这些中小型企业于社会而言不可或缺，但在大型零售企业的挤压下生存环境越来越恶化。

实际上，日本的体育用品市场规模一直处于缩小的趋势。日本政府的商业统计数据显示，与最鼎盛时期的20世纪90年代上半叶相比，2007年的总销售额大约下降了30%，企业数量也减少了近三成。而由于大型门店的兴起，门店卖场的总面积却扩大了50%以上（见图1-6）。

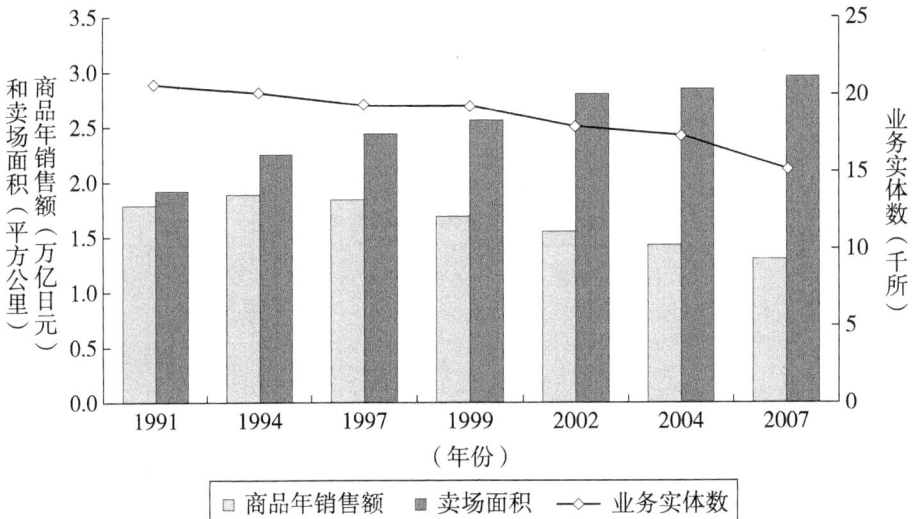

图1-6　1991—2007年商品年销售额、卖场面积、业务实体数的变化

注：1991年的数据根据1994年以后的统计口径作了适当调整。

在这样的背景下，ZETT在SL项目起步约一年半后，经过对行业结构和环境变化的反复分析和研究，制定了联手物流企业构建行业物流平台的战略方针。

2.2　一揽子物流中心业务成了战略突破口

基于这一战略方针，ZETT着手寻找可成为合作伙伴的物流专业公司。选择物流伙伴的关键标准在于物流公司是否理解并赞同构建行业物流平台的战略构想。经过慎重筛选，最后选定了日立物流和佐川急便作为物流合作伙伴，前者负责库内运营，后者承担配送业务。其实 ZETT 与这两家物流企业有着多年的业务往来。日立物流在日用杂货、化妆品以及医药品等行业的物流平台运营上具有丰富的实操经验，而且对于创立体育用品行业的物流平台也抱有强烈的意愿。

在那之后，ZETT 关于新公司的出资比例也作了精心的安排。ZETT 认为，今后若有货主企业想投资入股应该积极响应，所以提出自己占 80％股份，余下的 20％股份则根据日立物流和佐川急便各自将承担的业务规模来分配比例。之后 e-logit 也决定参股，因此对出资比例又作了些许调整。

2009 年 2 月 3 日，四家股东企业的首脑齐聚一堂召开记者招待会，向公众公布了 JASPLO 的目的和愿景。正如 JASPLO 的名称所表示的那样，成为整个行业的物流平台是新公司的目标定位。新公司成立两个月后，位于千叶县的 JASPLO 关东物流中心正式投入运营。

但是 JASPLO 的业务展开并没有预想的那么顺利。许多厂商在听取了 JAS-PLO 的方案后都对开展共同物流的思路表示赞同，但是否实际参与则又是另外一码事了。创建行业物流平台绝非易事，JASPLO 成立后不久便陷入了经营困境。

2010 年 3 月，JASPLO 承接了喜马拉雅公司的物流中心一揽子运营业务。喜马拉雅公司是一家大型体育用品零售连锁企业，JASPLO 首先承接的是该公司设在爱知县春日井市的中部物流中心的运营业务。此项合作使 JASPLO 抓住了突破困局的机会。

2.3　共同物流的新模式

喜马拉雅公司为了革新物流业务，邀请了在体育用品物流上经验丰富的 ZAIRO 参加竞标。但 ZAIRO 在分析了喜马拉雅公司招标的业务内容后，认为难以独立承接。当时 JASPLO 尚未正式成立，所以 ZAIRO 就与日立物流联手参加了投标，并在中标后提出将该业务转让给 JASPLO。

但 JASPLO 承接喜马拉雅公司专属物流中心业务其实与一般的 3PL 业务无

异,这样的业务模式有悖于 JASPLO 通过构建行业物流平台实现中间流通合理化的基本理念。如果行业物流平台之外又存在零售企业的专属物流中心,只会使供应链多出一个环节,与流通合理化的理念不吻合。JASPLO 面临的是选择生存还是坚持理念的难题。

不过解决这一难题的途径很快就被找到了。JASPLO 设计了一种称为"供应前线"(Supply Front,SF)功能的物流中心。SF 作为中小制造企业的共同物流中心,与喜马拉雅公司的专属物流中心设置在同一个物流设施里。喜马拉雅的中小供货商把 SF 当作"前线仓库",既能迅速向喜马拉雅公司补货并缩短交货周期,又可节省设施间的运输费用和包装费用。就这样,通过构建 SF 功能,JASPLO 的行业物流平台的理念得以初步实现。

生产企业的共同物流中心与零售企业的专属物流中心设置在同一设施内可以极大地消除双层环节造成的浪费,而对于喜马拉雅公司以外的客户企业,生产企业也可以从 SF 自由地发货。JASPLO 把这种能够提升中间流通效率的新模式定位为共同物流的第二阶段构想,JASPLO 的战略构想如图 1-7 所示。

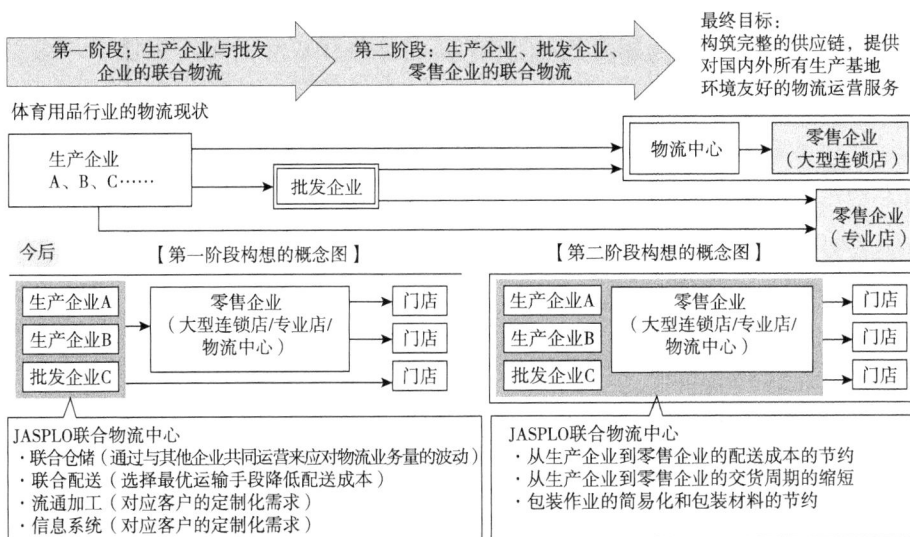

图 1-7　JASPLO 的战略构想

JASPLO 的这个方案受到了喜马拉雅公司的高度肯定,JASPLO 也因此顺利替代 ZAIRO 承接了该公司的一揽子物流业务。喜马拉雅公司在全日本共设置了五个物流中心，其中以中部物流中心为一级中心，其他四个中心（关东地区两个、关西一个、北九州一个）为二级中心，这样的网络布局在降低成本的同时，大大改善了门店补货物流的功能（见图 1-8）。

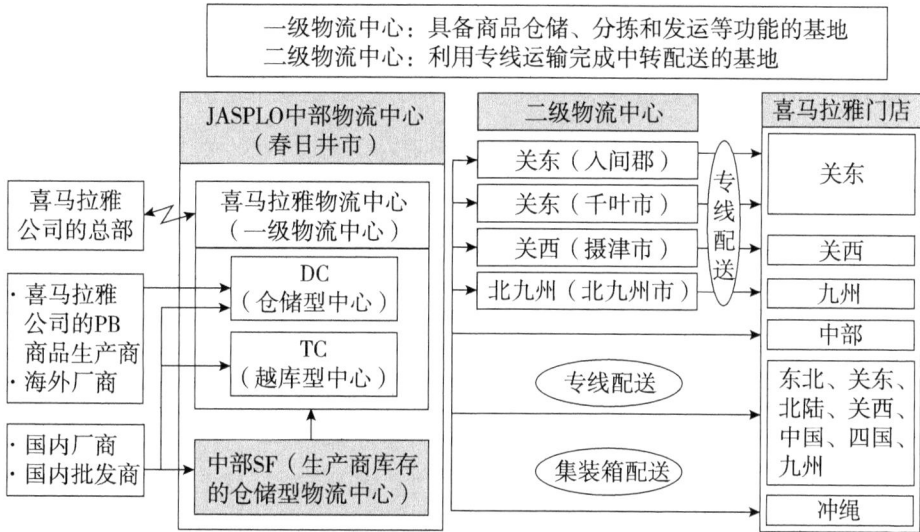

图 1-8　"SF"的设立

喜马拉雅的中部物流中心和 JASPLO 的中部 SF 均设在爱知县春日井市的日立物流的园区内，内部运营也委托给日立物流。ZETT 把原来在千叶县的物流设施里保管的货物和喜马拉雅公司的库存全部移交给了中部 SF。有了这个基础业务，JASPLO 的中部 SF 便着手大力开发新的用户企业。之后的两年时间里，陆续有中小企业决定加盟 JASPLO 的共同物流。

2.4　大企业间的共同配送业务

喜马拉雅项目还衍生了新的业务。生产商有一部分商品交货须经由喜马拉雅物流中心内的越库型中心（Transfer Center，TC），这样就产生了从各厂家到物流中心的运输需求。针对这一需求，JASPLO 于 2011 年 4 月开始提供共同配送的专线运输服务。起初是在大阪市内提供定时定线的循环取货服务，从美津浓和 DESCENTE 两家制造商的指定地点取货后配送至喜马拉雅物流中心，几个月后另一家制造商 SRI 公司也加入了这个项目。

如前文所述，JASPLO 成立之初规划的是以中小型制造商的共同物流为核心业务，但事实上首先实现的却是与大型零售连锁企业合作的新模式，以及大型制造商的共同配送业务。得益于这些业务的开展，JASPLO 基本实现了当初设定的三年内销售额达 10 亿日元的财务目标。

JASPLO 希望通过成本透明化吸引中小型制造商参与共同物流。在大型制造商的共同配送业务中，JASPLO 就采用了事先商定佣金比例的方式。当出现亏损时，则由货主企业提供补偿；若出现利润较大的情况，则退给货主企业。JASPLO 还在积极研究引进菜单式定价（Menu Pricing）模式的可能性，以期通过成本及价格的合理化和透明化来促进中间流通体系的完善和提高。

JASPLO 还计划将共同物流的范围逐步扩展到逆向物流、电商物流以及国际物流等领域，因此与物流企业的协作显得越来越重要。不过，ZETT 自始至终都坚持要在共同物流业务中发挥主导作用，因为 JASPLO 的共同物流项目终究是其作为批发企业提高竞争力的重要战略之一。

ZETT 公司的官方网站：https：//zett.jp/

JASPLO 公司的官方网站：https：//jasplo.co.jp/

【思考题】

1. JASPLO 成立后一度因没有中小型生产企业的加盟而陷入困境。试分析生产企业对于共同物流持消极态度的原因所在。

2. JASPLO 开发的 SF 在本质上有无创新之处，为什么？试列举几种与 SF 类似的物流中心，分析其中的异同，进而分析 SF 中心的优势和劣势。

3. 根据创发战略理论（Emerging Strategy Theory）分析 JASPLO 的共同物流模式的形成过程。

4. ZETT 认为构建共同物流平台必须与物流公司合作，但又坚持在共同物流中自身要发挥主导作用，试分析 ZETT 的意图所在。你认为 ZETT 能否同时做到这两点？

3　3PL 企业丸红物流主导的休闲零食行业的联合配送

藤原秀行/江微言

【摘　要】丸红物流的前身 Logipartners 从 2009 年 6 月开始为四家休闲零食制造商提供联合配送业务，一揽子承接从工厂到客户收货点之间的运输业务，根据各制造商每天的出货量灵活调整运输业务流程，实现了极高的装载率。这项联合物流业务在业界广受好评，实施一年半后服务的客户由最初的四家休闲零食制造商发展到十六家，并于 2014 年在宠物食品行业启动了联合配送业务。

3.1　主要目标为中小制造商

丸红物流前身是日本大型综合商社丸红集团全资控股的非资产型第三方物流公司，2009 年 6 月开始联合配送业务，最初的服务对象是四家休闲零食制造商，配送业务覆盖范围从九州、北海道逐步向东北、关东、中部、关西、四国地区，乃至全日本扩展。同年 11 月该公司启动了从中部地区工厂发货的联合配送。截至 2011 年 1 月，该公司已有十一家生产商加盟联合配送业务，2014 年时更是扩大到十六家。

在日本休闲零食业，即便是小型制造商，其产品销售业务也遍及全国。大型制造商有能力在重要地区设立工厂或物流基地，而中小型制造商则采用长距离运输的方法支撑较远地区的铺货。但是休闲零食类商品的体积大、单价低，制造商运费承担能力弱，所以各制造商对于减少运费的需求很强烈。

各制造商倾向委托当地专业的休闲零食与食品运输企业，负责各区域内的分拨配送业务，因此区域内的末端配送业务集中到了少数当地物流企业。尽管这种情况并非货主企业刻意为之，但实际上达到了联合配送的效果。

然而从制造商工厂到各地物流基地的干线运输成本，对于出货批量小的中小型制造商来说一直居高不下。即便是出货量能满足整车运输量的制造商，也随着出货的小批量化出现了运输效率低下的问题。

丸红物流运输事业部部长坂本由夫告诉笔者：“干线运输的费用超过每箱运输总成本的一半。因此，改善干线运输效率是休闲零食业多年来的努力目标。而使用卡车进行零担专线运输又存在产品质量难以保障的问题。所以，我们想通过干线联合配送来同时解决这两个问题。”

在长途运输中如果货物无法装满一辆卡车，制造商一般会选择使用零担专线运输，然而这种货运形式往往会出现不同类型货物混装，在装卸货或是运输过程中，常常发生包装箱污损等情况。一旦包装箱有污损，批发商和零售商便会将其认定为达不到收货质量标准，从而拒收或退货。

其实许多制造商以及批发企业很早就在探讨开展联合物流的途径和方式，但同行之间的利害关系很难协调，所以货主企业主导的联合物流总是难以持久。丸红物流发现了其中的商机，作为第三方物流公司可以对各制造商的出货时间等诸多因素进行协调，以实现联合配送。

联合配送原则上是由丸红物流作为总承运商，一揽子承接包含干线运输在内的、从制造商工厂到收货地点的运输全过程。丸红物流针对各制造商每日的出货情况，灵活地调整运输模式以提高装载率，并针对不同制造商定制风险规避方案，力图减少货物污损率。

丸红物流的联合配送业务最初以关东北部的四家制造商为货主企业，针对九州等较远的收货地区进行联合配送，并逐步扩大配送区域，现在已经立足关东圈、中部圈和新潟县开展全国范围内的配送业务。

联合配送业务也有缩短交付周期的效果。通常，物流公司不承运当天发往九州、四国、中国地区的订单，订单截止时间一般为当天傍晚，第二天下午才起运，批发商要在下单的第三天才能收到货。但是丸红物流对当天出货的订单也能积极处理，提高了出货效率。

例如，为关东地区制造商提供联合配送模式，一般是将各制造商的小批量货物集中到区域内的物流基地，按目的地分拣装车后通过干线运输至目的地区域内的物流基地，再由收货企业分拣，最后进行末端配送，如图 1-9 中的模式①。而在中部地区采用的模式，是干线运输车辆到各个制造商工厂巡回收货后，直接运送到目的地区域内的物流基地，再进行分拣和末端配送，如图 1-9 中的模式②。

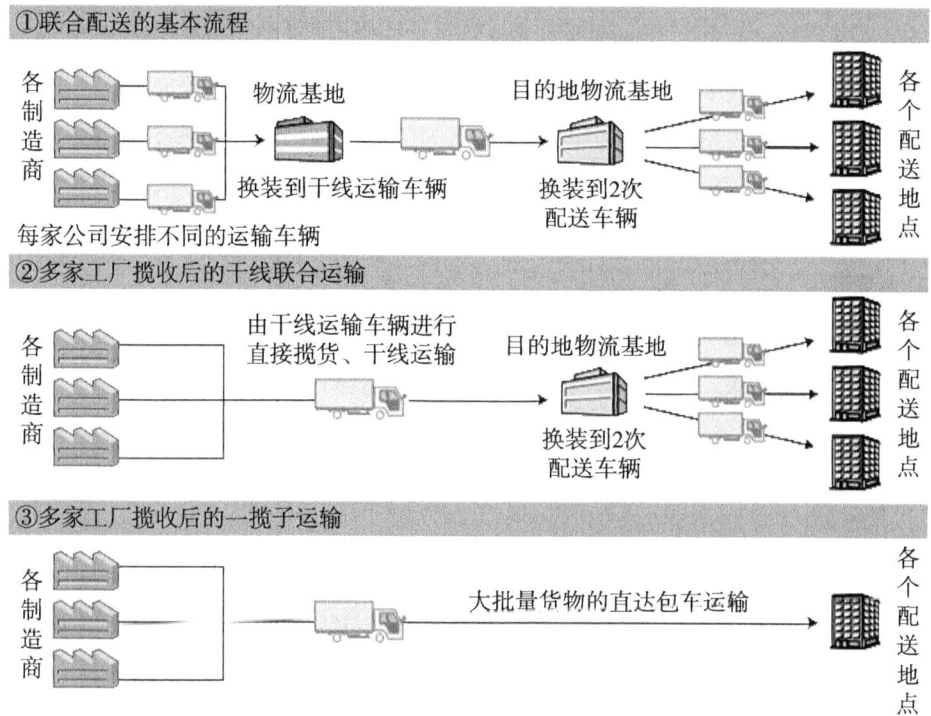

①联合配送的基本流程

②多家工厂揽收后的干线联合运输

③多家工厂揽收后的一揽子运输

图 1-9　联合配送的三种模式

联合配送第二事业部部长代理久米章夫告诉笔者："关东地区的制造商工厂距离较远，所以采用先集中收货再转至干线运输的模式，而中部地区的制造商工厂距离较近，直接由干线运输车辆巡回收货效率更高。丸红物流根据各地区的不同情况，采用了不同的联合配送模式。"

除了上述两种模式，针对大型零售企业的物流基地等收货点，丸红物流采用卡车在出发地满载，中途不停留直接送达收货点的模式，如图 1-9 中的模式③。

在实际运营中，丸红物流负责配车的人员发挥着关键性的作用。配车人员需要提前3~6个月与货主企业方多次联系，收集货主商品历史信息，包括新商品上市前的统一出货安排，3~6个月之后的促销活动等。通过把这些信息与过去的出货数据进行比较，预测出货量，事先做好相应的方案。

联合配送业务甚至可以调整各制造商的出货时间。在新商品上市或者节假日之前，各制造商会提高产量，这样容易导致工厂的仓储能力紧张。针对这一问题，丸红物流提出了多种方案来减轻各制造商的库存压力，比如在区域物流基地内设置临时保管处、调整发货计划等，以更有效地实现联合运输。

除此之外，丸红物流会根据承运商品的特性，合理选用运输车辆等基础设备，这对提高运输效率也十分重要。比如，对于体积较大的轻泡产品（米制休闲零食、小吃等），主要使用4吨超长卡车和10吨特长卡车，大大增加了单车装载量。

在各方的通力合作下，满载率一直维持在85%以上的水平。对于人手不足的中小制造商来说，丸红物流的细致服务也是他们持续选择合作的一个重要原因。

2009年8月，在丸红物流联合配送业务开展2个月后，著名的曲奇制造商伊藤制果开始使用丸红物流关东发往九州的线路，2011年配送范围进一步扩大到了四国、中国关西、静冈等地区。伊藤制果营业本部物流课长木村政春给予了很高的评价："丸红物流提供的物流服务可以灵活应对出货量的变化，让我们的物流成本与运输质量都有了较大的改善，尤其是丸红物流时常能做到一些细节上的改善。"

3.2　从关东发车的线路满载率达到八成

2010年，丸红物流导入了自主研发的配送管理系统HCS。联合配送刚开始的时候是通过人工进行配车管理，但随着制造商的数量增加，管理也越来越复杂，因此引入了HCS对整个业务中的单品状况信息进行集中管理。

管理细节的完善对联合配送的整体运营产生了巨大效果，从关东出发的线路满载率达到了八成。根据制造商的情况以及目的地的不同，与过去相比，物流成本降低 10%~20%，运输中的污损问题发生率也降低了 5%~10%。

2011 年，丸红物流收购了新潟县的零食制造商栗山米果旗下的物流子公司新潟流通。2012 年，新潟流通与丸红物流进行了企业合并和运营整合，新潟流通保有的卡车等物流资源得以利用。丸红物流将新潟县作为联合配送业务的出发地，为当地有联合配送需求的中小型制造商提供服务。

丸红物流在新潟县的联合配送还开发了附加业务——代理货主处理订单。久米章夫称："今后在着力横向发展当地休闲零食工厂选择联合配送业务的同时，我们还将积极探索纵向拓展下游的批发商、零售商等客户。"另外，他表示将来也会考虑开展从关西地区发车的新联合配送业务。

营业部部长渡边顺谈道："今后物流的联合化会成为关键。"由于卡车司机的人手不足，单独安排整车配送会越来越困难，联合物流业务可以减少所需的卡车数量。

坂本部长介绍："在持续改善的情况下，节约的成本去除本公司在信息系统上的投资成本后，剩余部分返利给参与联合配送的中小型制造商，使其销售额中物流费用占比更接近大型制造商的水准。"

为了进一步提高装载率，丸红物流也在与大型制造商探讨业务合作的可能性。坂本部长称："联合配送中有大量货源的大型制造商还有很多需要改善的地方。"

3.3 拓展宠物商品的联合配送业务

继休闲零食业后，丸红物流关注的下一个行业是宠物相关行业。

《日经市场占有率 2014 版》中提到，2012 年日本宠物食品的销售额比上一年增长了 1.6%，达到 2689 亿日元。虽然总体上吉娃娃、迷你德国短腿猎犬等小型犬的占比增加，导致宠物食品消费量有所降低，但是随着"高级狗粮"等高端商品打开了市场，消费额不降反升。

包括宠物用品在内的整个市场规模已经超过 4000 亿日元。丸红物流预测，高端宠物粮食以及宠物室内用品的需求仍在不断增长。同时，狗咖和宠物保险等周边服务范围也随之扩大，今后这个市场将持续增长。丸红物流已经承接了一些主流宠物食品制造商以及批发商的物流业务。早在 2014 年春天，丸红物流就依托已建立的业务关系，从中选出两家货主企业，开展了宠物食品的联合配送业务。

两家货主企业的商品仓储业务委托给丸红物流位于千叶县野田市的物流中心，由丸红物流负责安排车辆将货物送到日本东部地区各批发商的物流基地等地。考虑到货主企业执意把控新商品的发售等商品信息，野田市的物流基地经过诸多努力将两家公司的商品库存区域完全分隔。

在宠物食品业中，有两家大型专业批发公司的市场占有率达 50% 左右。因此各生产制造商的发货地经常有重叠。丸红物流因此判定，开展联合物流业务能大大提升各生产制造商的物流效率。

渡边部长称："已有的各种联合配送相关公司还没有专注于宠物食品行业的。在各宠物食品制造商追求高水平物流服务的情况下，开展联合配送业务的难度很高，但是具有挑战价值。"

位于野田市的丸红物流的物流中心成了宠物食品专用的物流基地。丸红物流通过在野田市、柏市以及常总市建立物流基地，努力使配送成本最小化。此外，这个区域也是丸红物流最熟悉的区域，在车辆、人员调配等方面都能灵活应对。目前，丸红物流通过整合野田市周边的宠物产品制造商来促进联合配送业务。

作为一个宠物食品专用的物流中心，丸红物流依托具有专业知识和经验的工作人员、充裕的仓储空间的流动化，提供高质量的物流服务，并结合纵向物流联合的发展促进宠物产品的分销模式改革。丸红物流旨在通过减少各物流中心之间的运输，来降低总体物流成本并不断提高物流质量。今后纸制品行业将是丸红物流开展联合配送的下一个目标。

丸红物流的官方网站：https：//www.marubeni-logi.com/

【思考题】

1. 商品的物流成本负担能力是制定物流战略，尤其是选择运输方式时必须考虑的问题。休闲零食被认为是物流成本负担能力较弱的商品，这是为什么？丸红物流的联合物流方案对于克服这一弱点发挥了什么样的作用？

2. 你认为商品包装箱的污损是否属于严重的物流质量问题？为什么？日本企业普遍拒收包装箱有污损的货物，不管商品本身是否受到影响，试讨论这一物流质量观是否合理，其对于物流企业以及生产商有什么样的影响？

3. 宠物食品的高级化导致其产量变小、配送路线增多。加之宠物食品品种繁多，管理标准不统一。针对这些问题，试讨论在推进联合物流时应采取怎样的应对措施。

4. 本篇介绍的是 3PL 主导的同行业企业联合配送的案例。结合其他相关案例，讨论 3PL 主导的同行业企业间的联合配送与其他模式（如货主企业主导、行业协会主导、政府主导、咨询公司主导、流通企业主导等）相比，有哪些优势和劣势。

4   日冷物流集团的冷链物流平台

冈山宏之/单瀚姬

【摘　要】日冷物流集团下属的物流网络公司自 2020 年春在日本关西地区启动了冷链物流平台事业，为多家冷冻食品生产商提供产品联合仓储服务的同时，并携手多家物流企业开展联合冷链配送服务，从而改善了传统的物流构造，为货主企业提供最优的解决方案。

4.1   借用日水新物流中心开展联合物流

日冷物流集团的前身是日冷集团的冷链物流部门，2005 年从日冷集团独立，其旗下的物流网络公司（Logistics Network，以下简称"LOGINET"）主营运输、配送及 3PL 业务。2020 年 4 月，LOGINET 在关西地区开展了物流平台业务，将多家冷冻食品生产商的产品联合仓储在日水物流的"大阪舞洲物流中心"（位于大阪北港），并由合作的物流企业联合配送至批发零售商。

一直以来，日冷物流集团致力于为每家货主企业提供优质物流服务的 3PL业务，同时积极开展联合配送业务，拥有丰富的非资产型 3PL 的运营经验。多年的技术积累和经验积淀为日冷物流集团打造物流平台新模式奠定了基础。

新模式的关键之一在于，依托日本水产集团旗下的子公司日水物流新启用的物流中心。日冷物流是日本规模最大的冷链企业，仅在大阪府内就拥有 10余处物流中心。然而，由于消费者对冷冻食品需求日益旺盛，日冷物流面临库容不足的难题，加之种种制约因素，日冷物流短时期内难以建造新的大型仓库。于是，日冷物流决定积极利用其他企业的资源，来解决眼下的困境。

主导此次物流平台业务的 LOGINET 销售研发部部长兼供应链管理（SCM）

推进部部长林正德介绍了平台诞生的经过："关西地区的商业环境适合联合配送的发展，我们希望把这个业务做大。恰好日水物流决定在舞洲地区增建流通型物流中心，于是就有了这次的合作。"

关西地区库容不足的问题也一直困扰着日水物流。2016 年 4 月，日水物流建成并启用大阪舞洲物流中心，然而在不久之后，货运量增长再次导致库容告急。日水物流又斥资 46 亿日元，紧邻既有仓库增建了新仓库。由此，大阪舞洲物流中心成为日水物流规模最大的物流中心。日水物流将新仓库定位为流通型物流中心，并将新仓库约 70% 的空间用于和日冷物流联合开展物流业务，自身则以物流企业的身份参与。

日冷集团与日本水产集团在物流领域的合作已有多年历史，两大集团各自的核心企业日冷食品和日本水产早在大约 20 年前便合作开展了联合配送业务。到了 2006 年，味之素冷冻食品公司也加入其中，演化成了三家大型冷冻食品生产商的联合配送项目。作为日冷集团旗下的物流公司，日冷物流集团在这一合作项目中发挥了主导作用。之后又有一家大型冷冻食品生产商加入，形成了四家联合配送的形态。

多家生产商开展的联合配送主要针对单一企业配送量不满一辆货车的地区。在上述项目中，三家大型冷冻食品生产商的联合配送项目最早在北海道、南九州等人口密度低的地区局部试运行，正式运行也是在人口相对较少的中国地区和四国地区。

和这些人口稀少的地区相比，大型生产商在大城市及周边地区的货量充足，单纯拼车合作的效果甚微。不仅如此，太大的货流量反而会使物流中心的规模超常，运输车辆还会扰乱周边地区的交通网络。

日冷物流集团在关西地区推出冷链物流平台的目的是提高所有加盟生产商在整个关西地区的物流效率。为此，日冷物流集团计划在 2020 年内实现公司在关西地区的所有物流业务的联合化。对于日冷物流集团而言，这项举措无疑是今后进一步拓展事业的试金石。

4.2　分类化与网络化

分类化是日冷物流此次在城市地区开展联合配送的核心理念之一。该理念早在 2018 年就由日冷物流集团总公司的社长梅泽一彦提出，并写入了从 2020 年开始的三年中期经营计划中。分类化是指针对各类商品群制定最适合的物流方案，而不是按照加盟企业的类型进行划分。

以企业采购的原材料和市面上流通的产品为例。对生产商来说，原材料和产品在销售渠道和物流上都有很大区别。开展联合配送时，按照商品群进行分类，对物流需求相同的产品进行统一处理，能够提高物流效率；把配送方式和目的地相同的货物集中到一个物流中心，有利于自动化设备的使用，解决了人手不足的问题。

日冷物流集团在承接某大型冷冻食品生产商的东京圈物流项目时，就已经将面向企业的产品和面向消费者的产品分别由两个不同的物流中心负责。起初是因为考虑到货物量过大，不便于集中处理而采取的措施，结果带来了超乎意料的物流效率提升。

LOGINET 的林正德强调："对于关西地区，公司也计划在多家生产商联合仓储和联合配送的基础上，将面向企业的产品和面向消费者的产品分开，分别构建专属配送网络。"

直到 2020 年 3 月，林正德一直担任 LOGINET 关西分公司总经理，多年的一线经历使他深谙物流行业的环境变化模式和客户的实际需求，他认为还有许多可以改进的地方。

制定新事业方针的同时，组织体制也相应地进行了改革。过去，日冷物流集团下设的事业公司分别承担不同的事业职能：各地区仓储公司负责仓储型冷库业务，从事物流网络业务的 LOGINET 则主要负责运营流通型仓库以及运输和配送业务。

然而，随着物流网络的发展，这种职能分工变得越来越模糊不清。为此，日冷物流集团在 2020 年 4 月的组织结构改革中，将 LOGINET 管辖的关西地区中的多处物流中心移交至日冷物流关西分公司管理，以推进仓储与运输业务的融合，建立一体化运营体制。日冷物流集团将这一举措称为"网络化"。随着分类化和网络化的推进，LOGINET 在联合运输业务中发挥的协调作用也逐渐显现出来。

4.3　3PL 模式的革新

日冷物流集团的 3PL 业务一直在与时俱进，不断革新。2000 年，日冷集团成立了从事非资产型 3PL 业务的物流策划公司（Logistics Planner，以下简称"LOGIPLAN"），该公司于 2016 年 4 月由 LOGINET 兼并。由此，LOGINET 的全国网络与 LOGIPLAN 的策划能力融合，3PL 业务的运营体制得到了强化，两家公司重叠的职能也得以整合。

LOGIPLAN 当时有 30 多名员工，其中一部分转到 LOGINET 的销售研发部，继续从事 3PL 的策划和推销工作。该销售研发部内设解决方案研发组，负责收集处理数据、编写资料、搭建系统架构等工作。其余员工大多被分配到 LOGINET 的 SCM 推进部，为 3PL 事业既有客户提供物流管理相关的支持工作。

3PL 业务的革新还体现在日冷物流集团与货主企业之间签订的合同上。主打非资产型 3PL 的 LOGIPLAN 与货主企业签订的是收益分享合同，与货主企业共享效率化的成果。在这种合同下，3PL 企业的主要收益来源于优化物流管理框架所带来的成本压缩。

如今物流成本的优化仍然是许多货主企业面临的一项重要课题，但是运价和劳动力成本的上涨将物流成本不断推向高位。由于 3PL 企业之间的竞争已经转向如何更好地抑制成本上涨，所以收益分享的模式已然无法成立。虽然业务的效率化仍是 3PL 的必要课题，但是按货物处理量计费的形式成为当今物流委托合同的主流。

近年来，生产商等货主企业的物流管理出现了显著变化。货车司机供需缺口加剧，日本政府推动企业的工作方式改革（如限制加班时间，鼓励工作与生活的平衡）后，对劳动强度的管理也越发严格。这使越来越多的生产商将物流服务的持续和稳定视为最重要的课题。在这样的背景下，3PL 企业所需具备的功能也出现了很大变化。

据 LOGINET 高见部长介绍："以往的 3PL 项目，只要采用质优价廉的仓储和运输手段，基本上就能实现业务的效率化。但是如今市场需求发生了很大转变，我们要着眼于如何利用有限的资源维持更加稳定长久的事业。"

业务革新后，日冷物流集团的业绩表现优异。2019 年集团的年度销售额为 2065 亿日元（同比增长 2.7%），年度营业利润也达到 118 亿日元（同比增长 3.5%），均高于三年中期经营计划制定的目标值。3PL 相关业务也维持了增长趋势，同期销售额约为 900 亿日元，同比增长近 7%。

对于日冷物流集团而言，3PL 业务占据非常重要的地位。现行中期经营计划将 "3PL 新模式的确立" 和 "东南亚地区解决方案事业的拓展" 列为发展战略的核心，而在关西地区构建的冷链物流平台正是 "3PL 新模式" 的代表。

4.4 构建 "3PL 新模式"

要想实现 "3PL 新模式" 的高效运转（见图 1-10），还需要 IT 机制的革新。日冷物流集团在协调多家生产商与多家物流企业的过程中了解到，最重要的是基于数据的判断。一直以来，日冷物流集团虽然也很重视 IT 的应用，但更看重经验型人才的创造力和分析力，将其视为 3PL 业务的核心。现在情况发生了转变，LOGINET 内部负责 3PL 业务数据收集分析的销售研发部解决方案研发组组长松下雄介称："今后我们要在和诸多客户的沟通中，建立起有效的 KPI 和架构。在新的系统启用后，还需根据客户的需求不断优化。"

3PL 业务原来使用的是物流管理系统 "Lixxi"。日冷物流集团目前正在紧锣密鼓地开发 3PL 专用的数据分析系统，LOGINET 内部称其为 "新 3PL 系统"。这个名字听起来似乎是指日冷物流集团的 3PL 新模式的整个业务体系，但实际上指的是支持 3PL 业务的 IT 系统。

林正德对新系统寄予了很高的期望。一直以来，3PL 业务都用 Lixxi 来管理，它的功能显然不能满足要求。3PL 专用系统的开发与启用弥补了 Lixxi 没有的功能，与各家生产商实现了电子数据交换，积累并分析业务大数据，从中找出生产商的共同点，以进一步实现客户企业供应链的效率化（见图 1-11）。

日冷物流集团的官方网站：https：//www.nichirei-logi.co.jp/

日本水产集团的官方网站：https：//www.nissui.co.jp/

日水物流公司的官方网站：https：//www.nissui-logistics.jp/

采取的措施	实现3PL所需的"持续稳定"模式

采取的措施：

1.重点向能发挥3PL强项的客户群体提供解决方案

• 最重要部分是冷冻食物物流
• 与客户建立更深、更广的合作关系

2.通过外包物流公司联网增强适应能力

• 加强与具有冷冻食品物流优势的企业联盟合作（业务合作等）

3.加强IT基础建设，将客户群体与企业联盟连接

• 软件层面的网络化
• 通过大数据总结共同课题

实现3PL所需的"持续稳定"模式：

冷链物流平台的构想

联合多家制造商与物流公司，为解决共同课题展开更广泛的合作，提供更多服务选择

根据业务特性进行整合，提高效率和标准化程度

冷冻食品制造商A　冷冻食品制造商B　冷冻食品制造商C

日冷物流集团

物流公司A　物流公司B　物流公司C

通过各企业联盟的功能，优化业务分配

针对冷冻食品制造商提供差异化的一站式服务

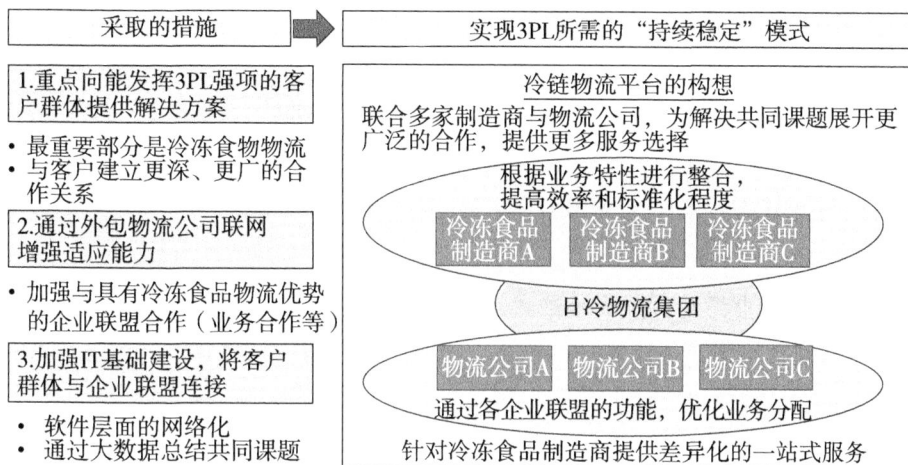

图 1-10　日冷物流集团打造的"3PL 新模式"

资料来源：根据物流网络公司资料制作。

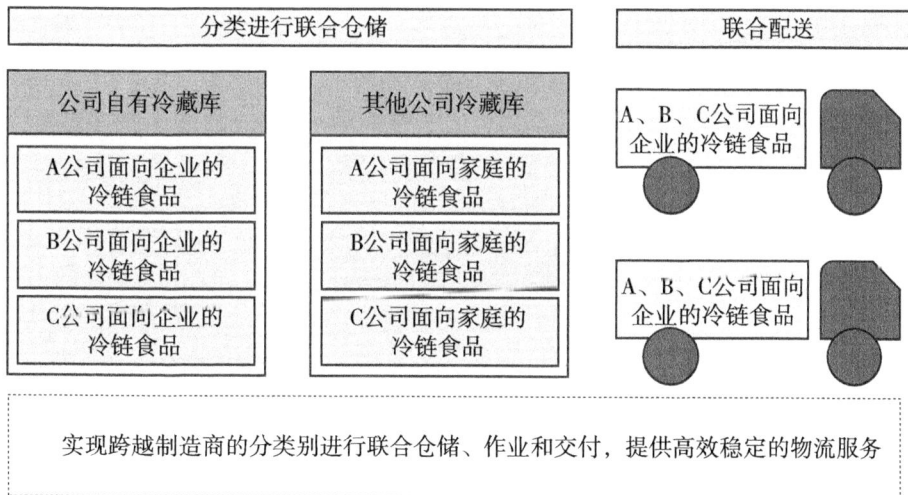

分类进行联合仓储	联合配送

公司自有冷藏库：
A公司面向企业的冷链食品
B公司面向企业的冷链食品
C公司面向企业的冷链食品

其他公司冷藏库：
A公司面向家庭的冷链食品
B公司面向家庭的冷链食品
C公司面向家庭的冷链食品

联合配送：
A、B、C公司面向企业的冷链食品
A、B、C公司面向企业的冷链食品

实现跨越制造商的分类别进行联合仓储、作业和交付，提供高效稳定的物流服务

图 1-11　按产品类别提升物流效率

资料来源：根据物流网络公司资料制作。

味之素冷冻食品公司的官方网站：https：//corporate. ffa. ajinomoto. com/

物流网络公司的官方网站：https：//www. loginet-japan. com/

【思考题】

1. 结合 3PL 的本质和特性，谈谈你对案例中所说的"分类化"概念的理解，并分析"分类化"对开展联合物流产生的影响。

2. 概述日冷物流集团新 3PL 模式的特征和要素技术，进一步讨论 3PL 业务与联合配送之间的关系。

3. 本案例中提到，由于物流成本上升等环境因素，收益分享的 3PL 合作模式已不可行。你是否同意这一看法？说说你的理由，并进一步讨论各种 3PL 合同模式的适用范围。

5　Collabo Create 构建的纵向一体化联合配送网络

鸟羽俊一/王慧娟

【摘　要】专门从事医药品物流业务的 Collabo Create 构建了从上游的原材料运输到下游的销售物流一体化的联合物流平台，通过为制药企业提供最佳运输方案，提高医药物流的效率，公司的业绩得以不断增长。

5.1　富山县 24 家制药企业的联合物流

Collabo Create（以下简称"CC"）是 2005 年 3 月时由大型医药批发企业铃谦株式会社（Suzuken，以下简称"铃谦"）、大成建设及 16 家制药企业共同出资成立的。作为日本国内唯一一家专门从事提供医药品一站式物流服务的公司，CC 广为人知，其业务范围包括顾问咨询、策划、仓库运营、运输配送等。

联合配送在日本医药品行业方兴未艾，包括许多大型第三方物流企业在内的参与者众多。CC 充分发挥其熟悉医药品行业的优势，开发了符合医药品特性的运输模式。

该公司的副岛秀继社长在接受笔者采访时回顾了开展联合配送业务的缘由："尽管制药企业对联合配送的潜在需求一直都很大，但由于这些企业都有自己的物流体系，公司成立之初业务开展得并不顺利。不过正是看到了这一点，我们很早就下决心要找到突破口——为制药企业建构一个联合配送的物流网络。"

CC 属于非资产型（Non-asset）3PL 企业，其特点之一就是最大限度地利用外部资源开展业务。CC 负责向制药企业提出物流解决方案，承接业务后运输配送和仓储等日常的业务运营则由铃谦的物流子公司 Collabo Works（以下简称"CW"）负责。早些时候，CW 接手了原藤泽药品工业（Astellas 制药株式会社的前身）的物流中心和物流专业人才，这些物流资产与制药企业的物流业务匹配度极高。

CW 在日本的关东地区、中部地区、关西地区共有 10 个物流中心。医药品从这里向全国的医药批发公司发货。运输和配送则由旭运输、中央运输、博运社、四国运输这四家医药品专业运输企业共同出资设立的 PJD Network（以下简称"PJN"）株式会社承运并保证运输品质（见图 1-12）。

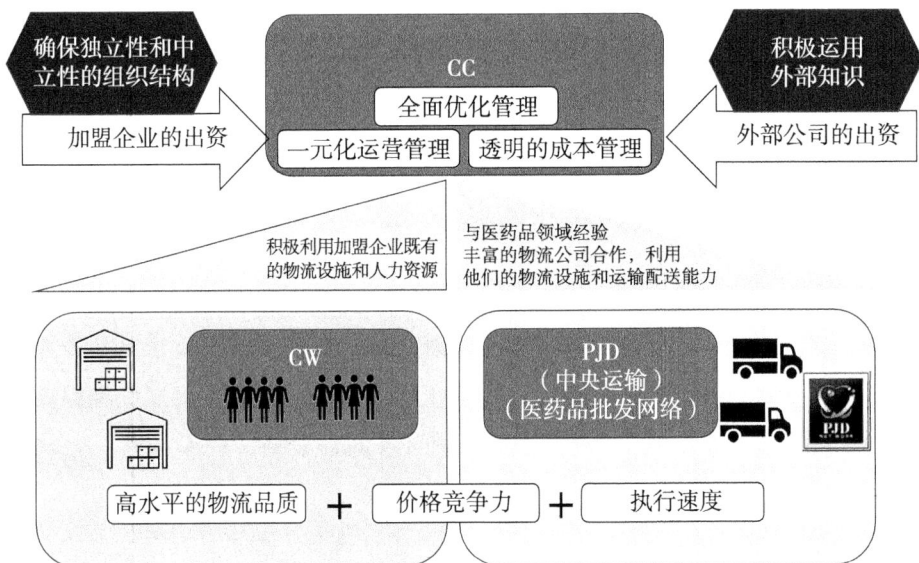

图 1-12　外部资源的最大限度利用和非资产型第三方物流事业的开展

制药企业的销售物流业务因成本负担能力强，吸引了包括大型 3PL 公司在内的许多物流企业参与其中，因而竞争非常激烈。但 CC 实施的上下游一体化联合配送的差异化战略使其在竞争中脱颖而出。从上游的原材料运输到工厂之间的半成品物流，再到成品的销售物流都在联合配送网络的覆盖范围内。这一战略尤其在制药企业集聚的富山县取得了极大的成功。

富山县有悠久的制药历史，现在药品制造是地方支柱产业之一。日本政府

2005 年修订了药品法，使药品制造的外包实现了自由化。而富山县的医药制
造企业正是抓住这个机会大力发展药品制造代工业务。

在这一背景下，富山县医药品制造行业由地方政府主导，确立了积极推进
联合物流的方针，并且为了实现该方针于 2005 年 5 月成立了富山县医药品联
合物流研究会。

在富山县厚生部医药政策课和富山县药业联合会的倡议下，由地方政府、
当地企业共同参与的医药品联合物流官民合作项目于 2006 年 7 月正式启动
（见表 1-3）。而 CC 自初期阶段就参与其中，通过支援联合物流的策划，依据
各厂商提供的原材料采购和出货路径、数量等信息构筑联合物流的运输网络。

表 1-3　　　　　　　　　　富山县医药品联合物流项目的进程

2005 年 5 月	富山县医药品联合物流研究会成立；富山县政府厚生部医药政策课提供建议和指导，富山县药业联合会负责意见汇总；成立之初县内共有 8 家企业参加，共举行 15 次研究会
2005 年 11 月	总结报告会
2006 年 2 月	富山县医药品联合物流实施项目启动；县内共有 13 家企业参加
2006 年 5 月	得到日本国土交通省、经济产业省颁布的"绿色物流合作关系"推进事业的认证
2006 年 7 月	物流业务开始 （截至 2014 年 1 月共定期举行了 31 次进度报告会，至今仍会定期举办报告会）

通过安排邻近工厂原材料的集货混载和协调安排回程车等措施，制药企业
削减了物流成本，同时物流企业也有了稳定的货量，实现了双赢。对于将采购
物流和销售物流结合提高运输效率的措施，副岛秀继社长表示："构筑一站式
医药品物流平台的目标基本实现。"

现在参与该联合物流项目的包括富山县内外的 24 家货主企业和 18 家物流
公司。截至 2013 年 12 月，运输网络覆盖了从富山县到 29 个都道府县的 235
个物流基地，为当地企业带来了商机的同时也为地区经济的发展作出了贡献。

环保方面，CC 2013 年 1—12 月二氧化碳排放量共减少了 12.66 吨，柴油
燃料使用量减少了 4833 升。自 2010 年 6 月起 CC 采用断热膜以保证运输品质，

防止运输过程中的温度上升。除此之外，CC 还加强与货运公司的协作，推动其引进新款冷藏车辆，开展对车辆货厢温度的持续调查，把控对温度管理有严格要求的医药品的运输品质。

副岛秀继社长满怀信心地表示："在发展地方经济的同时还能重视保护环境的合作项目，此前在日本少有成功案例。"在地方政府与企业通力合作下，CC 成了典型的成功案例。

5.2 新运输模式的开发热情

今后 CC 还将继续严格执行医药品物流的温度管理要求。疫苗、转基因试剂、抗癌药物及生物制药等药品有最高标准的要求指标，其研发和投产正在加速中。与此同时，日本的药品常温保存温度（1~30℃）可能会参照欧洲标准变更为 1~25℃。面对这一动向，医药品专用冷链车的共同使用、低温箱及按温度带分别运输等新运输方式的开发已刻不容缓。

为了开发最合适的运输模式，需要对制药企业制造现场的搬运操作和包装材料种类等进行详细分析，并根据各个产品提供最合适的方案。日本正在推进通用名药（Generic Drug）的普及。通用名药是指新药专利期结束后，由其他公司生产的与新药有效成分和功效相同的医药品。因为通用名药几乎不需要研发费用，审批周期又短，且价格仅为新药的二成到七成，有利于减少患者的医药费用负担，所以日本厚生劳动省大力推进通用名药的使用，同时也在积极探讨定价较低的通用名药的物流成本削减方案。

富山县的其他项目，如物流公司应对药品常温保存温度变更为欧洲标准的对策，可以实现双层运输构造的固化材料的开发，富山县方向回程卡车业务开发等都是今后 CC 重点关注的项目。

2013 年以后，由于柴油价格居高不下，卡车司机不足等因素导致运费不断上升，货主企业比以前更加关注物流成本，来找 CC 商讨改善物流效率的企业也越来越多。CC 向货主耐心解释运费上涨的背景和各货运公司面临的状况的同时，也在积极探索在不提高运费的前提下改善运输效率的方法。

CC 着力开拓高利润的联合物流项目并努力开发高效模式，力求使运输企业不需要涨价也能够承运，实现货主企业和货运企业共赢。

CC 于 2014 年迎来了成立 10 周年纪念。副岛秀继社长强调："面对医药品物流的挑战，本公司将继续协调和解决制药企业面临的物流课题，研究市场动向积极构建一站式物流平台。"作为医药品物流的协调者，CC 希望不断提出各种解决方案，助力制药企业制定合适的物流战略。

Collabo Create 的官方网站：https：//www.collabo create.co.jp/

Collabo Works 与 SUZUKENROJIKOMU 株式会社、秋山物流服务株式会社合并后成立的 SDLOGI 株式会社公司的官方网站：http：//www.sdlogi.com/about/05/

【思考题】

1. 根据本案例的内容，并结合有关医药物流的资料，讨论日本医药物流的特征，并比较中日两国在医药物流上的异同。

2. 讨论为什么 CC 要采用非资产型第三方物流的形态。

3. 试分析 CC 的上下游一体化联合物流的差异化战略获得成功的原因。讨论这一战略能否运用到其他行业的联合物流业务中。

4. 讨论地方政府和行业协会在 CC 富山项目中发挥的作用。设想在更大地理范围内开展联合物流时，是否应该积极争取政府和行业协会等组织的参与和支持？为什么？

6 "化妆品物流论坛21"与共同物流

石原亮/孔令建

【摘 要】"化妆品物流论坛21"是由日本6家知名化妆品企业共同组建的联运平台,各会员企业定期进行会谈,研讨共同物流方案。联合配送率先在货运量较少的地区得以实现,之后逐步扩展到其他区域。虽然在产品研发和销售方面各化妆品企业互为强劲的竞争对手,但是在物流配送方面通过竞争对手间的强强联合,各企业提高了物流效率,降低了物流成本。

6.1 化妆品物流论坛21的组织结构

"化妆品物流论坛21"成立于1997年12月,是在日本全国化妆品零售协同组合联合会的倡议下组建的联运平台。会员企业包括澳尔滨、花王、佳丽宝、高丝、资生堂,P&G(日本)6家日本知名化妆品企业,其目的是通过开展联合配送来减轻环境负担,削减物流成本以及降低收货方的收货、验货、入库等作业负荷。在非大都市地区,由于货运量不足导致相对运输成本不断攀升,因此各会员企业决定以这些地区为突破口率先开展联合配送,之后逐步扩展到全国其他地区(见图1-13)。

"化妆品物流论坛21"由各会员企业的董事联名组成,并设置了"共同化推进室"和"全体会议"。共同化推进室是论坛的秘书处,具体负责联运平台的运营,全体会议为商讨和决策具体事宜的联席会议。

共同化推进室的秘书长由各会员企业轮值担任,各会员企业的地位完全平等,这也是"化妆品物流论坛21"能够长期持续发展的原因之一。"化妆品物流论坛21"自身没有任何强制性与约束力。在全体会议上提出的联合配送方

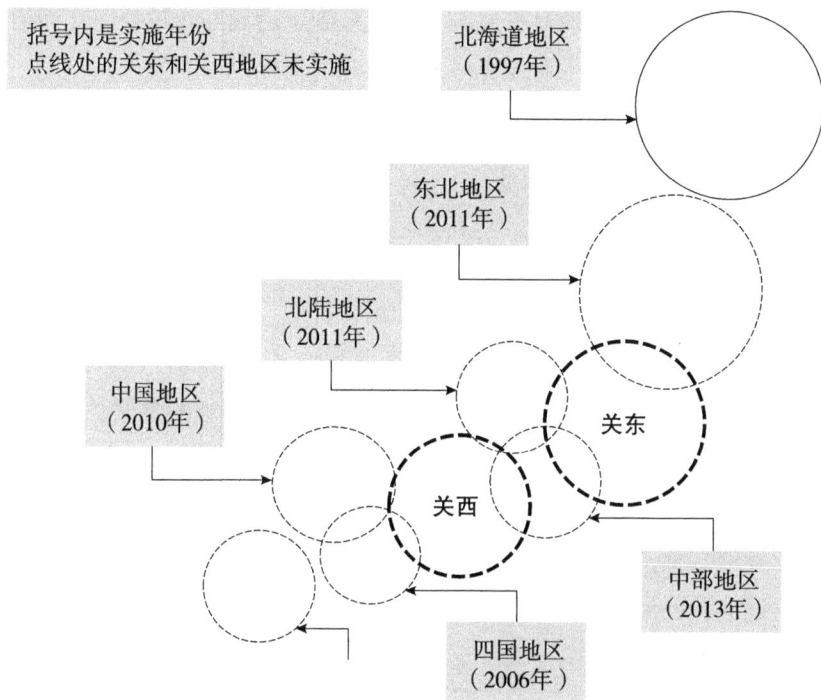

括号内是实施年份
点线处的关东和关西地区未实施

北海道地区
（1997年）

东北地区
（2011年）

北陆地区
（2011年）

中国地区
（2010年）

关东

关西

中部地区
（2013年）

四国地区
（2006年）

图 1-13　联合配送实施区域

案由参会人员带回各企业审议，如果企业认为联合配送方案有可行性就参加，如果认为没有可行性也可以选择不参加。关于是否参加联合配送，完全尊重各会员企业的意愿。

　　全体会议每 3 个月召开一次，参加人员均为各会员企业部长级高管。在全体会议下还成立了"联合配送分科会"和"ECO21 运营委员会"两个工作小组，每月召开一次会谈。ECO21 是一个订单信息系统，可以把零售店以电话或传真方式传输的订单信息在线自动转化为电子数据。"化妆品物流论坛 21"从 1999 年开始导入此订单信息系统，随后使用此系统的门店数量不断增加，到 2014 年已扩展到 4500 家。

　　"化妆品物流论坛 21"一直贯彻保证信息安全和公平自由的合作原则。此联运平台仅限于物流相关信息的交换，禁止将共享的信息告知本企业物流部门以外的其他部门或人员。联合配送的参加与否由各会员企业自主决定，承运方的运输由企业统一选定，但运费由各会员企业与承运方直接交涉。有的会员企业在运输公司做项目路演时还有参与意愿，但到了后期与运输公司交涉运费等条件时却没能达成协议，而决定不参加，这样的情况也时有发生。

6.2　联合配送范围的扩展

在日本，化妆品的线下销售模式可以分为企业直销和企业代销两大类。企业直销是指化妆品生产企业通过该公司的销售部门，直接与零售门店签约设置企业销售点，并由化妆品企业的销售人员直接向消费者进行面对面销售的模式；企业代销为化妆品生产企业通过批发商进行商品销售的模式。"化妆品物流论坛 21"的联合配送对象是企业直销品和一些促销品。

此联运平台成立之后，首次参与联合配送的企业有澳尔滨、花王、佳丽宝、高丝和资生堂，地区选择了北海道，配送业务委托给了当地的札幌通运公司，之后逐次扩展到冲绳县、四国地区、九州地区、中国地区、东北地区、北陆地区和中部地区（见表 1-4）。

表 1-4　　　　　　　　　化妆品物流论坛 21 的联合配送

开始时间	联合配送区域	参加状况					
		澳尔滨	花王	佳丽宝	高丝	资生堂	P&G
1997 年	北海道 ①区域：北海道 ②承运方：札幌通运公司	●	●	●	●	●	
1999 年	冲绳县 ①区域：冲绳 ②承运方：西浓运输公司		●	●	●	●	●
2006 年	四国地区 ①区域：香川、爱媛、德岛、高知 ②承运方：九州产交运输公司	●	●	●	●	●	●

开始时间	联合配送区域	参加状况					
		澳尔滨	花王	佳丽宝	高丝	资生堂	P&G
2008 年	九州地区 ①区域：福冈、佐贺、长崎、熊本、大分、宫崎、鹿儿岛 ②承运方：九州产交运输公司			●	●	●	
2010 年	中国地区 ①区域：冈山、广岛、鸟根、鸟取、山口 ②承运方：福山通运公司				●	●	●
2011 年	东北地区 ①区域：青森、秋田、山形、岩手、福岛、宫城 ②承运方：多家物流企业				●	●	●
	北陆地区 ①区域：富山、石川、福井 ②承运方：飞弹运输公司				●	●	●
2013 年	中部地区 ①区域：爱知、三重、岐阜、静冈 ②承运方：飞弹运输公司	●			●	●	●

注：此表为当时的共同配送情况，现在有所变动。

资料来源：化妆品物流论坛 21

　　其中 2000 年到 2005 年未显示，是因为那段时间是联合物流实施的空白期，在此期间，论坛对关东和关西地区大都市圈联合配送的可能性进行了反复讨论，最终还是选择放弃。因为这两个区域的物流量较大，配送网络复杂，堵车和停车限制等影响交货时间的因素与其他地区不同。参加联合配送的企业，既要对现有资源重新进行整理和规划，还需要与运输企业进行协调，所以各方都认为开展联合配送的难度很大。

虽然关东、关西地区的联合配送项目未能实现，但各会员企业并没有放弃拓展其他区域的联合配送。2011 年，在东北和北陆地区①的联合配送顺利实施后，未能实施联合配送的区域只剩下关东、关西、中部 3 大都市区，也是日本最重要的 3 个大消费地。到了 2013 年，论坛对中部地区各会员企业的配送网络和货物量进行了深入分析，根据分析结果制定了适合该地区的联合配送方案。关于中部地区的特点，"化妆品物流论坛 21"秘书处的负责人告诉笔者："中部地区的配送地点比较集中，而且多位于该地区的中心地带，交货条件上的制约也较少，非常有利于开展联合配送。与其他地区相比，同时经销多家企业商品的门店比率高，所以集约效果更为显著。"

2013 年 2 月，"化妆品物流论坛 21"在包括爱知、三重、岐阜、静冈 4 县的中部地区成功开展联合配送，参加的企业有澳尔滨、高丝、资生堂、P&G 4 家化妆品企业。在中部地区销售 4 家企业商品的门店约有 6700 家，其中经销多家企业商品的门店约 3700 家，经销两家企业以上商品的门店超过半数。此区间的配送业务委托给了飞弹运输公司。关于中部地区的各化妆品企业的物流基地，澳尔滨设在埼玉县熊本市，高丝设在埼玉县比企郡，资生堂设在川崎市，都位于关东地区，由飞弹运输公司东京分店负责汇集以上 3 处基地的发货。加上资生堂在名古屋市的物流设施，高丝在兵库县西宫市的物流设施，P&G 在滋贺县野洲市的物流设施，由飞弹运输公司各地的分公司从以上各物流设施收集货物分别运到中部地区 4 县的卡车枢纽基地，之后进行分拣装车后运送到各门店（见图 1-14）。

之后，"化妆品物流论坛 21"一直没有停止开展联合配送的步伐。2014 年，它重启对关东和关西地区的联合配送实施方案的研讨，并于 2017 年在北关东地区（茨城、栃木、群马）由花王、佳丽宝和高丝 3 家企业成功开展了联合配送。

---

① 北陆地区指位于日本本州岛中部、日本海沿岸的新潟、富山、石川、福井四县或富山、石川、福井三县。

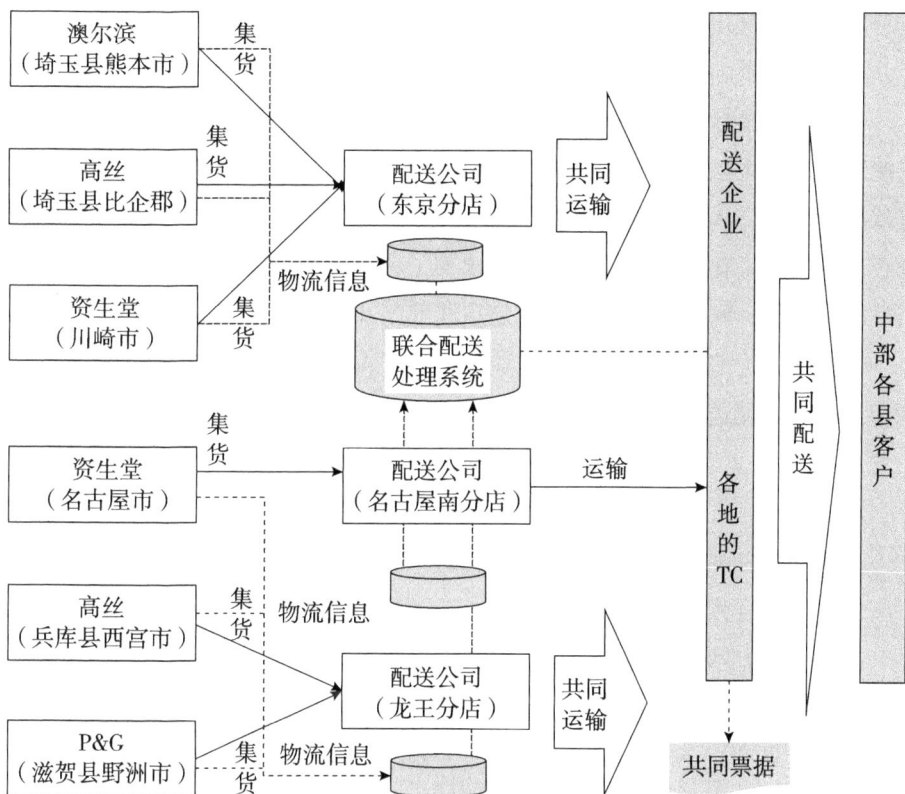

图 1-14 中部地区的联合配送模式

资料来源：化妆品物流论坛 21。

6.3 联合配送的效果

通过"化妆品物流论坛 21"开展联合配送时，各地区负责运输的物流公司由参与该地区联合配送项目的会员企业来选定。运输公司从各会员企业收集货物运至各地区的卡车枢纽基地后进行统一分拣，将运往同一门店的化妆品混装到同一辆卡车里进行配送。这样，各门店便可以通过减少收货的次数来减轻收货、验货、入库等作业负荷。同时，货物量增加带动物流成本降低，实现了规模效应。而各会员企业通过对各区域分别配送的货物进行整合，不仅提升了配送效率，而且实现了线路优化效果。对同一门店进行联合配送，可以减少配送总次数和二氧化碳排放量。从 1997 年"化妆品物流论坛 21"组建到 2014 年，共计实现了削减物流成本 5%~15%，降低二氧化碳排放量 20%。

各化妆品会员企业对联合配送给予了很高的评价。例如，高丝认为联合配送使物流品质大幅度提升，特别是北海道地区的配送服务最佳。化妆品是十分精致的商品，高水平的配送服务非常重要，因此该公司认为参与联合配送是十分正确的选择。花王也认为联合配送改善了该公司的运输体系。之前，该公司销往四国东部和西部地区的商品分别从北九州和大阪进行配送。联合配送的开展，整合了四国地区东西部的配送业务，不必再进行分别配送，统一从大阪发货即可。联合配送范围的扩展并没有结束，论坛的会员企业计划今后进一步扩大配送范围。

澳尔滨的官方网站：https：//www.albion.co.jp/

花王的官方网站：https：//www.kao.com/jp/

佳丽宝的官方网站：https：//www.kanebo-cosmetics.co.jp/

高丝的官方网站：https：//www.kose.co.jp/

资生堂的官方网站：https：//corp.shiseido.com/jp/

P&G（日本）的官方网站：https：//jp.pg.com/

【思考题】

1. 参与"化妆品物流论坛 21"的 6 家大型化妆品企业开展联合配送的目的是什么？是以什么方式开展联合配送的？

2. "化妆品物流论坛 21"成立于 1997 年，联合配送地区在不断扩展，且此模式受到各企业的好评。"化妆品物流论坛 21"能够持续至今并受到各参与企业的认可的原因是什么？谈谈你的观点。

3. 化妆品行业的物流平台与食品行业的 F-Line 等其他行业内物流平台相比，有哪些相同点和不同点？试讨论各自的优缺点。

4. "化妆品物流论坛 21"的成员在产品开发和销售方面是强有力的竞争对手，但在物流方面却携手开展了联合配送。结合竞合理论分析同行竞争对手之间开展共同物流会有哪些弊端和优势。

7　日化用品行业的物流平台：行星物流的经验和教训

平冈真一郎／王诗雨

【摘　要】日化用品企业间的共同物流先于其他行业，至今已有 30 年以上的历史。行星物流（Planet Logistics）作为日本第一个行业内物流平台企业，于 20 世纪 80 年代末由 8 家主要日化企业共同出资成立。虽然因流通环境变化，行星物流已于 2016 年解散，但它为共同物流领域积累了丰富的经验。

7.1　日化品行业的共同物流的历史

日化品行业的共同物流要追溯到 1985 年，由有百年以上历史的大型日化企业狮王牵头，多家日用品制造商共同出资成立了行星公司（Planet）。最初成立行星公司的目的是运营行业内的 VAN（增值通信网络），即厂家与流通企业之间进行数据交换的公共平台，这个平台为此后发展共同物流打下了重要基础。行星公司成立 4 年后的 1989 年，开展共同物流业务的行星物流公司成立。

在行星 VAN 和行星物流的筹备和运营过程中，狮王自始至终都是核心成员。这和 1980 年狮王牙膏与狮王油脂合并时狮王的物流状况有很大关系。当时狮王在日本有 11 家工厂（4 家生产牙膏，7 家生产油脂）和 26 个物流中心。尽管对部分物流设施进行了合并重组，但在 1985 年行星 VAN 诞生之时，狮王仍保有 21 个物流中心。

在当时的日化品行业，物流网络分散、设施众多并非狮王独有的特征。当时几乎没有从工厂直接向批发商发货的配送方式，更别说工厂向零售企业专属物流中心发货了。因此，在当时，日化品企业须向全国多达 5000 个交货点送货，因此各日化企业不得不将大量库存配置在分散于各地的配送中心，以满足市场需求（见图1-15）。

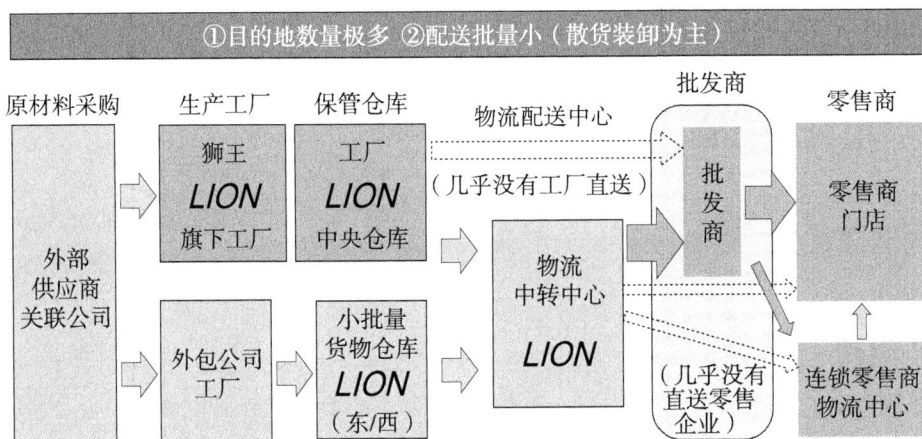

①目的地数量极多 ②配送批量小（散货装卸为主）

原材料采购 生产工厂 保管仓库 物流配送中心 批发商 零售商

外部供应商关联公司

狮王 LION 旗下工厂

工厂 LION 中央仓库

（几乎没有工厂直送）

批发商

零售商门店

物流中转中心 LION

（几乎没有直送零售企业）

外包公司工厂

小批量货物仓库 LION（东/西）

连锁零售商物流中心

图1-15 昭和时期的物流流程

但现在日化品行业的平均交货点只有1000个左右。在配送形式上，从工厂直接运输到批发商或连锁零售商专属物流中心的订单越来越多，过去经由制造商配送中心中转的方式逐渐被淘汰，库存任务也由各地配送中心逐渐集中到了工厂的中央仓库（见图1-16）。

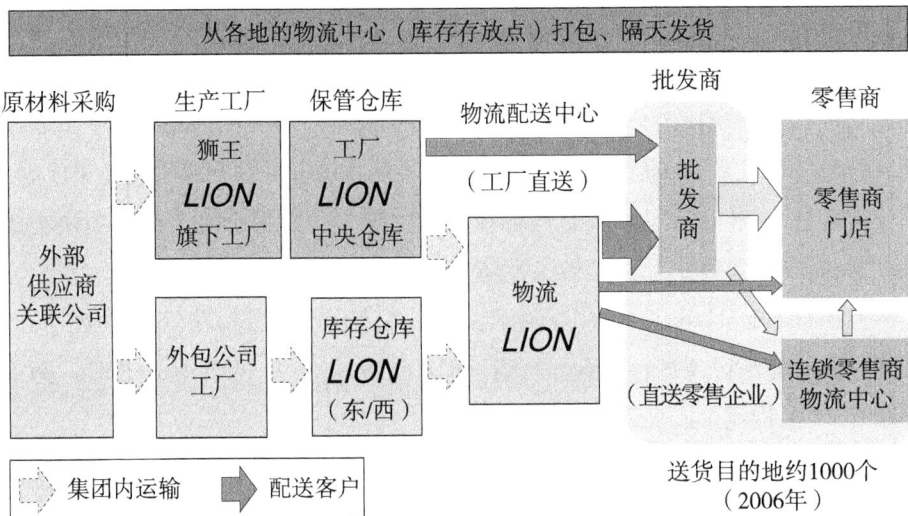

从各地的物流中心（库存存放点）打包、隔天发货

原材料采购 生产工厂 保管仓库 物流配送中心 批发商 零售商

外部供应商关联公司

狮王 LION 旗下工厂

工厂 LION 中央仓库

（工厂直送）

批发商

零售商门店

物流 LION

外包公司工厂

库存仓库 LION（东/西）

（直送零售企业）

连锁零售商物流中心

⇨ 集团内运输 ➡ 配送客户

送货目的地约1000个（2006年）

图1-16 当代的物流流程（日本国内日用杂货）

开展共同物流业务后，包装单元也发生了显著的变化。笔者查阅了狮王的相关历史记录发现：1974 年，和狮王油脂有业务往来的数千家批发商中，仅十几家采用托盘配送，其余均是散货配送。1986 年，狮王明文要求采用托盘配送，建立了托盘配送制度。尽管如此，实际上接受托盘配送的交货点仍然非常有限。

进入 20 世纪 80 年代，日本经济泡沫化严重，物流行业遇到危机，陷入了类似现在物流资源不足的困境。同时，资本市场的开放使外资企业进入了日化品领域。这些外资大型零售企业的出现以及随之而来的采购规模的扩大等因素都引发了接下来物流方式的变化。

现在看来，在共同物流正式兴起前成立行业 VAN 无疑是重要的一步。在这个时期，制造商和批发商之间的用语实现了统一。打个比方，"狮王的货运目的地 A 和另一制造商的货运目的地 B，实际上是相同地点"。这样的用语和编码的统一在当时日化用品行业中取得了很大的进展。

在行星物流成立之前，也存在由政府组织的小范围地区型联合运输以及不同行业制造商建立的用于退货的共同物流。但在同一行业中多家制造商全面开展共同物流并无先例。在建立行星物流时，8 家出资的制造商首先组成了"共同物流研究小组"，并于 1987 年进行了两项试点实验。

第一项是在中部地区进行的联合仓储和配送实验。在狮王的名古屋物流中心，参与行星 VAN 的 3 家制造商共享仓储空间，并在日本东海地区的 3 个县尝试 4 家公司产品的联合运输。

第二项是在九州地区进行的越库（Cross-dock）型配送实验。该实验以狮王的福冈物流中心作为通过型物流中心（TC），除狮王外，还有 12 家制造商（ST 化学工业、太阳星文具、SunPole、资生堂、Tojo Kimberly、第一石碱、大日本除虫菊、日本 Riva、Napier、Shiramoto、Hoxy、Uni Charm）参与。主要是采用循环取货（Milk-run）方式将货物集中到 TC，再以联运方式配送到 2 家批发商的 4 个物流基地。

在两项试点实验中，后一种越库型配送虽然因为便捷地统一交付受到批发商的好评，却没能给制造商带来实质上的经济利益。同时，在中部进行的联合仓储配送的实验也得到了不错的反响。这种利用狮王已有的配送网络混载配送其他 3 家制造商货物的方式，与传统方法相比，货运量增加了 13.0%，而相应的车辆使用量却仅增加了 7.5%。因此，通过两项实验获得的结论是"仓储型共同物流可获得更好的效果"。

之后，共同物流研究小组又利用 8 家制造商在东海地区 3 个县的发货实际数据，模拟了所有货物均采用联合运输时的情形。结果发现与 8 家公司各自分别配送相比，车辆使用量可减少 26.0%，总配送次数可减少 63.0%。

7.2　共同物流平台行星物流的成立

得到实验结果后，为了更好地开展共同物流，1989 年 2 月 1 日，8 家企业组建了"行星物流筹备小组"，同年 8 月 1 日，行星物流公司正式成立。这标志着同行制造企业共同出资设立共同物流运营公司，这个前所未有的商业模式成为现实。

互为竞争对手的制造商要将库存放在同一仓库中，且用同一辆卡车进行运输，同时也会出现商业信息泄露给竞争对手的风险。

因此，在行星物流运营之初，公司就制定出了 6 项管理原则：①共存共荣原则；②摒弃利己的原则；③公平原则；④促进合理化的原则；⑤保守秘密的原则；⑥利用外部仓库的原则。在共同物流超过 25 年的运营历史中，参与企业严格遵循上述原则，也从未发生因信息泄露等损害加盟企业利益的情况。

行星物流成立后逐步把共同物流网络由中部地区扩展到了全国。在 2000 年的巅峰时期，它在全日本 7 个地区设有基地（北海道、东北、北关东、南关东、中部、关西和九州），其中 4 个地区（北海道、北关东、关西和九州）现在仍由当地的物流合作伙伴继续运营共同物流及相关业务。

除了在销售物流领域开展共同物流，2000 年时，行星物流开始实施从各制造商生产工厂到共同物流中心的干线联合运输。例如，通过循环取货方式收集同一地区各制造商生产工厂的货物，共用一个集装箱或一辆卡车运到偏远的北海道和九州地区（见图 1-17）。

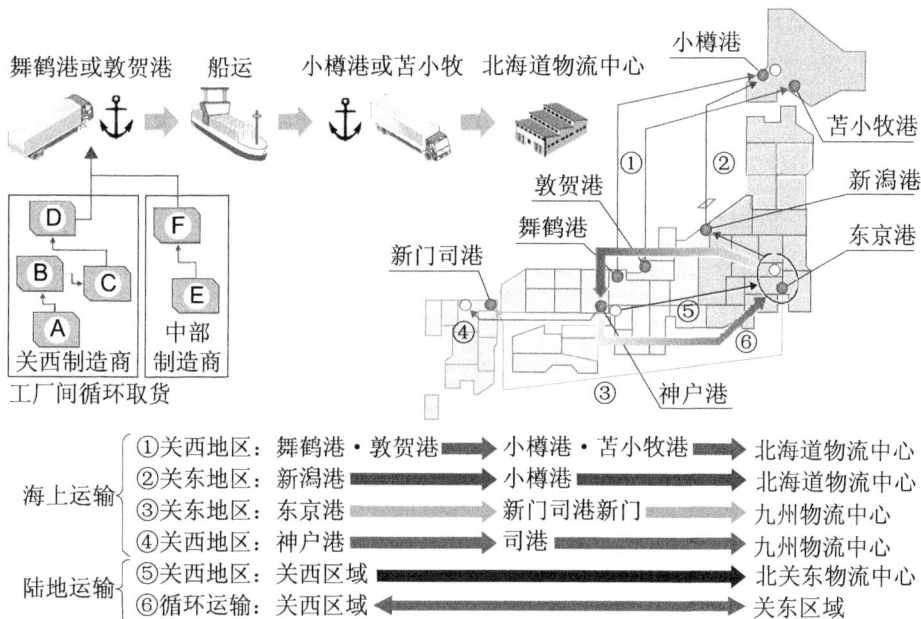

图1-17 推进干联合运输

海上运输	①关西地区：舞鹤港·敦贺港 ➡ 小樽港·苫小牧港 ➡ 北海道物流中心
	②关东地区：新潟港 ➡ 小樽港 ➡ 北海道物流中心
	③关东地区：东京港 ➡ 新门司港新门 ➡ 九州物流中心
	④关西地区：神户港 ➡ 司港 ➡ 九州物流中心
陆地运输	⑤关西地区：关西区域 ➡ 北关东物流中心
	⑥循环运输：关西区域 ⬅ 关东区域

7.3 支撑共同物流的标准化

开展共同物流的重点不仅是扩展区域和服务对象，还需要建立支撑业务的后台，托盘的标准化就是其中之一。1989年，行星物流成立后不久就设立了"托盘工作小组"，探讨有关托盘的使用。最终，"托盘工作小组"决定统一采用"T11型R"（1100mm×1100mm×144mm）规格的托盘。该型托盘的载荷单元最大高度为2200mm。两层堆叠时，整个包装单元的高度限制为1100 mm×2（含托盘自身高度）。"托盘工作小组"最终把托盘平面利用率达到85%作为托盘标准。关于托盘的标准化，1996年时，日本肥皂和洗涤剂工业协会的"商流合理化促进委员会"（现为商流委员会）也成立了专项工作小组。针对托盘尺寸问题，该委员会认可了行星物流的设定标准，因此该标准也被未参与行星物流共同物流的企业所采用。

自2016年，狮王由使用自有托盘的业务模式转为日本托盘租赁（JPR）公司单向出租托盘的业务模式。由于JPR代替用户回收托盘，这种操作模式和使用一次性托盘并无二致。批发商和物流公司因该服务有助于减少现场作业的工作量，都对该模式给予了高度评价。随着使用该模式的制造商逐渐增加，效果也越来越明显，该模式在整个日化品行业内得到广泛推广。

与"托盘工作小组"同时设立的还有"信息系统工作小组"。该工作小组对数据格式等进行了规定，使多种数据交换类型标准化。通过使用行星VAN，每个货主企业和每个物流公司都可以在保证安全的状态下，自由交换物流相关的数据。

交货单据采用流通系统开发中心开发的行业统一单据。制造商的物流工作人员制定了共同物流的相关细则，包括发货指令截止时间的设定，发货指令延误时的应对方式等，此外，还统一了外包装标签。如果每家制造商的产品编号、产品名称、批号、ITF代码、托盘堆叠样式的标注方法以及标签粘贴位置等都不同，就会增加现场作业负担，导致出错。因此，"外包装标签工作小组"统一了标签的相关规则。

尽管每家制造商对外包装都有各自的要求，在经历了漫长的交涉后，行星物流的"外包装标签工作小组"于2002年发布了外包装标签标准，诸如标签的粘贴位置、大小和托盘堆叠样式的标注方法等的标准最终得到了统一。

目前，狮王产品的外包装标签除了由关联公司处理的商用产品，大多按照行星物流制定的标准。不仅如此，许多没参加行星物流共同物流的生产企业也在产品更新时按照行星物流制定的标准重新设计了包装外观。由此可见，行星物流对制定的外包装标签标准虽然不设置任何限制性或惩罚性规定，但它事实上已成为行业标准。

行星物流的运营促进了一些标准化。例如，从接收退货到运输至制造商检验地点的过程、特殊物品（如药品和有害物质）的储存和交付方法等。这些都是开展共同物流带来的重要成果。

有的人对共同物流有一种片面理解，认为它只是将货物收集在同一地点并用同一辆卡车运输。其实，真正重要的不是其外在形式本身，而是各项规格、规则等"软件"上的标准化。参与共同物流的从业人员多年来为此投入了大量精力，这些努力为今天许多共同物流项目的成功奠定了必要的基础。

2015年，行星物流曾对共同物流的实施情况进行了定量分析。分析报告中比较了每家制造商单独配送和行星物流的共同物流的情况，发现运输车辆减少了 61%，装载率增加了 22%。与此同时，二氧化碳排放量减少了 36%。尽管无法一一精准计算制造商在单独配送时的货运费用，毫无疑问的是，共同物流很大程度上帮助企业控制了物流成本。因此可以得出结论，基于同一行业中的多个制造商的共同物流有助于提高整个行业的物流效率。

当然，共同物流并非在所有情况下都适用，其效果取决于环境和制造商。因为共同物流运营本身也会产生成本，甚至会出现比单独运输成本更高的情况。正因如此，由共同物流的受益者承担费用是一直以来的原则。30 年来，尽管各制造商的管理团队和物流负责人多次更替，但不变的是竞争者们之间的长期合作，其原因不仅在于它们的理想和使命，更重要的是它们都受益于共同物流的经济合理性。

7.4　多样化且灵活的方案转变

行星物流已于 2016 年 7 月解散，有媒体报道认为：如今共同物流已经无足轻重。这是一种典型的误导。实际情况恰恰相反，行星物流的解散证明了行星公司追求的经济合理性已经取得了巨大的成就，如今共同物流已成为行业内常识，不再需要特别关注。如果是仅仅要维持前文中列举的经济合理性和成果，也许行星物流并不需要解散。但是为了今后共同物流能走得更远，必须开启新的篇章。

自 1989 年行星物流成立以来，日化用品行业物流的大环境发生了很大变化。在中间流通环节，批发企业通过重组合并规模扩大。零售行业经过 GMS（综合量贩店）为主导的时代后，药店、便利店等连锁经营形态迅速发展。而此类零售商大多有完整的自建物流体系。与此同时，整个社会物流资源的稀缺问题日益严重。

针对这些大环境上的变化，制造商的分销策略也有了很大的改变。行星物流在过去已经为共同物流的"软件"（规则）标准化奠定了基础，但为了将来更好的发展，各企业仍然需要以行星物流建立的"软件"标准化为核心，在硬件共享上制定多种多样更为灵活的物流战略。毕竟每家公司的发货地、目的地、运输安排、货物量等都有所不同；每家制造商也都有适合的路线和不适合的路线。未来的共同物流应该是追求最佳的、灵活的，且能够继续以低成本和低风险运作的业务模式。

从这一角度出发，在日本流通经济研究所的号召下，曾经参与行星物流的共同物流的相关企业，于 2016 年成立了"日用品共同物流研究会"，以推进下一阶段更加灵活多样的共同物流的实施。在先驱者们构建的基础之上，这些企业希望能尽快探索出下一代共同物流的新方案。

【思考题】

1. 你是否认为行星物流的解散是因为日化用品物流平台走向了失败的结局？结合本案例内容和相关媒体报道阐述理由，并进一步讨论行业内物流平台在开展共同物流中的优势和局限。

2. 行星物流在平台发展过程中，成立了各种工作小组、研究会、研究小组，这些组织机制发挥了什么样的功能和作用？

3. 文中反复提到"软件"上的标准化，讨论"软件"标准化包括哪些方面，有什么样的重要性。

4. 结合其他相关案例，讨论流通结构变化等环境要素对行业内物流平台运营产生的影响。

8 食品和饮料行业构建托盘共享平台

石原亮 石锅圭/金艳华

【摘 要】日本的食品和饮料行业构建了托盘共享平台，实现了同行企业间托盘的共用和统一回收。统一托盘的型号规格，构建托盘可视化管理系统，统一管理用户信息，这些举措既减轻了会员企业和客户的物流作业负荷，又提高了托盘的回收率。

8.1 啤酒生产企业主导构建托盘共享平台

日本的啤酒行业已建构了托盘共用体系，统一使用 9 型托盘（900mm×1100mm），并实现了一贯托盘化（Intermodal Palletization）。9 型托盘之所以受到啤酒行业的青睐，是因为其尺寸适合收纳塑料啤酒箱（通称 P 箱，用来装瓶装啤酒）。而托盘共用体系的建立源于 1992 年四大啤酒生产企业主导构建的托盘共享平台。

很多行业在实施托盘化运输时，需要同时构建空托盘的回收系统。而啤酒行业并没有遇到这个问题，因为该行业很早就形成了较成熟的空瓶回收系统，空托盘可以利用同一个系统进行回收。批发企业从餐饮店或其他零售店回收的空瓶运到物流中心后装到 P 箱里，将 P 箱放到运输啤酒专用的 9 型托盘上，暂时保管在物流中心的容器保管区域。待啤酒生产企业下一次配送啤酒时，用叉车顺便将空瓶、P 箱和托盘一起装车回收。尽管近年来罐装啤酒的销量比例增加，空瓶和 P 箱的数量减少，只回收空托盘的情况增多，但回收方式并没有改变。

啤酒生产企业会对回收的空托盘进行检查和维修，并且检查是否误回收了其他公司的托盘。如发生误回收的情况，则将其挑出来另行保管，累积到一定的数量后安排车辆予以送还。但是挑拣出自家公司外的托盘并且送还的作业无疑额外增添了各啤酒生产企业的作业负担。同时，批发企业也对整理和保管各生产企业的托盘感到棘手。啤酒生产企业和批发企业都希望构建一套能够减轻双方工作负荷的回收系统。

为了解决这一难题，三得利、朝日啤酒、麒麟麦酒、札幌啤酒四大啤酒生产企业于1992年共建了托盘共享平台，统一共用9型托盘。除了之前使用的木制托盘，还积极加大了塑料托盘的投放与使用比例。虽然托盘上印有各公司的名称，但四大啤酒生产企业之间可以相互使用，并且不用返还。啤酒生产企业和批发企业不必再分拣和分别保管各公司的托盘，也不必派车返还托盘，因此大大减轻了各自的业务负荷。

托盘共享平台运营得非常顺利，1995年以后，其他酒类生产企业也纷纷加入。2004年，10家会员企业共同设立了"P托盘共同使用会"，进一步推进9型塑料托盘的共用。为了强化托盘共享平台，2013年时"P托盘共同使用会"变更为法人，由50家酒类生产企业共同成立了"一般财团法人P托盘共同使用会"。截至2020年10月，此托盘共享平台的会员企业已多达117家，除了啤酒生产企业，还有清酒、烧酒等酒类生产企业加入。

P托盘共同使用会的会员们共用的9型塑料托盘由会员各自购买，P托盘共同使用会进行统一管理。会员们根据各自的使用需求购置相应数量的托盘投放到共用系统里，损坏或丢失的托盘也由会员各自负责修理和补充。会员拥有自购托盘的所有权，对其他会员所购的托盘只有使用权。P托盘共同使用会的运营管理、信息系统的开发以及维护费用由各会员企业根据托盘使用量的占比共同承担（见图1-18）。

8.2 提高共用托盘的回收率

目前，P托盘共同使用会的共用托盘回收率高达99.5%，这是经过多次改革的成果。数次改革中，力度大、幅度广的一次是在2008年实施的。当时，四家啤酒生产企业共用的托盘共计800万~1000万个，每年新投入的托盘也有

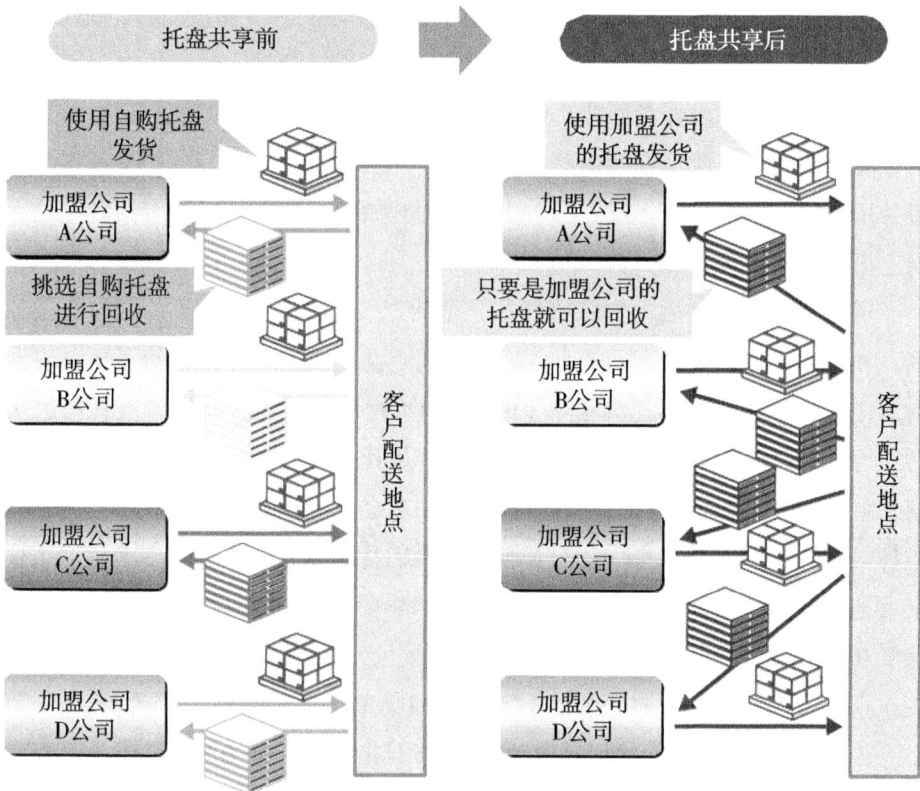

图 1-18　统一回收体系

资料来源：根据 P 托盘共同使用会提供的资料加工制作。

30 万~40 万个，购买托盘的年均成本高达 25 亿日元，其中一半是为了补充丢失的数额。

托盘的回收体系其实很简单。啤酒生产企业向客户配送啤酒时使用了几个托盘，就同时回收几个空托盘，即采用等量交换的方式。但实际上回收率一直无法达到 100%。各啤酒生产企业原以为空托盘的回收率未能实现 100% 是因为其他公司多回收了托盘。而四家啤酒生产企业互为行业内的竞争对手，平时不会过多地交换信息。直到 2007 年，在啤酒行业协会主办的物流会议上，作为该协会会员的四大啤酒生产企业首次公开了各自的托盘回收率才发现托盘的总数大量减少。

此次物流会议之后，四大啤酒生产企业决定联手调查托盘丢失的原因并改进现有的托盘回收系统。啤酒行业协会的物流部设立了"托盘回收工作小组"来调查此事。各啤酒生产企业按配送地点分别统计托盘的回收率,对于回收率较低的配送地点,由托盘回收小组的工作人员亲赴现场调查原因。调查结果显示,有些非会员企业也在使用 P 托盘共同使用会的共用托盘。还有些配送地点将共用托盘当作挡风板,或在门店作为陈列啤酒的货架使用,更有甚者竟然在网上出售共用托盘。

现场调查结束之后,四家啤酒生产企业决定继续彻查托盘丢失的真正原因,并将流失到其他地方的托盘收回来。调查及回收的工作委托给了更加专业的 RTIM。RTIM 是日本托盘租赁(JPR)集团旗下的公司,其对调查托盘丢失的原因和托盘回收业务有着丰富的经验。如果托盘丢失的原因在代理商或零售商,就由啤酒生产企业自行交涉解决,告知非会员企业想要使用该公司的托盘需加入 P 托盘共同使用会。如果托盘流失到旧货店或农贸市场等啤酒生产企业交货地点之外的地方,其回收业务则由 RTIM 负责。RTIM 将回收的托盘暂时保管在 JPR 的托盘保管库内,之后由各啤酒生产企业自行取回。RTIM 起初是在东京、名古屋、大阪地区进行了 3 周的回收工作,结果回收了价值 2500 万日元的托盘。一年下来,四家企业大概能够回收约 5 万个托盘,节省 3 亿日元的成本。

回收系统继 2008 年改革之后,2014 年导入了"P 托盘共同使用会统一收发管理系统",统一了会员企业的托盘使用单据,并将会员企业使用共用托盘和回收空托盘的信息录入此信息系统里进行统一管理。P 托盘共同使用会通过改善托盘回收系统和运用统一管理信息系统,2015 年在使用了多达 4200 万个托盘的前提下,将托盘回收率提升到了 99.44%。2018 年 10 月,四家啤酒生产企业还开展了托盘的共同回收业务,同年 11 月率先在东北地区开展,次年 7 月开始依次发展到东京圈、东海地区和九州地区,之后扩展至全日本。

8.3 包装食品行业的租赁托盘循环共用体系

与饮料行业不同,日本的包装食品行业使用的是 11 型托盘(1100mm×1100mm),行业内多家企业联合构建了租赁托盘的共用和回收体系。包装食品行业的托盘一贯化始于 20 世纪 80 年代后期到 90 年代初期。在此期间，日本经济高速发展，货运量大幅增加，物流公司处于有利地位，可以挑选运输货物。当时还没有实现托盘一贯化的包装食品行业，装卸作业的负荷很大，卡车司机都敬而远之。为了确保能够调配到足够的运输车辆，包装食品行业的各企业决定实施托盘化运输，通过托盘一贯化来减轻卡车司机的作业负担。

起初，托盘的采购、租赁、运输以及空托盘的回收均由食品加工企业独立运作。因此各企业使用的托盘的规格不同，甚至有些企业同时使用多种规格的托盘，导致客户需要在物流设施内分别保管不同规格的空托盘待食品加工企业回收，增加了客户的作业负担。

相较于管理托盘作业的烦琐，回收率不高是更大的问题。其实，空托盘回收的方式很简单，即各企业配送产品时顺便回收与前一次配送同等数量的托盘。但平均回收率仅为 80%。有些企业甚至一年丢失了 1/3 的托盘，损失很大。原因是前一次配送的货物还没有销售出去，托盘仍保管在客户的物流设施内，自然就无法回收托盘。这样的事反复发生，最终导致配送货物使用的托盘总数和回收总数产生了较大差异。

托盘回收方式费时费力成了各食品加工企业的共同难题，建立提高托盘回收率的回收体系势在必行。于是，当时味之素、味之素 AGF[①]、钟纺[②]、好侍食品、上岛咖啡、味滋康、百佳[③]共七家食品加工企业与日本最大的托盘租赁公司 JPR 签订协议组建了托盘共享平台 "P 研"[④]。

P 研会员企业通过实际调查和多番商讨，制定了一贯托盘化的实施方针，即：①会员企业共用的托盘统一使用租赁托盘；②共用托盘的规格型号统一为 11 型托盘；③各会员企业的客户，例如批发企业的物流设施内保管的空托盘由

①　味之素 AGF（Ajinomoto AGF, Inc.）成立于 1973 年，是味之素的全资子公司，主要经营食品的生产和销售。

②　原钟纺株式会社（Kanebo, Ltd.），旗下有纺织、化妆品、食品、制药、日化用品等多个事业部。2004 年开始该公司的各部门逐个被其他公司收购。食品事业部分别被客乐谐控股（Kracie Holdings, Ltd.）和森永制果收购，化妆品事业部被花王收购。

③　百佳（Pokka Corporation）成立于 1957 年，2011 年成为札幌集团的子公司，2013 年改名为札幌食品饮料有限公司（Pokka Sapporo Food&Beverage Ltd.）。

④　P 研正式名称是 JPR11 型租赁托盘共同使用、回收推进会。于 2019 年 4 月 1 日起，业务全部移管给了日本托盘租赁公司。

JPR 进行统一回收。

　　具体的运作方式如下：P 研会员企业使用 11 型托盘将产品从工厂运到物流中心，再配送到客户（批发企业或量贩店）的指定地点，JPR 称这些地点为"共同回收店"。JPR 将具体的配送地点预先录入 JPR 的信息管理系统。JPR 从各共同回收店回收空托盘后送到托盘仓库内进行清洗和维修，之后再配送给会员企业供其继续使用（见图 1-19）。

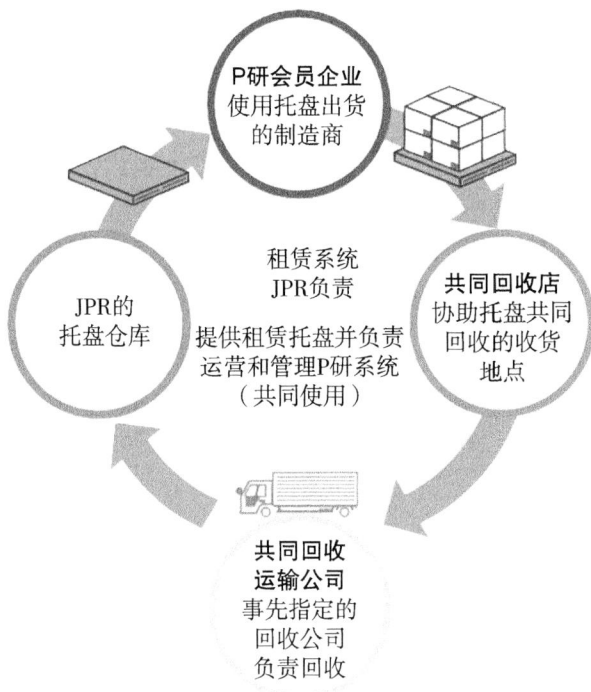

图 1-19　P 研系统的概要

资料来源：根据 P 研平台提供的资料加工制作。

　　JPR 还自行研发了托盘信息管理系统"epal"，统一管理会员企业使用托盘的情况。会员企业在配送产品前事先向 JPR 告知使用托盘的数量，并在配送产品时将托盘单据交给客户，同时接收收据。JPR 通过将会员企业提供的托盘使用信息和实际回收的托盘数量进行比对来管理托盘。

　　P 研通过 JPR 和托盘管理信息系统成功实现了包装食品行业内的租赁托盘循环共用，得到了业内企业的好评，会员企业也不断增加，2016 年时会员企业达到 239 家。空托盘的回收地区也由最初的关东地区扩展到关西、中部、九州、东北、北陆、甲信越、北海道、四国等地区。P 研自成立以来仅用了 8 年的时间就实现了日本全国范围的业务扩展。2016 年，共同回收店更是突破了1600 个网点，其中包括批发企业和零售企业的物流设施。同时，空托盘的回收率由之前的 80% 提高至 99% 以上，2014 年时更是高达 99.81%。

虽然包装食品行业通过建立租赁托盘循环共用体系大幅改善了托盘回收率，但由于共用托盘总量的不断增加，每年丢失托盘的客观数量是增多的。P 研在 2009 年投入使用的托盘数量为 1440 万个，2014 年增加至 2400 万个，因此即使回收率已高达 99%，但是实际丢失的托盘数量仍不容小觑。为了解决托盘丢失的问题，P 研仍在继续探索行之有效的解决方法，并努力改进回收系统，力求早日实现 100% 的托盘回收率。

P 托盘共同使用会的官方网站：https：//www.p-pallet.jp/

日本托盘租赁（JPR）的官方网站：https：//www.jpr.co.jp/

【思考题】

1. 饮料行业和包装食品行业的托盘共享平台都始于 20 世纪 90 年代左右，至今已经持续了 30 余年，并且会员企业不断增多。托盘共享平台之所以能够长期持久地发展，其原因是什么？说说你的观点和依据。

2. 实施托盘运输时，需要解决的一大问题是建立有效的托盘回收系统。结合本案例讨论建立托盘回收系统的关键要素，并进一步讨论托盘回收系统与海上集装箱回收系统的异同。

3. 结合本案例试着分析饮料行业和包装食品行业各自构建的托盘共享平台有哪些共同点和不同点。

4. 实施托盘一贯化对货主企业和物流企业分别有哪些益处，又有哪些弊端？结合包装单元系统（Unit-load System）的概念和有关物流实践，说说你的观点。

第 II 部分
竞争对手间的共同物流

1　安斯泰来制药与武田药品工业的共同物流与 BCP 体系

鸟羽俊一/金艳华

【摘　要】医药行业由于其产品的特殊性和独特的营销模式，在开展横向物流协作时困难重重，一直以来没有明显的进展。2017 年，安斯泰来制药与武田药品工业两大巨头打破行业常规，强强联手开展了共同物流业务，目的是建立牢固的 BCP 体系，防止供应链断链，确保在任何情况下都能够安全稳定地提供药品。此次两大制药企业在物流业务上的战略协作安排实践了业界的共识：为了构建应对自然灾害的强韧的物流体系，企业间合作必不可少。

1.1　竞争对手变成合作伙伴

日本群岛位于地震多发地带，活跃的火山运动更是提高了大规模地震的发生概率，许多专家表示在不远的将来，东京圈、东南海、南海、东海等地区极有可能发生大地震。而药品是事关生命健康的重要物资，任何情况下都要确保药品供应链不受影响。

由于药物的产品特殊性和各制药企业的营销战略以及流通渠道的不同，制药行业的物流业务一直以来都是由制药企业各自独立运作。但在 2017 年，多年的竞争对手安斯泰来制药与武田药品工业两大巨头打破行业常规，开始联手推进共同物流，并搭建物流平台，主要目的是建立业务可持续发展计划（Business Continuity Plan，BCP）体系，确保在危机发生时稳定地供应药品。这是制药企业间首次在物流业务上开展战略协作。许多业界人士认为，此次由两大龙头企业牵头开展的共同物流项目，将吸引更多制药企业以及医药批发企业加入。

2017 年 2 月，安斯泰来制药、武田药品工业、武田梯瓦制药①以及武田梯瓦药品②，就在北海道地区札幌市共建共同物流中心一事正式签署了协议，目的是在北海道地区建立处方药的联合仓储和联合配送体系。

该物流中心建在一家医药配送企业持有的土地上，共三层，建筑面积为3900 坪③，2018 年正式投入运营。物流中心一楼为医药配送企业的卡车枢纽基地，二楼和三楼为药品保管区域，有一般仓库、冷藏库、精神药品库。北海道的共同物流中心内的剩余仓储空间，还可以接纳其他制药企业入驻加盟共同物流项目。该物流中心的运营管理由从事 3PL 业务的三菱仓库公司负责（见图 2-1）。

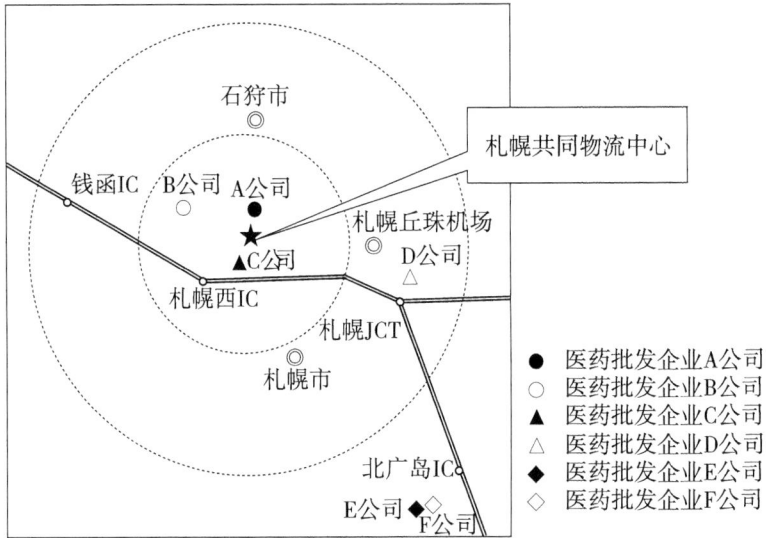

图 2-1 札幌共同物流中心

资料来源：根据安斯泰来制药提供的资料加工制作。

以往多家制药企业即使入驻同一个物流中心，运营管理仍由各企业分别负

---

① 武田梯瓦制药（Teva Takeda Pharma Ltd.）是日本的武田药品工业与以色列的梯瓦制药工业（Teva Pharmaceutical Industries Ltd.）的合资企业，主要生产并销售通用名药品（又称仿制药）。梯瓦制药工业是全球最大的通用名药品制药企业。

② 武田梯瓦药品（Teva Takeda Yakuhin Ltd.）是武田梯瓦制药的全资子公司，主要生产和销售武田药品工业的原研药。

③ 1 坪＝3.3057 平方米。

责。而此次安斯泰来制药和武田药品工业等四家企业共建的项目却采取了一体化运作，真正实现了物流中心内的共同物流。安斯泰来制药的早田雅彦科长告诉笔者："北海道的共同物流中心是实现'医药物流整体优化'的典范，通过对入驻企业的物流活动进行标准化管理来提高作业效率，有效利用人力资源和物力资源降低成本。比如，统一各企业的药品管理标准和物流作业流程，共同聘用管理药剂师①和作业人员，共用同一空间和设备等。开展共同物流业务的主要目的是通过制药企业之间的合作，实现物流作业的标准化以及医药物流的整体优化，建立一个安全稳定、有利于医药物流所有相关企业的药品供应体系。"

共同物流中心周围聚集了很多医药批发企业的物流中心，这有利于提高物流中心之间的配送效率，缩短交货周期。而且北海道的医药市场规模在日本全国的占比不大，只有6%左右。因此共同物流中心内保管的药品数量不会太多，物流作业时间不会太长，这也有利于缩短交货周期。

此次各制药企业联手开展共同物流业务的契机是2011年3月发生的东日本大地震。安斯泰来制药销往北海道地区的药品，之前是从该公司关东地区的物流中心发货。当时虽然通过多方努力避免了供应链断链，但还是暴露出很大的隐患。早田雅彦科长回忆当时的情景，告诉笔者："北海道的医药批发企业库存量一般维持在半个月左右。当时由于大量救援物资的运输导致卡车调配困难，连接北海道和本州岛的津轻海峡上滚装船拥堵，险些出现无法补货的情况。"

武田药品工业也吸取了东日本大地震时的教训，着手检验其供应链的稳定性。2013年，两家行业巨头开始商量如何建立稳定的医药供应链管理体系，并最终就搭建共同物流体系签订了协议，确立了双方合作的共同理念和目标，即时刻想着为患者提供优质服务，搭建优质高效的物流平台，确保医药供应链不中断。由此，两位市场上的竞争对手在物流业务上成了合作伙伴。

有些疾病只要停药一天就会危及患者生命。东日本大地震时，不仅是受灾区，许多非受灾区同样受到了医药供应链中断的威胁。而制药企业的重要责任

---

① 日本的医药相关法律规定，医疗机构、药房、制药企业、医药批发企业等，有关药品的制造、流通和使用的地方必须配置管理药剂师。管理药剂师的主要工作内容是管理药品。

之一就是在任何情况下都要确保能为患者提供药品。建立共同物流体系，正是为了确保医药供应链稳定。

1.2 开展共同物流降低总成本

近几年，日本卡车司机人手不足的问题越来越严重，因此许多行业都希望通过开展共同物流来缓解这个问题。不过大多数企业开展共同物流时都注重集约化。比如，通过合并物流中心或共用卡车来减少运输次数。而安斯泰来制药与武田药品工业的做法正相反，着眼于"分散"，旨在共同建立一种分散库存的同时还能降低总成本的物流体系。

一直以来，日本的制药企业为了实现物流的整体优化，大多在关东地区和关西地区分别设置一个物流中心集中保管药品。安斯泰来制药也在关东地区的埼玉县和关西地区的大阪府分别运营大型物流中心，向全国各地供应药品。

然而在东日本大地震之后，日本政府对应急物流更加重视。安斯泰来制药的早田雅彦科长分析道："一旦发生东京直下型地震，关东地区的工厂和物流中心必定受灾，北海道地区和东北地区的物资供应就不得不从关西地区配送。而很多制药企业的配送业务都是外包给物流企业或运输公司的。多家企业共用一家运输公司，卡车必定调配不开。加上北海道地区离关西地区较远，所需运输时间较长，势必会因为来不及补货而导致供应链中断。相反，如果发生东南海、南海地震，关西地区的工厂和物流中心受灾，九州地区所需的药品就要由关东地区配送，同样会因为卡车调配不开和运输时间过长而出现断货现象。库存集中在关东地区和关西地区两大物流中心的物流体系，无法很好地应对这类风险。因此，我们从风险管理的角度出发，决定在东西部各建两个物流中心来降低风险。"

如果增设物流中心，设备投资等固定费用必定会增加。打造牢固的 BCP 体系固然重要，但如果成本过高，就会本末倒置。正是因为完善 BCP 必须兼顾控制总成本，所以制药企业联手开展共同物流是个很好的战略选择，这样既能通过分散库存来降低风险，又能通过提高物流作业效率来降低成本（见图 2-2）。

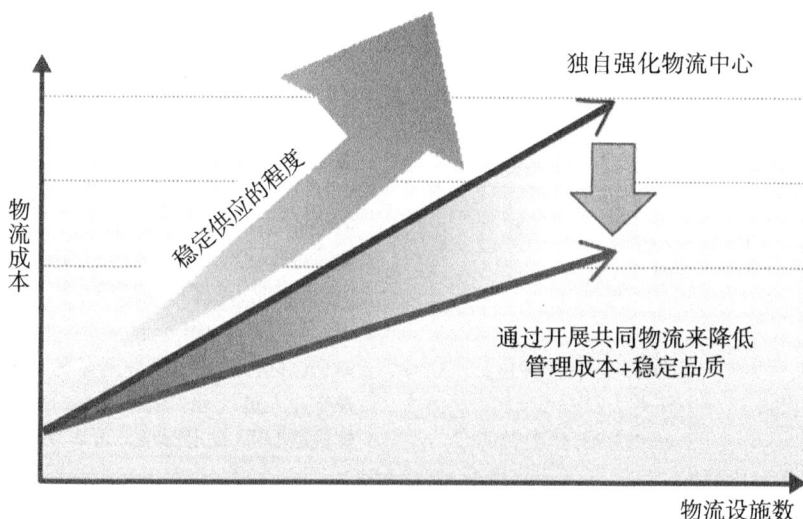

图2-2 共同物流的内容和目的

资料来源：根据安斯泰来制药提供的资料加工制作。

　　不仅是制药企业，医药批发企业和物流企业等其他相关企业均可享受共同物流带来的多方面好处。对于医药批发企业来说，由于厂家的库存网点增多，交货周期因此缩短，在订货的时间安排上可以更加灵活。加之如果多家制药企业依托共同物流中心开展联合配送，收货的次数和时间都可大幅减少，医药批发企业因此可以大大减轻收货、验货、入库等作业负荷。对于物流企业来说，可通过将多家制药企业的药品混装在同一台卡车里配送来提高卡车装载率和设备使用率，同时车辆在交货目的地的等候时间也会大幅缩短。

　　就北海道的情况而言，从东日本到北海道的交货周期约为两天。医药批发企业为了避免断货，一般会提前向制药企业下单。但在紧急情况发生之际，由于制药企业有责任确保药品的稳定供应，尽管批量很小，也必须及时配送。

　　一直以来，安斯泰来制药从关东地区向北海道运输的车辆装载率很低，希望开展共同物流能够有助于改善装载率。而对于卡车公司来说，卡车装载率的提高意味着营业额的增加，同时有利于改善卡车司机人手不足的现状（见表2-1）。

表 2-1　　　　　　　　　　　　物流功能的联合化

物流功能	是否开展联合化	理由及背景
运输（交流）	与东日本物流的交流：○	●包车循环取货
订单处理	×（各自）	●继续使用各公司的订单处理系统
入库	入库理货区：○ 作业人员：○	●将各公司的入库时间错开 ●通过作业标准化实现人力资源的共享（包括作业人员和管理药剂师）
仓储	仓储区：×（各自） 作业人员：○ 品质管理（GDP）：○	●仓储区需要各公司分别报备 ●作业人员（理由同入库） ●根据 GDP 设定标准，可实现联合化
出库	出库理货区：○ 作业人员：○	●发货区可以共同使用 ●作业人员（理由同入库）
配送	联合配送：○ 品质管理（GDP）：○	●可以拼装（减少卡车数量） ●GDP（理由同仓储）
其他	办公区、设备、信息系统：○	●办公区、设备、信息系统可以共享

资料来源：根据安斯泰来制药提供的资料加工制作。

1.3　共同物流带来的巨大效应

很多制药企业虽然深知建立 BCP 体系的重要性，但由于分散库存会增加成本，因此犹豫不决。再加上制药行业内几乎从未有过企业间的物流合作，很多制药企业不仅不了解其他企业的情况，甚至对自己公司的物流业务状况也不是很清楚。所以对于共同物流项目能否顺利推进，是否可以降低总成本，许多业界从业者持半信半疑的态度。

对此，安斯泰来制药的早田雅彦科长认为，"如果只能安全送达一部分药品，就意味着将有很多患者因为缺乏必需的药品而得不到及时救助。各制药企业在东日本大地震发生后都对此深有感触。将患者所需的药品及时送到患者手里是制药企业最重要的任务。这就是我们决定与同行携手构建能够确保药品稳定供应的物流模式的理由"。

同时，遵循医药流通管理规范国际标准也是共同物流项目的目的之一。

2018 年 12 月，日本的厚生劳动省颁布了医药流通管理规范（Good Distribution Practice，GDP）的实施方针。但是关于医药流通环节的具体管理规范，仍由制药企业和与之有业务往来的医药流通企业等相关企业商定。随着商业国际化的发展，很多国外企业要求日本医药流通遵循国际标准。

如果在北海道的共同物流中心能够制定一套符合国际标准的 GDP，并将其确立为医药行业的统一标准，其他企业便无须耗时费力去制定各自的流通规范。而制定 GDP 需要诸多制药企业通过开展物流业务上的合作，找出最为妥当的管理方法和标准。

关于今后的发展方向，早田雅彦科长告诉笔者："不管是 BCP 还是 GDP，都要求同行企业间建立共同物流体系。大规模自然灾害随时可能发生，制药企业必须尽快建立有效的医药供应链体系，确保任何情况下都能够将药品安全地送到患者手里。此次北海道的共同物流中心项目如果成功，就能证明共同物流的重要性和效果显著，进而推动涉及整个行业的共同物流。"

安斯泰来制药的官方网站：https：//www.astellas.com/jp/

武田药品工业的官方网站：https：//www.takeda.com/jp/

【思考题】

1. 本章介绍的共同物流中心是日本医药领域较早且为数不多的共同物流案例。结合其他国家医药物流的有关情况，讨论一直以来阻碍日本制药企业间开展共同物流的因素有哪些。

2. 生产企业主导的、以物流中心业务为主的共同物流与其他类型（如 3PL 主导、批发企业主导、以联合运输为主等）的共同物流相比，在实施条件和实施方式上有哪些不同特征？

3. 结合其他相关案例并依托竞合（Coopetition）理论，讨论竞争对手之间开展共同物流的利弊。

4. 依据供应链管理的相关理论，讨论医药生产企业为了建立 BCP 体系，确保医药供应链不中断，应与医药批发企业之间建立怎样的分工协作关系。

2 养乐多总公司的联合物流体系：物流基地的整合及与竞争对手的协作

冈山宏之／王亦菲

【摘　要】养乐多为了应对生产工厂的集约化，对日本国内的物流基地进行了整合，并且积极推进与同行业竞争对手之间的联合物流。

养乐多早在 2006 年就展开了集团内生产公司和销售公司的物流整合。2015 年 4 月，养乐多将原先设置在群马县的物流基地的业务转移至日立物流在群马县馆林市新设立的物流基地内，并与达能（日本）共同使用该基地。在其他地区，养乐多也在推行与同行业竞争对手之间的联合物流。正是因为在集团内进行了物流整合，与同行业竞争对手的联合物流才得以顺利开展。

2.1　与达能（日本）共同使用物流基地

养乐多从 1935 开始生产和销售以有益于健康为卖点的活性乳酸菌饮料"养乐多"，并在日本各地建立了销售公司，但对这些组织进行统一管理的养乐多总公司在 20 年后才成立。

截至 2016 年，养乐多对日本国内食品业务的生产基地和物流中心的整合工作取得了显著进展。养乐多将生产"养乐多"等主力产品原液的直属工厂从 10 家缩减到 5 家，直接影响是使用原液制造最终产品的装瓶厂也从 9 家减少到 5 家。与此同时，养乐多对负责向日本全国各地销售公司供货的物流中心也进行了集约整合，从原有的 18 个削减到 13 个。

2015 年 4 月，养乐多将原先设置在群马县的物流基地的业务，转移到了日立物流在群马县馆林市新设立的物流基地内。该物流基地临近达能（日本）在日本国内唯一的工厂，这家工厂是达能为扩大产能而设立的。

　　为了确保产品的安全性和品质，养乐多不采用招标方式选择物流供应商，而是重视与合作伙伴在长期的合作过程中不断改善物流业务。养乐多原设置于群马县的物流基地也是由日立物流运营的，所以在达能（日本）将新物流基地的运营委托给日立物流以后，养乐多也决定把物流业务转移到这个新基地。日立物流在同一设施里同时负责养乐多和达能（日本）的物流运营，这对这两家食品厂商来说是一个提高物流效率的机会。

　　物流基地总面积为 1.4 万平方米，其中四分之三供达能（日本）使用，其他用于养乐多的饮料和化妆品的物流业务。达能（日本）将这种方式视为与养乐多的一种业务协作。养乐多也希望通过共享同一家 3PL 公司的物流基地，减少产品装卸和仓储相关成本。

　　养乐多物流管理部门的负责人中村部长说明了对开展联合物流的想法："由于物流业务的外部环境逐渐严峻，因此要想在实现控制成本的同时提升物流服务的品质，就需要超越企业的界线来追求业务优化。"

　　其实养乐多在与其他企业合作之前，集团内部已经着手开展联合物流了。养乐多在整合总公司的国内物流基地的同时，从 2006 年开始对旗下的生产公司和销售公司的物流也进行了整合重组。在内部，这种集团内企业之间的合作方式被称为"集团内联合配送"。

　　养乐多有负责产品生产的总公司和各地区的销售公司，以及负责对普通消费者和企业开展送货上门销售的"养乐多女士"。但以上各组成部分并不是完全按照总公司的决定开展业务的。

2.2　形成特有的供应链

　　基于上述的背景，直至今日，在日本全国大约 100 家销售公司中，养乐多的子公司和关联公司占比不到四成，剩余的都是资本独立的加盟企业。日本全国大约有 3.8 万名"养乐多女士"，基本上都是和销售公司签约的个体户。销售公司在日本各地建立的 2500 个"养乐多女士中心"支撑着她们的销售和配送活动。

　　现在养乐多食品业务的销售渠道主要分为两大类。一类是养乐多女士的上门推销模式，企业内部称为"宅配渠道"。另一类是通过量贩店和自动贩卖机销售，内部称为"直销渠道"（见图 2-3）。虽然两种渠道都销售常温产品和冷藏产品，但是为了维持和强化独特的养乐多女士销售网络，有不少产品只投放在宅配渠道。尽管总销售额中宅配渠道的占比逐年降低，但是依然占据养乐多在日本国内乳制品销售量的 57.2%（2015 年会计年度），高于直销渠道。

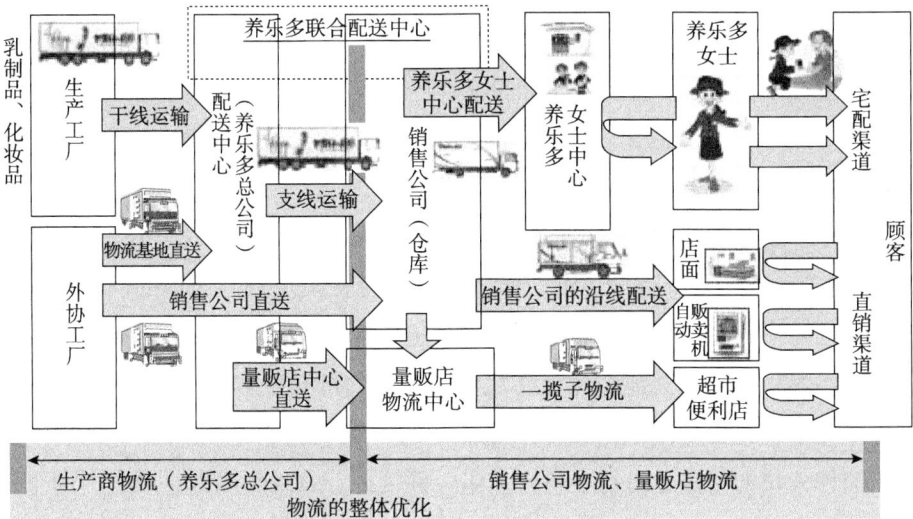

图 2-3　养乐多的食品业务供应链

资料来源：养乐多总公司提供资料。

由于养乐多乳制品的保质期仅有 20 天左右，所以基本上按照订单生产的方式来运营宅配渠道的供应链。销售公司对"养乐多女士"每天的下单量进行汇总，并在此基础上加上一定的余量，然后向养乐多总公司下单。产品的库存风险由销售公司承担，而生产期间所需原液的库存风险由养乐多总公司承担。另外，面向量贩店的直销渠道，由于很难采用订单生产方式，养乐多总公司采用了库存生产方式，由物流中心根据订单从库存中发货，因此形成了一套独特的供应链体系。

虽然同属养乐多，养乐多总公司把没有资本关系的销售公司明确定义为客户。"集团内联合配送"的目的不仅仅是提高自身的物流效率，更是为了提高对客户的物流服务水平。养乐多总公司的物流管理部门在推进作为生产企业的物流高效化的同时，也力求优化作为大量个体户集合的养乐多整体的物流。

2.3　生产公司和销售公司的物流整合

养乐多总公司一直在推进集团内联合配送，目的是将总公司（生产公司）的物流中心与销售公司的物流中心集约整合，实现从总公司的物流中心直接向养乐多女士中心发货，减少货物的横向调拨，从而节省物流总成本（见图2-4）。

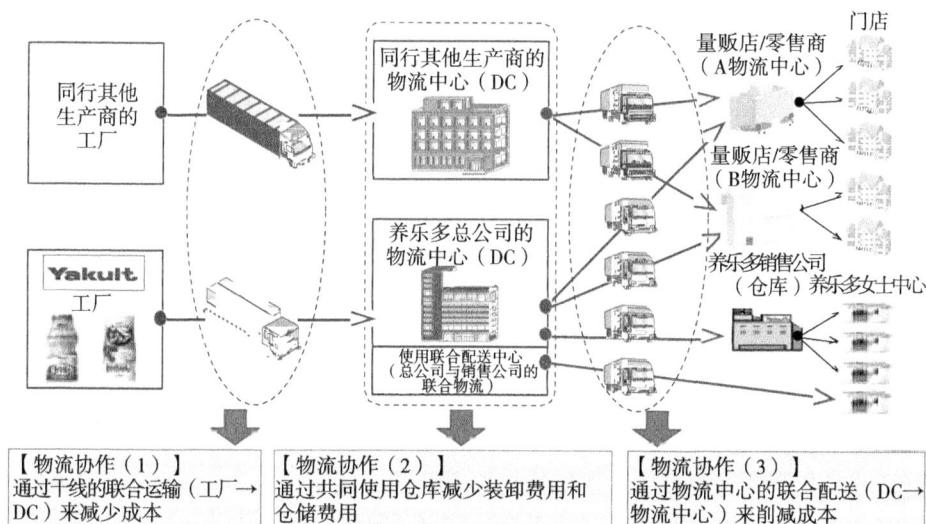

图2-4　推进与同行业其他生产商的联合物流

资料来源：养乐多总公司提供资料。

多年来，养乐多一直使用900mm×1100mm的标准托盘运输货物，使养乐多从生产阶段就可以测算出一个托盘的堆载量。例如：以1个托盘放置160箱养乐多（50瓶装）来计算，载重13吨的大卡车可以运送20个托盘的产品。由此，养乐多可以根据生产量准确估算所需运输车辆的数量，保证满载率。

养乐多物流管理部门企划科的伊东科长告诉笔者："经过大约10年的努力，我们和销售公司的联合物流已经取得了相当大的成果。"到2016年为止，养乐多总公司的13处物流中心中有5处基地具备了部分销售公司的物流功能。

在已经取得一定成果的基础上，进一步加速推进集团内联合配送似乎是合理的。但现实情况是，在总公司的各物流中心里，能够通过开展所在区域以及相邻区域的联合配送产生协同效应的基地，基本上都已经开发了。许多硬件上的基础条件限制了联合物流业务的开展。中村部长告诉笔者："当时，总公司的各物流中心几乎没有多余的库存能力来承接销售公司的物流业务了。"例如，养乐多的东京物流中心已经处于饱和状态，没有拓展新业务的余地。其他物流中心也存在类似的情况。因此，养乐多需要寻求与以往不同的解决方案。

继集团内联合配送之后，养乐多与同行企业的物流协作成了开展联合物流的新方向。2015 年之后，养乐多总公司以常温商品为核心，开始推进与其他乳制品生产商的联合物流业务，利用各种交流会，与同行各企业的物流部门交换信息，探讨合作的可能性。但是与直接的市场竞争对手开展联合物流，仍存在很多制约因素。

2.4 物流子公司对外提供服务的比例从三成提升到五成

养乐多通过上述方式打破销售渠道和企业之间的壁垒，提升了物流效率，同时还希望通过和同行生产商开展联合物流，来扩大物流子公司对外服务的范围。在 2011 年，养乐多把分区管理日本国内市场的三家物流子公司整合重组为养乐多东部物流和养乐多西部物流两家公司。两家公司不仅负责运营物流中心，还承担着总公司和销售公司之间的接单及下单业务，以及使用自有罐车运输原液的业务。物流管理部门企划科的坂庭主任对相关业务作了解释："养乐多旗下的物流资源重组后，把以前由总公司直属分公司或者工厂各自负责的物流业务，一揽子委托给了两个物流子公司。实践证明，这样的一站式物流服务有效提高了业务效率。"

养乐多没有将物流子公司合并为一家，目的是希望两家公司并存可以形成良性竞争。虽然养乐多内部的物流业务明确按照东西部进行划分，但是它支持两家物流子公司在开拓集团外部的业务时相互竞争，并允许它们在日本全国范围内开展业务。截至 2016 年，两家物流子公司的外部业务量占到了业务总量的三成左右。养乐多期待通过灵活运用集团内积累的专业物流经验和技巧，将对外业务的占比进一步提升到五成左右。

养乐多总公司的物流管理部门还面临扩大管理对象范围的任务。目前物流管理部门没有参与集团的医药用品和化妆品部门的物流业务。在国际物流方面，由于保质期较短的乳制品采用当地生产的方式，基本上没有出口业务，所以海外市场的物流都是由国际事业部直接管理。

另外，在日本国内的食品业务中，很多加盟商自行管理物流业务。在上游部分，生产原液的总公司工厂出货流程是由物流管理部门负责的，但是工厂的采购物流业务则由生产部门管理。总之，总公司的物流部门尚有不少扩展的空间。

养乐多公司的官方网站：https：//www.yakult.co.jp/

达能（日本）公司的官方网站：http：//www.danone.co.jp/

【思考题】

1. 结合企业的物流和供应链管理战略的相关理论，讨论集团内生产公司和销售公司的物流整合有什么利弊。

2. 养乐多的产品销售渠道分为"宅配渠道"和"直销渠道"两种。这两种销售渠道与现在常说的 B2C 方式、B2B 方式在概念上有哪些区别，又有哪些相似之处。你认为养乐多是否应该大力发展网购渠道？如果是，养乐多现有的物流体系和物流能力能否支撑，为什么？请结合一些采用类似销售网络的企业的案例展开讨论这几个问题。

3. 养乐多的联合物流的开展采用了由内到外的推进步骤，先整合集团内物流资源，尽可能地实施内部联合物流，然后依托整合后的内部物流资源，通过物流子公司拓展外部业务。谈谈这种推动联合物流的方式有哪些合理之处，又存在哪些局限。

3　东陶与可丽娜的协同配送

藤原秀行/唐丽菲

【摘　要】日本住宅设备行业互为竞争对手的东陶（TOTO）和可丽娜（Cleanup）于 2013 年在厨卫套件用品的物流方面开展合作，正式开启协同配送。为实现双方物流业务的协作，二者对一些差异较大的运营方式进行了相应的改革。经过不懈努力，可丽娜的配送网络成功地承接了东陶的物流业务，构建了既能提高满载率又能满足配送时间要求的同行联合配送模式。

3.1　两家企业的交货方式大不同

一家是卫生陶器产品稳居日本市场占有率第一的东陶，另一家是以厨卫套件、浴室产品引以为傲的可丽娜。作为两家住宅设备的大型制造企业，长久以来在商业上是激烈交锋的竞争对手，但同时在物流上又是合作伙伴。

2013 年，两家公司正式开启了厨卫套件产品的联合配送。现除北海道、冲绳之外，协同配送业务在日本全国全面展开。双方在提高配送业务效率、削减物流成本上取得了显著成效。

2015 年，在绿色物流友好合作优良企业表彰大会上，作为在物流领域对减轻环境负荷作出突出贡献的企业，两家企业被授予了"经济产业省商务流通保安审议官表彰奖"，他们合力实行的联合配送在社会上也广受好评。

可丽娜在全国设置了 70 个被称为平台（PF）的越库型货物中转基地，由集团旗下的物流子公司可丽娜物流负责 PF 的具体业务，运输配送由可丽娜物流（东京）与其外协运输企业共同完成。

为了避免因未按时交货延误施工进度的情况发生，可丽娜物流通过运用销售物流综合管理系统（Sales Logistics Integrated Management，SLIM）精确细致地管理配车计划。SLIM 囊括所有与物流相关的信息。可丽娜物流通过 SLIM，实现了对物流信息进行网络化、综合化、效率化管理与运用。在充分运用 SLIM 的同时，可丽娜还利用经验技术高效地组合装载，哪怕是形状、包装迥异的多种类住宅设备器械产品，也能保持较高的车辆装载率。

可丽娜利用在集团业务中千锤百炼打造出的物流网络，不仅服务于集团内部，而且面向集团外部提供联合配送的物流服务。最初联合配送业务的目标对象仅限于非同行的企业，因为所处行业不同，可以错开彼此的繁忙期，并且货物类型（以按体积计量与按重量计量为判断基准）不同，组合装载可以提升运输效率。对于当时而言，不同行业企业间的联合配送优势更加明显。

但随着时间的推移，可丽娜在寻求更具深度且多样化的共同物流的进程中，逐渐摆脱了服务对象仅为不同行企业的局限，成功与同行东陶的物流业务实现了联合（见图 2-5）。东陶与可丽娜虽同为住宅设备的大型制造商，互为劲敌，但在具体商务活动中曾有过合作。早在 2009 年，可丽娜的经销公司与东陶的经销公司在销售方面达成过战略协议，这无疑为延伸到物流领域的合作提供了良好基础。

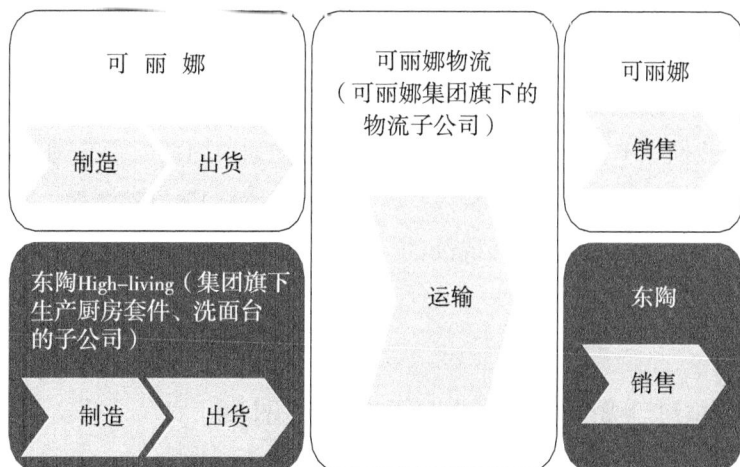

图 2-5 各公司在职责功能上的关系

资料来源：根据可丽娜、东陶的资料制作。

可丽娜负责联合配送业务的 CS 推进部部长芳贺信平说："物流行业长期以来形成的一些习惯做法很难打破，但故步自封将面临非常严峻的局面。我们一直在思考，在与客户并肩同行中如何最大效能地发挥可丽娜物流网络的优势和潜能。在与东陶推进物流协作的过程中，可丽娜逐渐探索出了行之有效的模式，并一步步扩大了协作的范围。"

协同配送的实行并没有因为东陶和可丽娜是同行而畅通无阻，有很多运营上的难题摆在两家企业面前。例如，东陶和可丽娜在配送方式上存在巨大差异。东陶制造厨卫套件的子公司东陶 High-living 的工厂出货时采取一辆货车只负责一个收货点的方式——"一车一地"原则。一人制配送的优点是可以完成非常细致化的运输任务，可以对应具体的指定收货时间，但是不提供卸货作业等附带服务。而可丽娜在配送时间上更具有弹性。一辆货车负责多地点的货物配送，在驾驶员配置上大多采用二人制，并且提供卸货服务。尤其是近年来厨房套件用品的重量呈现逐年增加的倾向，两人制配送方式越来越成为一种常态。

除此之外，东陶会根据具体情况使用载重 2 吨的短车厢卡车运送货物。而可丽娜则普遍使用载重 2 吨的长车厢卡车。要实现物流上的联合，必须重新审视，调整甚至改变各自多年来的运营习惯。毋庸置疑，这对东陶和可丽娜双方都不是易事。尽管困难很多，双方也从未想过放弃，而是自始至终都积极应对，设法改变。

东陶物流本部的国际物流推进部部长安武正文如此说道："即便出货量不多时，我们也不得不以'一车一人'进行配送。因此，货车的平均满载率停滞在 40% 这一低水平上。随着货车驾驶员不足等问题日趋严重，我们也清楚地知道这种配送方式是不可持续的，是时候审视自身的做法，作出必要的改变了。"

3.2 通过手机短信通知收货人到达时间

在合作过程中，不仅业务人员之间保持紧密的沟通，东陶和可丽娜的物流部门主管与可丽娜物流的社长也会定期会面，就物流合作上遇到的问题点和分歧点交换意见，研讨对策。

以物流业务委托于可丽娜为契机，东陶决定对原配送方式中的不合理之处进行大刀阔斧的改革。首先是关于配送时间的指定，由之前死板的时间点指定，更改为富有弹性的时间段指定，以 1 小时为单位划分时间段。随着此项措施的实施，东陶内部收发货管理系统，以及订单接收、业务往来对应的规则都相应地进行了调整和修订。

其次是针对施工现场的配送方式的改进。大部分的施工现场方倾向于清晨集中收货。为此，东陶专门向负责安装产品的施工队分发配送指南。配送指南不仅仅明确记载了东陶实行联合配送之后的规则变更之处，还就具体情况提供了相应的解决方法。例如，新建筑的施工现场，一般交涉余地较小，需配合清晨时间段进行货物的配送与交付。而改建翻修的施工现场，则可根据业主的实际情况进行协商，争取更富余的时间。通过提供配送方案（时间段）与施工方交涉，不断寻求对方的理解与支持，然后再将施工方合理的实际需求反映到配送方案中去。

除了拓展配送时间，东陶同时还增设了手机信息提示服务，将预计到达时间提前通知收货人，借以消除客户因配送规则改变而产生的不安情绪。此外，东陶还对配送现场进行实地勘测确认，得出现阶段两吨长车厢卡车足以应对所有配送地点的结论，所以停止了两吨短车厢卡车的使用。

开展协同配送后，可丽娜也重新审视了一直以来二人制的配送方式，认真研究了一人制配送的可行性，在对货物的重量等要素进行分析测试后，明确了单人运送的所需条件，提高了单人驾驶配送比例。

芳贺部长指出联合配送的有益之处："之前我们无法做到将所有货车的满载率都维持在80%~90%。但在吸纳东陶的货物后，满载率在原有基础上得到了大幅的提升。"

经过不断摸索、反复试验，2011 年年末，联合配送在群马县试运行，之后逐渐扩大到了全国。联合配送不但实现并维持了高水准的满载率，运行车辆更是减少了近两成，每年二氧化碳排放量减少约 340 万吨（见图 2-6）。

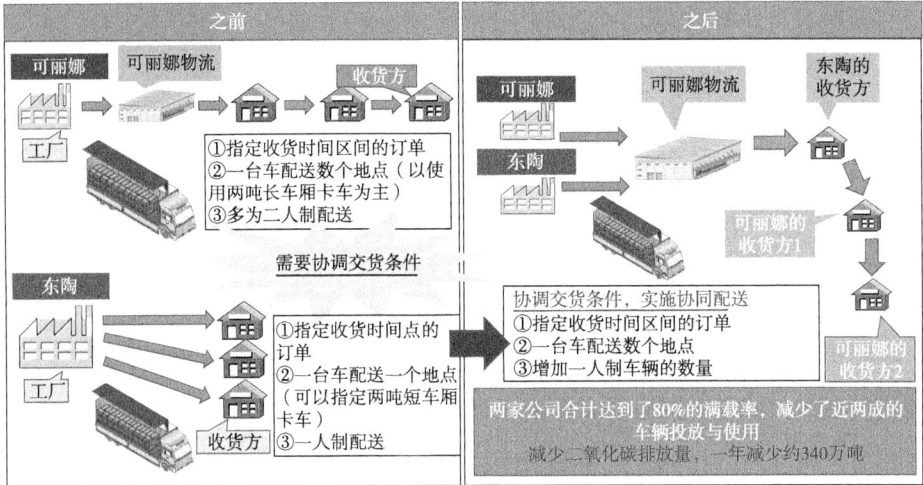

图 2-6　协同配送的概要

资料来源：根据东陶、可丽娜提供的资料制作。

3.3　共同探讨，相互启发

可丽娜每年按划分区域召开两次支线会议，就提高工作效率、安全保障等方面，与现场负责人员互换意见。除此之外，还针对各 PF 中转基地的问题点以及解决方法等问题随时举行当面的交流。东陶的相关人员也会参与进来，学习可丽娜在改善协同物流现场方面的经验。除了现已加入协同配送的厨卫套件用品的负责人，其他产品线的物流负责人也加入了研讨。

东陶生产管理部茂原物流科的业务科长计野洋志讲述了在参加支线会议时获取改善措施灵感的小故事。"可丽娜产品的物流专用标签只有一个，但东陶因有的产品是从外部采购等因素，贴有数张标签。PF 中转站的现场作业人员反映数张相似的标签不易区分，对工作效率与准确性产生了一定的影响。对此，我们为了让现场工作人员一眼就能确认目标标签，做出了按色彩划分标签的改良。果然，效果立竿见影，广受好评。"

可丽娜物流的社长富田龙二说道："对于我们而言，能够坦率直接地向客户东陶表达意见、阐述观点，协同配送业务才能得以顺利地实行与推进。而且，在这一过程中，参与双方产生了强烈的伙伴意识和共同体意识。"

可丽娜物流现阶段以提高联合物流的稳定度为重中之重，所以尚不考虑类似于扩充服务对象的产品线范围、邀请其他公司参加等事项，在稳定度得以提高的基础上将着重于健全的解决方案，如配送过程中发生问题时，如何更加迅速敏捷地向相关人员传达信息，以及采取何种应对措施等，是接下来努力的方向。

东陶的官方网站：https：//jp. toto. com

可丽娜的官方网站：https：//cleanup. jp

可丽娜物流的官方网站：http：//cleanup－logistics. co. jp/company/index. html

【思考题】

1. 与同行企业，尤其是市场上的主要竞争对手开展协同配送等联合物流有什么益处和风险？结合竞合理论展开讨论。

2. 如果问题 1 提到的风险存在，你认为应该采取什么样的解决办法？

3. 本案例中的联合物流是让合作方旗下的物流子公司来主导和运营。这种方式与以独立的 3PL 企业主导的联合物流相比有什么样的优缺点？

4. 本案例最后介绍，可丽娜物流无意在短期内增加联合物流的货主数量和产品线数量。对于这一决策的合理性，谈谈你的看法。

4 佳能与爱普生的全方位联合物流

井上浩志　千田裕士/唐丽菲

【摘　要】佳能和爱普生虽互为竞争对手，但在物流业务上发展了全方位的合作关系。两家的联合物流始于共同向量贩店等大型零售门店交货，逐步扩展到区域联合配送以及设置联合配送中心，现今已拓展到运营和 KPI 的共通化层面。佳能与爱普生的物流协作实践对于同行业开展联合物流具有重要的借鉴价值。

4.1　不断持续的合作

佳能和爱普生于 2008 年 12 月在日本通运的提议下启动了联合物流项目。该项目由各集团的销售公司负责策划以及实施。爱普生方为爱普生销售，佳能方为 Canon Marketing Japan（以下简称"佳能 MJ"）。两家公司成立了项目小组，聘请日本通运旗下的智库日通综合研究所担任物流顾问。当初项目组成员们大多抱着尝试的心态，对联合物流能否顺利开展半信半疑。10 多年过去了，两家的联合物流不但没有半途而废，反而不断扩大了合作范围，合作关系也日臻成熟。

多年来，虽然项目小组的成员数次更替，但是合作从未停滞过。这得益于两家公司一开始就为联合物流设计了一个非常好的框架（见图 2-7）。项目至今大致经历了 5 个阶段，即构想阶段、面向家电量贩店的联合配送阶段、开展城市区域联合配送并设置联合配送物流中心阶段、探讨新项目阶段、完善联合配送物流中心阶段五个阶段。

在最初的两三年里，两家公司着力实施家电量贩店的联合配送等优先度高的业务，之后不断挖掘与探讨新的合作项目，深化双方的合作关系。时至今

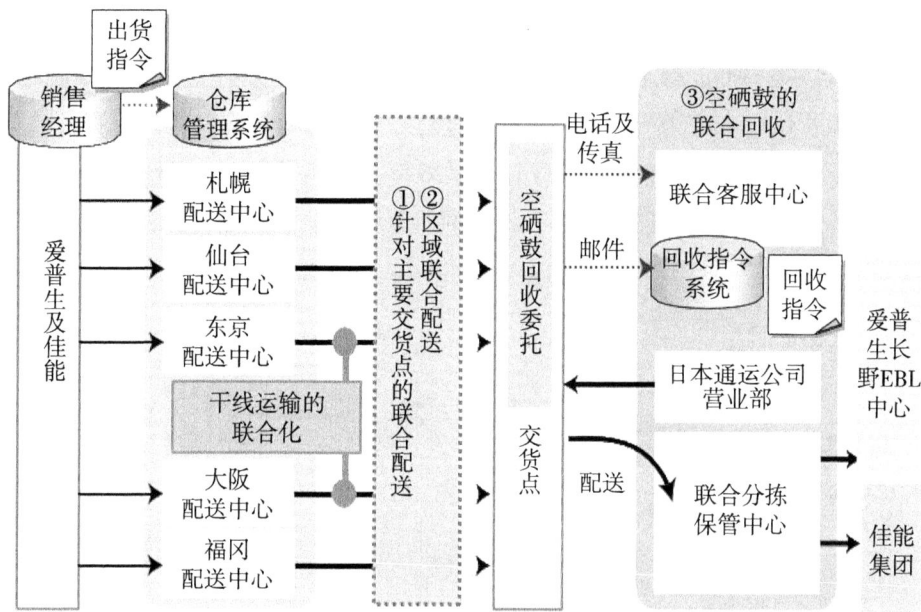

图 2-7 联合物流项目的基本设计

日，两家的联合物流项目取得了三大成果：面向家电量贩店的联合配送、城市区域的联合配送和联合配送中心的设置。

（1）面向家电量贩店的联合配送。

准确来说，面向家电量贩店的联合配送是指向家电量贩店、专卖店以及商贸公司等的物流中心进行联合配送。因为家电量贩店对配送服务要求较高，需要满足指定时间到达、按楼层分拣、指定场所摆放等诸多要求。所以针对家电量贩店的配送基本以整车运输为主。在货运量不满一车时容易产生运输资源的浪费，这让供货商们头疼不已。爱普生销售和佳能 MJ 通过联合配车和拼车送货成功解决了这一困扰已久的问题，在降低运输成本的同时还大幅减少了二氧化碳的排放量。

不仅仅在家电量贩店的配送上，联合配送在应对整车运输的问题，尤其是对货物量少且距离远的情况有很好的效果，因此项目小组一直都在重点发展整车运输的合作项目。

（2）城市区域的联合配送。

城市区域的联合配送是指在货物集中的大城市开展联合配送（见图 2-8）。

与面向大城市家电量贩店的大批量配送不同，城市区域联合配送主要面向办公室、专卖店等小批量配送交货点。以前，各公司都是分别各自使用专线配送、零担运输、快递来配送产品，现在则是针对一些拥有相对稳定货物量的区域实行联合配送。这样做不仅仅提高了配送的效率，还通过指定专属驾驶员保证了配送服务的品质，同时还增设了回收空硒鼓等增值服务。

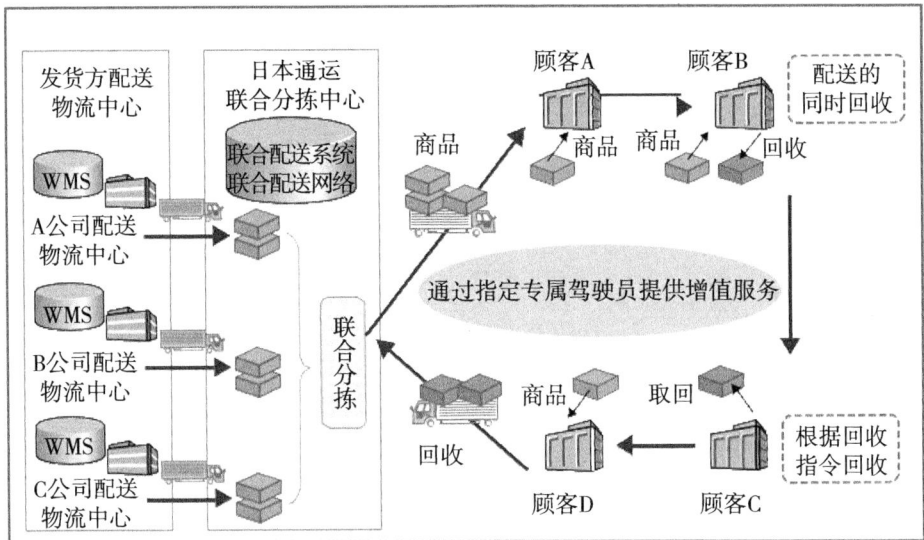

图 2-8　城区联合配送的构想

（3）联合配送中心的设置。

设置联合配送中心就是把参与联合配送的各公司的仓库充分利用起来，提高货物配送的装载效率，改善仓储空间和装卸设备的利用率。但是仓库联合使用的开展受到诸多条件与因素的制约，实施起来难度很高。因为没有多少可供参考的先例，项目伊始便遇到了种种障碍，项目组的成员们经历了长时间的探索和磨合才收获一定的成果。

4.2　从放弃和失败的项目中获取经验

整体构想的一部分计划最终未能实施，主要因为在可行性研究阶段，有些项目的投入产出比较差。"干线运输的联合化"就是其中一例，这个项目计划在爱普生销售的干线运输上混载搭运佳能 MJ 小批量货物。

　　爱普生销售的小批量的出货由于订单受理截止时间无法赶上零担专线运输的揽货时间，为保证次日送达，只能单独安排整车完成干线运输。如果佳能 MJ 的货物也利用爱普生销售的这条干线运输，两家货物拼车混载，显然是有利于改善两家公司物流效率的。

　　但可行性研究的结论却不尽如人意。若执行此方案，佳能 MJ 的货物增加每次必须按配送中心分拣，这样反而因作业工数增加导致整体效率下降。除此之外，基地间输送的联合化、静脉物流的联合化等项目最终也没能付诸实施。这些未能实现的计划反衬了获得成果的来之不易。

　　两家竞争对手的联合物流模式能够持续至今，并取得了令人瞩目的成果，有三点经验值得借鉴：有效的推动机制、公平客观的协调者的存在以及成果共享。尤其是第三点，保证所有参与企业公平地分享联合物流带来的利益最为重要。有一个小故事很能说明这一点。

　　在向某物流中心进行联合配送时，两家使用不同载重量的卡车，爱普生销售用的是小型卡车，而佳能 MJ 用的是载重两吨的卡车。按照联合配送的收费标准，爱普生销售非但不能受益，反而可能增加成本。但爱普生销售的态度是"这个地点的联合配送，即便我方成本有所增加，如果对佳能方有利就应该实施。只要项目整体能给我们公司带来利益，我们不会就局部患得患失"。

　　正是这种不拘泥于眼前和局部的利害得失，放眼全局来看待成果的格局，保证了利益共享的原则能落到实处。另外，公正客观的协调者的存在对于平衡双方的利益也十分重要。建立即使人员更替也能保证项目正常运转的机制，使得整个系统不会因人废事，对于长期开展联合物流也十分关键，尤其是对于在产品销售上互为对手的企业之间开展的物流协作。

4.3　从联合化到标准化

　　统一爱普生销售与佳能 MJ 物流基地的初衷是提高配送效率。物流基地位置相同，货物在基地间的横向移动自然可以省去。以此为开端，现在不仅是地理位置的统一，项目的重点已经转移到配送中心的运营及管理的联合化。比如，位于福冈的物流基地还处于联合选址阶段，而札幌和仙台的基地已经在推进联合运营管理。

说到联合配送中心的优势，首先是货物装载作业的合理化。其次，作为各企业的专用配送中心，尽可能实现资源共享，才能取得合理利用物流资源的效果。一般来说，总面积33000平方米以上的大型仓库，因其管理范围较广，作为联合物流中心难度较大，而33000平方米以下的中小型仓库则比较容易改造成为联合配送中心。

判断某物流基地作为联合物流中心是否合适，须讨论具体的作业项目和设备的合作可能性与难易程度。佳能和爱普生的经验表明，WMS以及重型货架、轻型货架等项目因涉及信息系统所控制的出货指令和货位编码，很难统一；但出入库作业等就较易开展协作（见图2-9）。

空间	仓储空间	△	物料搬运器材	重型货架	×
	理货空间	○		轻型货架	×
	办公区	○		叉车	○
装卸作业	入库、出库作业	○	信息系统	WMS	×
	分拣作业	△	管理指标	仓储效率指标	○
	质检、包装作业	△		作业效率指标	○
	退货、回收作业	△	经验技能	作业经验技能	×
总务	总务财务等管理部门业务	△	难易程度的范例○：低、△：中、×：高		

图 2-9　联合配送中心的活动项目和难易程度

位于札幌和仙台的联合配送中心较早实现了物流联合化。例如，仓储区划分为两家各自的固定仓储区域和共享仓储区域。固定仓储区域面积是根据各公司一年中货运量的最小值来设定的。超出这个货运量的货物则存放在根据需求可灵活调节的共享仓储区域，以便共同应对物流量的波动。

在此基础上，两家公司进一步推动管理指标的统一以及经验技术的共享。负责现场运营的日本通运在不断尝试中努力将札幌和仙台的联合配送中心打造成业界典范。

4.4 库内作业的高效化

在联合配送体系基本打造完成后，项目小组的重点聚焦到提升联合配送中心内仓储作业及装卸作业的效率上了。其中包括设定配送中心内的装卸作业标准，导入作业状态实时监控以便根据动态所需，调配支援人员。最终目标是在人员有限的情况下，达到替补人员可以及时支援薄弱环节的效果。

但联合配送中心设立之初，爱普生销售和佳能 MJ 的支援体制并没有发挥它应有的功能。当时，两家公司对不同货主配备了专属作业人员，各作业人员只负责分配给自己的业务。另外，为优化人员配置所需的数据及相应的管理体制也并不完备。

面对此种情况，项目小组决定从以下三个方面入手，探索解决方案。

（1）共通 KPI 管理体制的构建。

在探讨作业人员支援体制时，双方认识到必须构建和维持 KPI 管理体制，于是制定并实施了共通 KPI 方案（见图 2-10）。这也是为了比较和监测每个作业人员的优缺点。

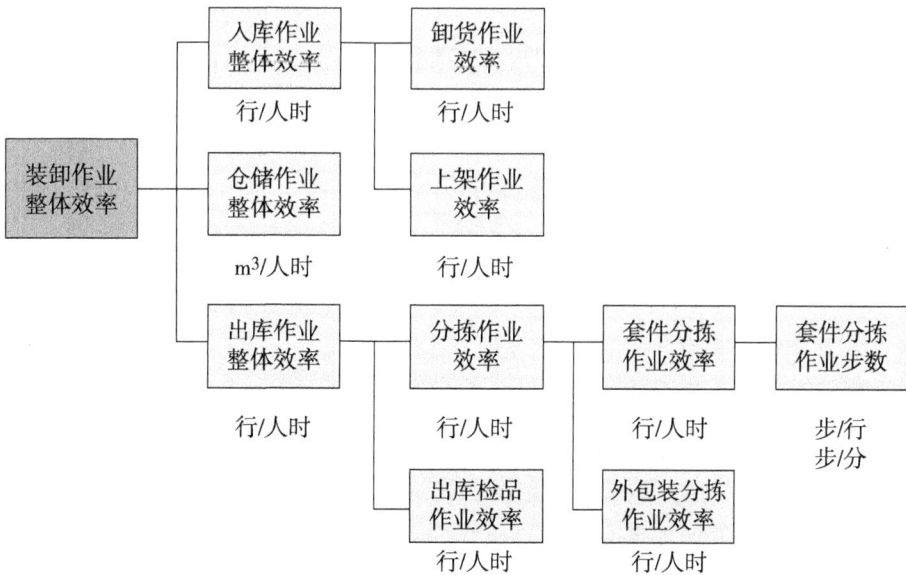

图 2-10 装卸作业分层共通 KPI

仓库内整体作业时间作为比较和监测的基础数据，是使用由日通综合研究所开发的分析工具"ROJITANN"定量捕捉取得的。作业人员携带用于记录即时数据的手机，以 15 分钟为单位记录作业状态，所取得的数据被用作数据分析样本。

使用 RF（Radio Frequency）也可以确认拣货、检品等环节的作业时间，但作业前后的活动时间却无法获取。相较之下，ROJITANN 则可以掌握作业全流程的所有活动时间。在此基础上，使用手机和速度感应器，实现了对拣货作业人员的动线和滞留情况的实时监控管理。爱普生销售和佳能 MJ 为了有效利用监测数据及作业实绩数据，通过使用共通 KPI 管理指标等一系列活动，力图提高联合配送中心的管理水平。

（2）单位时间内人员生产效率的提高与经验技能的共享。

根据监测的数据，分析查找各工序现存问题，设计解决方案并实施。比如，仙台基地的监测数据显示，产品套装的拣货作业人员在 1 分钟内移动步数较少，由此可推测作业经常出现停滞留的情况。经现场反复确认发现两点原因：①轻型货架上方的拣货频度高，相对 SKU 数货位不足；②每个区域只有一个梯子，排队等待使用的情况经常发生。明确原因后，仙台基地立即采取了增加梯子数量、增设轻型货架等对策，成效十分显著。货架高处拣货造成的滞留时间被大幅度缩短，作业效率提高了约 20%。

"以现场为主导"是改善活动的关键。日通的咨询顾问虽然可以给予一定支援，但要构建可持续的改善体制必须以现场为主导、让现场人员自主行动起来。

佳能 MJ 和爱普生销售会分享各自的经验和改善方法。虽然有一些内容因两家公司的运营体系存在差异，难以直接照搬使用，但通过分享这一过程，联合配送中心的协同效果得以实现最大限度发挥。

（3）现场意识改革。

现场改善成功与否的关键不只在于管理者，更在于每位作业人员对问题是否具有相同的认识。当初在改善装卸作业效率问题时，大部分的现场作业人员并没有认真对待。为了改变这种情况，札幌配送中心、仙台配送中心和福冈配送中心，策划了开展现场改善项目比赛，并使用共通指标来汇报和评价成果，目的是以"竞争"调动现场作业人员的积极性。

2016 年，第一次汇报会举行，以"不滞留的分拣作业"为题，各基地对每分钟内步数改善率（作业停滞改善率）展开比拼。各物流中心的管理者和作业人员为找出自身不完善处并加以解决，不断探讨、协作，整个现场拧成一股绳，凝聚成一体。

佳能 MJ 和爱普生销售在联合配送和联合配送中心上已经积累了相当多的经验，运营已达到成熟阶段。但两家公司的相关人员都清醒地认识到，越是在这个阶段越是容易陷入模式固化、业务改进停滞的状态。为了避免出现这种危机，他们不断拓宽协作领域，尤其是在库内业务改善上开始着眼于不受物理形态制约的经验技能以及信息共享等方面。在一季度举行一次的现场改善汇报会上交流经验就是这些尝试中的一个很好的例子。

佳能的官方网站：https：//canon.jp/

佳能 MJ 的官方网站：https：//cweb.canon.jp/corporate/

爱普生的官方网站：https：//www.epson.jp/

爱普生的销售官方网站：https：//www.epson.jp/company/esj/

日通综合研究所的官方网站：https：//www.nittsu-soken.co.jp

日本通运的官方网站：https：//www.nittsu.co.jp

【思考题】

1. 佳能 MJ 和爱普生销售的联合物流项目在日本取得了令人瞩目的成果。作为已进入中国市场的两家公司，如果在中国实施联合物流，你认为是否有可行性？说说你的理由。如果可行，你认为应采取哪些与日本不同的举措，为什么？

2. 你是否认同本案例的联合物流中"协调者"存在的合理性和必要性？谈谈你的看法和依据。

3. 同行业竞争对手携手开展联合物流项目，虽因产品属性相同在操作层面上易于推进，但同时也存在产品信息易泄露等不利因素。结合本案例以及竞合理论讨论如何权衡利弊、趋利避害并实现双赢。

4. 本案例中提到的静脉物流的联合化最终没能实现，你认为原因可能有哪些？

5. 请概述佳能 MJ 和爱普生销售如何逐步深化联合物流。

5 四大啤酒企业的共同物流

石原亮/时键

【摘 要】为应对日本国内市场变化，日本啤酒企业在物流领域开展了一系列合作措施，并获得了良好的经济和社会效益。2011 年，麒麟啤酒和朝日啤酒两大啤酒企业率先在首都圈实施小批量商品联合配送，在关东的部分地区实施空容器联合回收。2012 年，两家企业共同设立新的物流基地，并与铁路运输企业合作，将卡车长途运输转为铁路集装箱运输，实现了物流干线联合运输和北陆地区的联合配送。2017 年，麒麟啤酒、朝日啤酒、札幌啤酒、三得利啤酒四大啤酒企业达成合作协议，开始在北海道地区实施共同物流模式。

5.1 2010 年的日本啤酒企业间的共同物流

纵观日本啤酒行业的物流发展历程，在 2000 年之前基本没有同行企业间的物流合作，所有啤酒企业基本上都是依托自身优势，独自构建物流体系。但到了 2010 年前后，情况开始出现变化。在 2008 年和 2009 年，麒麟啤酒①分别与札幌啤酒②、三得利啤酒③合作，尝试在日本的部分地区展开共同物流。到了 2011 年，麒麟啤酒与朝日啤酒④的共同物流得到了实质性推进，合作内容主

---

① 麒麟啤酒，企业全称：麒麟控股株式会社（Kirin Holdings Company Ltd.）。企业网站：https://www.kirinholdings.co.jp/。
② 札幌啤酒，企业全称：札幌啤酒株式会社（Sapporo Breweries Ltd.）。企业网站：https://www.sapporobeer.jp/。
③ 三得利啤酒，企业全称：三得利控股株式会社（Suntory Holdings Ltd.）。企业网站：https://www.suntory.co.jp/beer/。
④ 朝日啤酒，企业全称：朝日啤酒株式会社（Asahi Breweries, Ltd.）。企业网站：https://www.asahibeer.co.jp/。

要包括，在茨城县、埼玉县、长野县、静冈县的部分地区，联合回收空容器（空瓶、空罐、托盘）；在首都圈共享小批量商品配送中心，使用小型卡车联合配送货物。2015年，札幌啤酒也加入了首都圈的共同物流体系。

麒麟集团物流管理部部长助理福间直哉充分肯定了联合机制在有效解决物流问题中发挥的重要作用，他指出："啤酒行业已经形成了竞争领域和合作领域是可区分的这种共识，物流属于可合作领域。企业间携手合作，解决共同面临的物流问题，已成为一个一般性选项。"

5.2　共享首都圈小批量货物配送中心

2011年，麒麟啤酒与朝日啤酒落实了物流领域的两个战略合作项目。一个是在茨城县、埼玉县、长野县、静冈县的部分地区实施空容器的联合回收；另一个是在首都圈的东京都及神奈川县的部分地区共享小批量货物配送中心。

在日本，啤酒企业一般使用大型卡车给批发商送货，但在首都圈①和近畿圈②的部分地区的货物配送则是用两吨或四吨卡车往返多家中小型批发企业，对一些位于市区的零售商也是采用这种方式配送。这些企业虽然是通过批发商进行交易，但实际的商品流动是制造商直接交货给酒类零售商。

为应对类似的小批量货物配送问题，麒麟啤酒和朝日啤酒都在东京设置了配送中心，并划分了各配送中心负责的配送区域，但是仅凭一家企业的力量能提高的物流效率是有限的。

为进一步提高物流效率、降低物流成本，2011年两家啤酒企业达成了"在东京都构建配送中心共享机制"的协议，最早启动的是朝日啤酒的新宿配送中心和麒麟啤酒的东部配送中心。朝日啤酒的新宿配送中心负责两家企业在东京都内的涩谷、新宿、中野、杉并四个区的货物配送；麒麟啤酒的东部配送中心负责两家企业在江东、江户川两个区的货物配送。两家企业的货物在配送中心混载后，联合运送给客户。以朝日啤酒为例，在共享机制建立前，江东区的货物需要从设在墨田区的配送中心配送；共享机制建立后，货物就可以从位

① 东京圈指东京都及周边的神奈川、千叶、埼玉、茨城、栃木、群马、山梨七县。
② 近畿圈指大阪府、京都府及周边的滋贺、和歌山、奈良、兵库四县。

于江东区的麒麟啤酒东部配送中心发货，大大缩短了配送距离。

麒麟啤酒企划部主管丹羽俊晶介绍说："共同物流是在两家企业既有配送中心的基础上，由两家企业的物流子公司具体负责运营，包括配送车辆调度和运输路线设计等。每个配送中心只保有本企业的库存，其他企业的订单配送采用越库（Cross-dock）方式。但即便只有其他企业的订单，也必须在规定的交货期内完成配送。"

由于东京都新宿区和江东区的联合配送业务进展顺利，朝日啤酒在东京都的其他三处配送中心和麒麟啤酒在神奈川的一处配送中心，也先后加入了该共同物流体系。由此，两家啤酒企业的共同物流的业务范围也从东京的两个区扩展到了东京都所有区及神奈川县的部分地区，实现了缩短配送距离、提高车辆周转率、减少二氧化碳排放量的目标。

对于两家啤酒企业在物流领域的战略合作，麒麟啤酒企划部主管丹羽俊晶认为："目前日本国内物流有两大突出问题：一个是卡车驾驶员严重不足；另一个是如何减少二氧化碳排放量。"朝日啤酒经营企划总部物流部千田悠副部长也表示今后会根据业务发展需要，继续拓展与其他企业在物流领域的合作。"对于'构建可持续的物流体系，解决各企业面临的共同问题'，大家的认知是一致的。合作战略能够有效解决企业面临的问题。我们希望针对具体问题，不局限于两家企业的联合，最好是全行业能一起携手共同解决。"千田悠说。

2015 年 6 月，札幌啤酒也加入了首都圈的小批量货物配送中心共享体系，由此形成了东京都麒麟啤酒、朝日啤酒、札幌啤酒三家企业配送中心共享的新格局。

5.3 铁路集装箱运输干线共享及地方配送大联合

麒麟啤酒和朝日啤酒不断深化物流领域的战略合作。2012 年，两家企业在首都圈实现了小批量货物联合配送，在关东、中部等部分地区实施空容器联合回收。2017 年，两家企业又针对北陆地区的特征在石川、富山两县实现了联合配送。为了完善该地区的联合配送体系，两家企业在石川县金泽市设立了联合配送中心，并通过铁路集装箱联合运输有效地保证了配送中心的补货。

卡车驾驶员不足，长途运输车辆难以保障，是促使两家企业在一些地区实施共同物流的主要原因。在共同物流战略实施之前，两家企业由位于爱知、滋贺的工厂向石川、富山等地供货。工厂各自安排大型卡车长途直接运送到当地批发商的物流中心。从工厂到交货地的运输距离有 200～300 公里。近些年，日本卡车驾驶员，尤其是从事长途运输的卡车驾驶员严重不足，保证长途运输车辆数量的难度日益增大。因此，构建新的物流体系成为两家企业迫切需要解决的共同问题。

向石川、富山发货的两家工厂距离近，又都是长途直达，两家企业决定在北陆地区设立联合配送中心，并明确了以铁路集装箱联合运输方式向配送中心补货的方案。

在铁路集装箱联合运输实施初期，两家企业遇到了许多新问题。朝日啤酒的千田悠副部长回忆说："两家企业都是从爱知县的名古屋工厂发货到北陆地区，所以我们最初讨论的方案只是将长途卡车运输转为铁路集装箱运输。但当时从名古屋到北陆地区的铁路集装箱班列没有多余的运力。我们也考虑过开行集装箱专列，但那样的话，日本铁路货运公司就需要新的设备投资，运营成本太高。"

即便是在北陆地区设立了联合配送中心，倘若补货的运输手段得不到保证，那么这个共同物流机制也难以实现有效运转。经过各方反复探讨，日本通运和日本铁路货运公司提出了新的方案，即在关西、北陆两地区间实施铁路集装箱联合运输。在关西、北陆两地的区间铁路集装箱线路上，北陆地区的发货量比关西地区的发货量大，铁路运输企业需要将关西地区的空集装箱回送到北陆地区。所以，两家企业可以利用这些空集装箱，将货物从关西地区运输到北陆地区。也就是说，两家企业可将方案更改为：用铁路集装箱将货物从关西地区运送到北陆地区金泽市内的联合配送中心，再由配送中心运送到石川、富山各批发商的物流中心。因为麒麟啤酒在关西地区有神户工厂，朝日啤酒在关西地区有吹田工厂，所以原本向石川、富山供货的工厂，在共同物流方案实施后将供货业务分别转交给了神户工厂和吹田工厂。

2017 年 1 月，两家企业实现了关西—北陆地区的铁路集装箱联合运输。具体运营方法：首先，使用 12 英尺的铁路集装箱将两家企业的货物从 JR 吹田货运站运送至 JR 金泽货运站；货物到达金泽货运站后，由金泽市内的联合配送中心存管，并配送至石川、富山的各批发商（见图 2-11）。据估算，两家企业在北陆地区开展的铁路集装箱联合运输，每年可减少大型卡车运输超 1 万台次，减少二氧化碳排放量 2700 吨。

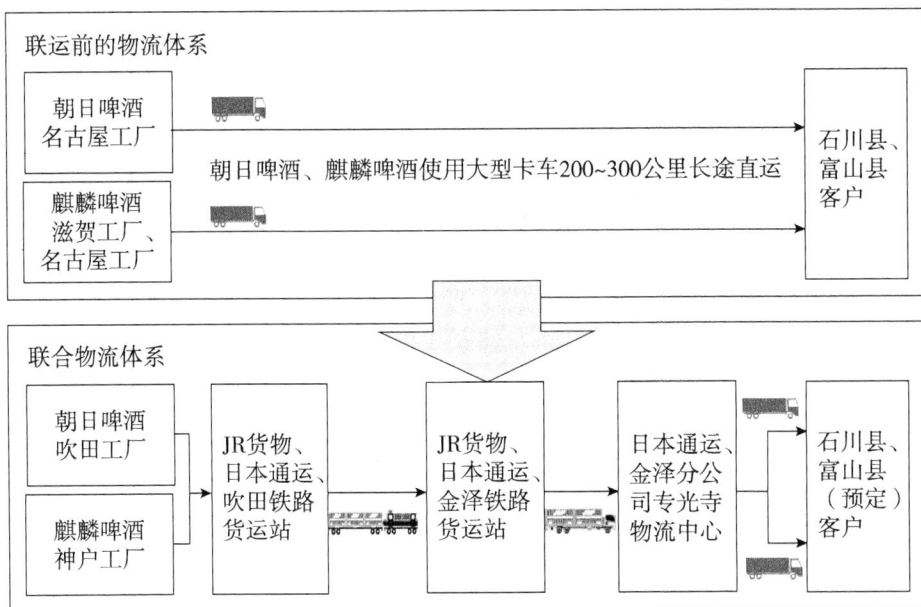

图 2-11　北陆地区的联合物流方案

资料来源：根据相关新闻报道及企业发表的资料制作。

5.4　四家啤酒企业的北海道地区共同物流

　　2017 年 9 月，麒麟啤酒、朝日啤酒、札幌啤酒、三得利啤酒四家啤酒企业达成合作意向，开始在北海道的道东地区①开展共同物流。虽然在此之前日本啤酒行业已经出现了两家或三家企业联合的物流合作，但是日本四大啤酒企业联合的物流合作尚属首次。

　　促使四家企业实施共同物流的原因有很多，托盘共享就是其中具有一定代

---

①　道东地区，指北海道的东部地区，包括网走、十胜、钏路、根室四地区。

表性的例子。早在 1992 年，四家啤酒企业就开始了托盘共享、无选择性回收的合作。在共享托盘方案实施之前，各企业各自调度、回收本企业专用空托盘。在从交货地回收本企业专用托盘的过程中，混入其他企业托盘的情况时有发生。啤酒企业需要将本企业托盘与其他企业的托盘区分管理，当其他企业的托盘积累到一定数量后，企业之间协调互换。这样在无形中增加了客户和企业自身的托盘管理时间、场地、成本。为解决托盘回收问题，四家啤酒企业决定采用 9 型标准托盘，本企业及其他企业托盘一同使用。

2015 年，为进一步解决共同的物流问题，四家啤酒企业的物流部门负责人在每年春天和秋天召开定期会议，互相交换信息，探讨问题解决方案，各啤酒企业轮流担任联席会议轮值主席，负责具体的会务工作。会议内容虽然涉及各个方面，但都是与物流相关的问题。经过反复讨论，四家企业在"构建北海道道东地区共同物流体系是亟待解决的问题"上达成了共识。

四家啤酒企业都在北海道札幌市附近设有物流基地，由物流基地向北海道内的各地区配送货物。在北海道共同物流战略实施之前，啤酒企业主要使用大型卡车向道东的钏路、根室等地区配送货物。一般情况下，道东地区的货物配送需要 300~400 公里的长途卡车运输。虽然北海道地区尚未出现像关东、中部地区那样的卡车严重不足，但也不过是时间早晚的问题。四家企业意识到有必要在卡车不足的情况发生之前采取有效措施，以维持物流网络的稳定。基于对该问题的共同认知，四家啤酒企业开始探讨道东地区的联合配送问题，并最终达成合作意向。

共同物流战略实施后，如果某啤酒企业需要配送的货物量不够满车装载，可以"非库存"方式集中到 JR 札幌货运枢纽内的四家企业共同物流基地。在共同物流基地内，按交货地址将四家企业的货物重新分拣后，以混载方式用铁路集装箱或大型卡车配送。如果单家企业单个交货地的货物量可满载一辆卡车时，就沿用之前的运输方式，从各企业的自有库存基地直接配送（见图 2-12）。

据估算，四家啤酒企业在北海道实施的共同物流，每年可减少长途卡车运输车辆约 800 台次，可减少二氧化碳的排放量约 1/3。

基本方案

各企业职责范围

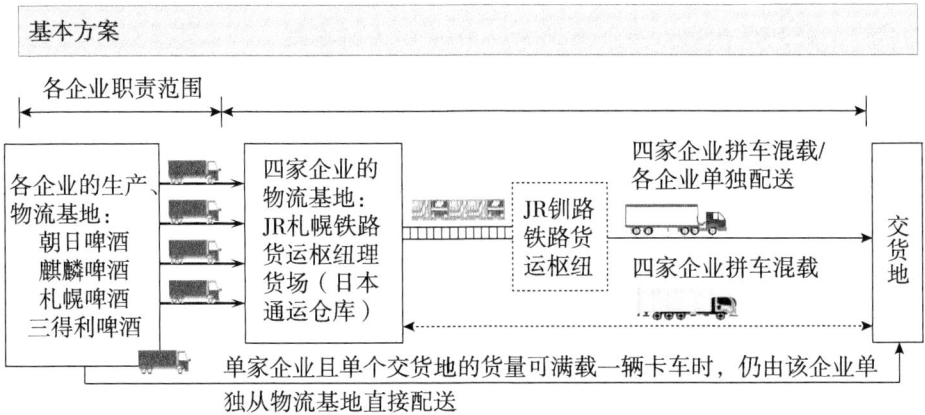

图 2-12　四家啤酒企业的北海道联合物流
资料来源：根据相关新闻报道及企业发表的资料制作。

【思考题】

1. 促使日本啤酒企业实施共同物流的主要原因有哪些？你认为这些因素对其他产业是否具有普遍性的影响？

2. 日本啤酒企业在日本不同地区实施的共同物流有何不同？为什么在不同地区开展不同的共同物流？

3. 企业间的共同物流对企业的竞争战略会产生怎样的影响？

6　三菱化学与住友化学的共同物流

鸟羽俊一/孔令建　李英实

【摘　要】日本化工产品生产量和需求量逐年减少，运输化工产品的卡车驾驶员短缺，零担公司对危险品运输业务敬而远之等诸多原因，导致了化工企业的物流面临货源不足和人手紧缺的双重困难。三菱化学和住友化学这两家大型化工企业旗下的物流子公司三菱化学物流①和住化物流通过开展共同物流有效地找到了解决问题的突破口。两家企业的共同物流模式在行业内反响强烈，还带动了一批化工产品运输企业的加盟，达到了企业利益和社会效应共赢的效果。

6.1　共同物流的实施背景

近年来，由于日本各大型石油化工产品生产企业纷纷关停了乙烯生产线，化工产品生产量锐减，同时人口老龄化的加速又导致日本对化工产品的需求下降。因此，日本化工产品的物流量逐年减少。乙烯是塑胶、塑料、合成纤维等化学材料的基础原料，日本国内乙烯的生产量呈逐年减少趋势，加之从亚洲其他国家以及中东等地的乙烯进口量不断增大，因此，从供应链上游的乙烯原料到下游的各种衍生产品全部在日本国内生产的模式正在逐渐消失。货运量减少正是三菱化学物流和住化物流开展共同物流的推动要素之一。

同时，化工产品运输领域对从业人员的要求较高，司机不仅要熟悉各项管理制度，还要掌握与化工产品运输有关的安全技能。而在人口老龄化趋势下，

---

①　三菱化学物流于 2017 年 4 月 1 日起名称变更为"三菱ケミカル物流株式会社"，英文名称未变。本书为方便记述，仍称为三菱化学物流。

化工行业司机从业人员短缺也引发了运输成本上升。化工产品不仅是需要从业人员小心对待的危险物品，又具有超高、超长的特点，因而许多运输企业不愿承运。

作为货主企业，三菱化学和住友化学都在确保运力上有很强的危机感，认识到构建放心且安全的化工产品物流运输体系的迫切性，两家企业集团的共同物流就是在这样的背景下开展的。

6.2 共同物流的实施过程

在以乙烯生产企业为供应链顶端的化工行业，长期以来从原料采购到成品运输和保管等业务，几乎没有与业内其他企业进行合作的先例，都是由各生产企业集团内部运营管理。但随着市场环境的变化，化工产品运输业务中的各种问题日益突出。为了解决这些问题，日本化工行业巨头三菱化学旗下的三菱化学物流和住友化学旗下的物流子公司住化物流从 2014 年夏季开始探讨物流业务的协作，并于 2015 年 7 月正式启动了共同物流项目，就三菱化学和住友化学的部分产品开展联合运输。

三菱化学与住友化学开展的共同物流项目包括：住友化学将在爱媛县的工厂生产的产品运往位于埼玉县加须市的三菱化学物流仓库，此区间的干线运输由住化物流承担，而加须市仓库内的分拣作业和末端配送则由三菱化学物流负责（见图 2-13）。爱媛县到加须市的干线运输线路根据订单需求每周不定期开行数次。末端配送全部使用三菱化学物流的车辆进行混装运输。两家企业计划利用位于加须市的三菱化学物流仓库，进一步扩大共同配送的规模。

对于项目的进展情况，三菱化学物流经营企划部的宫添正英经理说："由于加须市的仓库无法应对整个关东地区的末端配送，继北关东地区①之后，公司在南关东地区②也构筑了同样的物流体系。2016 年 7 月，三菱化学物流在五井营业所内安排了用于共同物流的仓库，9 月还新成立了神奈川物流中心，并通过

---

① 北关东指日本关东地区的北部，多指茨城县、栃木县、群马县。根据情况，埼玉县有时也被划入北关东。

② 南关东指日本关东地区的南部或中南部，包括东京都、神奈川县、埼玉县、千叶县。

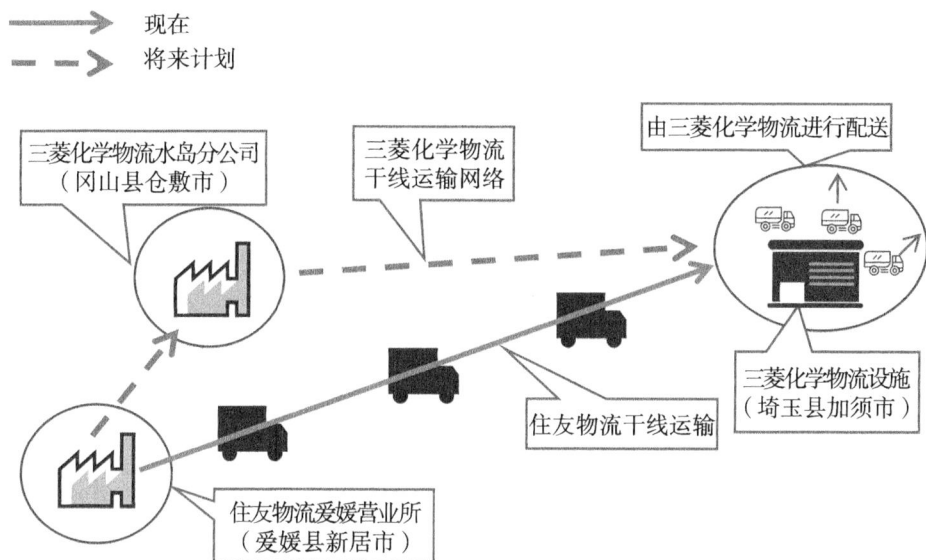

图 2-13　三菱化学与住友化学的共同物流模式

资料来源：根据公开资料及调研结果制作。

新增设两个物流基地，扩大了两家企业在关东地区共同配送的覆盖范围。"

6.3　关键问题的解决以及效果

　　物流管理信息系统的对接与整合对于共同物流的推进十分重要。三菱化学物流和住化物流使用的是不同的物流管理信息系统，但在实施共同物流时，货物数量、交货期等信息必须能够互联互通。起初是以人工录入的方式进行信息交流，这样效率低，员工的业务负荷重。为解决这个难题，住化物流开发了通用性高的"数据模板"。这个模板不仅能自动排除输入的错误信息，还能处理来自其他企业的数据。三菱化学物流的执行董事经营企划部部长岩崎哲郎对此模板给予了很高的评价，"住化物流在短期内更新物流信息系统，是这次共同物流的巨大推动力"。

　　双方为了实现共同物流不懈努力并多次调整了业务流程。共同物流仅实行近一年半的时间效果就非常明显，尤其在末端配送的准确度上，更是达到了令双方满意的效果。

运输行业驾驶员在岗时间长是卡车驾驶员离职率高的主要原因之一。共同物流有助于缩短驾驶员的单次驾驶时间，从而降低离职率。例如，三菱化学物流水岛分社与住化物流爱媛营业所隔着濑户内海，几乎处于隔岸相望的地理位置。先将住友物流爱媛县的产品运到三菱化学物流仓敷市仓库，拼车混装后再投入干线运输，这样不仅能提高运往东京地区干线运输的效率，还可以大幅缩短每个司机的单次在岗时间。这一举措也反映了三菱化学物流的"KAITEKI物流"的理念。"KAITEKI"的意思是快乐舒适，它包含了人类的舒适、社会的舒适、地球的舒适，在人文、社会和环境三方面追求可持续发展的状态。

两家企业还计划利用现有的物流设施和运输网络，结合双方优势，在关西地区搭建同样的共同配送网络。三菱化学物流正积极为项目启动作各项准备。

6.4　开展干线联合运输

在司机短缺问题逐渐突出、网络购物日益兴起、化工产品安全管理标准愈加严格的背景下，不愿承运化工产品的卡车运输企业逐年增加。三菱化学物流的执行董事岩崎表示，"化工产品运输被运输公司如此敬而远之，因此可能找不到足够的卡车。更何况化工产品要求的安全管理标准和物流服务水平比运输一般货物要高，寻找可替代的运输公司或运输手段并非易事，所以化工产品企业更应该积极发展共同物流"。

建立整个行业可以共享的物流平台以推动共同物流的发展，是三菱化学物流与住化物流努力的方向。三菱化学物流正在努力构建可以覆盖全国的化工产品干线输送网络。之前三菱化学物流的物流网点主要是以三菱化学各营业所的所在地区为中心展开的。而在东北地区，北陆信越地区、山阴等日本海沿岸地区则相对薄弱，从而造成了运输能力的不均衡，阻碍了共同物流的发展。为了扩大运输区域范围，三菱化学物流从 2015 年 9 月开始着手增加合作企业。到 2016 年，三菱化学物流已在日本海沿岸、东北地区以及山阴地区与约 20 家当地运输公司建立了协作关系，集配中心数量增至 46 个，新增 20 个。

对于这些合作，三菱化学物流营业第 2 本部浅野宏行部长表示："尽管与很多企业都是第一次合作，我们还是积极地把自身的经验和技术提供给他们，以实现互赢互利，为合作各方确保货运量和运力的稳定提供强有力的支持。而且我们的合作也为当地创造了就业机会，有利于地区经济的发展。"

在拓展日本海沿岸地区业务的同时，三菱化学物流还大力发展日本最大消费地区东京圈的物流网点，除了在神奈川县爱川町设置了覆盖东日本全境的神奈川物流中心，还租赁了三井不动产公司建设的大型综合物流设施"厚木物流园"。这里作为分拨枢纽，可以把日本西部等地生产的产品通过卡车或铁路运输发往关东及东北等地区。

此外，三菱化学物流还积极探索运输方式的转换，扩大铁路运输及船舶运输规模，尽可能地替代卡车运输，减少环境负荷。在铁路运输方面，它引进了31 英尺大型集装箱，通过开展联合运输，整合足够货运量的前提下，筹备开行化工产品专用货物列车。在海运方面，它通过整合三菱化学物流的内航化学油轮和其他公司内航船，组建化工产品专业运输船队的方案也提上了日程。

6.5　共同物流在业内的影响

三菱化学物流与住化物流的化工产品干线运输网络能否成为化工行业共同物流的开拓者和引导者，取决于能否在削减成本、提高运输效率、保护环境、安全防护以及解决人手短缺等方面发挥显著的成效。

负责干线运输网络项目的执行董事日高和重表示："在社会结构发生变化的背景下，早在七八年前我们就意识到化工产品行业内需要实施共同物流。构建干线运输网络，成为保障化工产品运输效率和安全性的业界平台，革新传统化工产品运输方式是三菱化学物流和住化物流的目的。随着神奈川物流中心的开设，大东京圈的神奈川、千叶、埼玉基地形成了三角体系。尤其是神奈川物流中心的投入运营，使我们的化工产品运输干线网络建设向前迈出了一大步。"

神奈川物流中心不仅具备包括越库的快速分拨功能、仓储功能、中转功能、与 JR 货物的铁路货运枢纽之间的穿梭运输等功能，将来还追加流通加工功能。从地理位置角度来看，该物流中心还可以承担北关东地区物流中心的业务，以此缓解该地区人手不足的窘境，同时还将成为用于面向东北地区的重要物资仓储基地。

三菱化学物流对车辆运行管理也进行了全面改进。在公司总部设立干线运输专门事业部，舍弃之前各基地独立运作的管理系统，统一使用总公司开发的一元化车辆管理信息系统"AJIOS"。通过物流设施之间共享空车信息来减少不必要的运输、提高满载率、降低环境负荷，该信息系统已在各营业所内开始投入使用。

由于受到独特的商业习惯和商品特性的制约，化工行业的共同物流与其他行业相比相对滞后。三菱化学作为日本化工行业的龙头企业，联合业内同行以及专业物流企业开始了有益的尝试，并取得了初步成果。化工产品运输进入了一个以合作为基调的转型期。

三菱化学物流公司的官方网站：http：//www.mclc.co.jp/

住化物流公司的官方网站：https：//www.sumika-logi.co.jp/

【思考题】

1. 三菱化学与住友化学的共同物流是通过两大企业的物流子公司之间的协作展开的。你认为这种方式是否有其必然性？结合行业结构、产品特性等因素展开讨论。

2. 三菱化学物流与住化物流开展共同物流时遇到了哪些问题，这两家企业是如何解决这些问题的？

3. 三菱化学物流与住化物流开展共同物流的效果如何？这对中国企业开展共同物流有哪些启示？你是否认为三菱化学物流构筑的干线运输网络会成为行业内的物流平台？为什么？

第III部分

同行业及跨行业的互补性共同物流

1　日清食品与三得利的互补性共同物流

冈山宏之/王亦菲

【摘　要】日清食品和三得利虽同属食品行业，但商品的重量和销售的季节性波动完全不同，甚至正好相反。两家公司利用双方物流特征的互补性开展了共同物流。2014 年，两家公司开始使用 JR 的铁路集装箱拼箱混载，实施联合干线运输。2015 年，两家公司开始共享仓储资源，2017 年 6 月在北海道地区又开始了对客户的共同配送。

1.1　参观物流中心发现卡车货厢的未利用空间

日清公司是位于大阪的食品企业，主要产品是以方便面为代表的各类食品，其中方便面产品长期占据日本市场的第一位。三得利是同样位于大阪的饮料企业，2019 年时啤酒等各类饮料产品销售量为行业第一。

日清食品和三得利从 2017 年 6 月开始在北海道带广地区进行共同配送。由日清食品的惠庭物流中心出库的杯面等产品，与三得利千岁配送中心出库的酒类及软饮拼装同一辆卡车，一起运送至批发商和零售商设置在带广地区的配送中心。卡车首先在千岁配送中心装上三得利的饮料类重货，然后在惠庭物流中心将杯面等轻货装载到卡车货厢上部的剩余空间。重货和轻货的搭配混载提高了车厢的使用效率，削减了运输所需车辆。

日清食品的董事兼 SCM 本部长山崎宏对笔者回顾了两家公司共同物流出台的契机："三年前偶然有机会到三得利的物流中心参观，发现由于卡车的载重量限制，卡车装载三得利的货物时无法装满车厢，留下了一些闲置空间。当时我就萌生了可以与我公司杯面产品拼车的想法。"

山崎宏在日清集团长期管理常温产品、冷冻冷藏产品等各类产品的生产、销售及物流。2008 年，日清集团改制为控股集团公司以后，山崎宏的工作范围扩展到负责日清控股的全球供应链战略。2014 年，山崎宏就任日清食品的物流业务负责人以后，针对常温主力产品的物流业务进行了一系列改革。

在三得利的物流中心发现运货卡车存在闲置空间，让山崎宏意识到双方合作的潜在可能。因为两家公司的总部都在大阪，有天然的亲近感。他很快联系到了三得利旗下的物流子公司三得利物流，开始具体讨论共同物流的方案。

2014 年，双方开始共同物流业务，起步阶段做的是工厂到物流基地的联合运输。按照计划，卡车从三得利工厂装载货物后再到日清食品工厂，两家公司的产品拼车混载以提高运输效率。但是计划实施起来并不容易。山崎宏描述了当时遇到的问题："三得利的产品都是重货，必须先装车。如果距离日清的工厂较远，这个区间的运输成本就会很大，需要平衡这部分的损失。"

两个月后，两家公司开始尝试从静冈到盛岗使用 JR 铁路集装箱进行联合运输。日清食品的产品预先存放在三得利集团的物流基地，然后将饮料和杯面混装在同一个集装箱用铁路内运到盛岗。

12 英尺的 JR 铁路集装箱的载重量上限为 5 吨。如果只装饮料就会和卡车一样出现满载后箱内仍有闲置空间。合理的拼箱混载，让两家公司原来 6 个集装箱的货物可合并为 5 个。虽然在盛岗的卸货点变为两处，短驳费用增加，但是总成本下降了，并且利于环保。

据日本货物铁道株式会社（JR 货物）介绍，饮料和方便面这样的不同品类的产品使用同一个 JR 铁路集装箱混载的案例非常少。虽然起步阶段需要解决很多问题，但经过一段时间的磨合，这个模式运转良好，效果显著。

除了重货和轻货可以很好匹配，两家公司产品的销售季节性波动也正好相反，适宜开展共同物流。日清食品的产品销售旺季是冬季，而三得利的产品销售旺季在夏季。两家公司旺季和淡季的运输量波动都很大。但如果两家公司的货物合并在一起运输，不但可以使全年运输量的波动平缓，也增强了对运输企业的议价能力。

除此之外，共同物流还有一些附带效果。例如，用 JR 铁路集装箱运送货物时，受载重量限制，运输饮料类产品集装箱内必然留有闲置空间。而没有装满空间的集装箱经过长时间的震动，产品的外包装特别容易产生擦伤。因此，需要在集装箱内放入发泡材料等缓冲物等用于额外的防护。通过两家公司的产品混载，填充闲置空间的日清产品起到了缓冲材料的作用，使因列车震动而擦伤包装的情况几乎消失。

利用 JR 铁路集装箱的共同物流项目所取得的成果在两家公司内部都得到了肯定，并受到了嘉奖。这个成功经验让日清食品和三得利的物流部门有了继续推进共同物流的动力。

1.2　基于不同的波动开展仓储资源共享

在此之后，两家公司在很多方面尝试推进共同物流。2015 年，两家公司开始共同使用仓库。如前文所述，两家公司产品的运输量都存在季节性波动。通常在冬季，日清食品会租赁仓库来应对销售旺季的需求。但是山崎宏对这个状态表示担忧："仓库租赁公司都更愿意选择签订整年租期的合同，因此日清食品很难保障在冬季可以找到短期租赁的仓库。在使用 JR 铁路集装箱联合运输的过程中，我们发现三得利的夏忙冬闲与日清正好相反，双方合作可以把全年的货量拉平。"

因此，两家公司产生了共同使用仅在繁忙期满负荷运转的仓库的想法，并且在 2015—2016 年的冬季开始展开具体业务。日清食品把在繁忙期需要储存在外部租赁仓库的产品，转移到三得利为储存夏季销售的啤酒提前准备的仓库。在 2016 年夏天，日清食品把冬天繁忙期使用的北海道仓库和近畿仓库，提供给三得利储存饮料产品。在 2017 年，两家公司在四国地区也开始开展同样的业务，并计划向其他地区推广。

在此基础上，两家公司进一步深化合作。共同使用同一仓库意味着在一定程度上进行联合仓储。特别是北海道的两个物流基地之间，车程仅有 15 分钟，基本可以一体化运营。因此，面向顾客的销售物流的共同配送也就顺理成章地实现了。与两家公司单独使用卡车配送相比，共同配送有显而易见的优势。2016 年秋季，两家公司的物流负责人在共同物流的成果和问题的交流中，对共同配送试行达成共识，这才有了北海道地区共同配送。在那之前，两家公司的共同物流的范围只是从生产基地到物流中心的一次配送。而现在，在北海道地区共同物流的范围扩展到了从物流中心到批发商和零售商的配送中心的二次配送。

两年多的共同物流工作使双方建立起良好的信赖关系和紧密的信息共享体制，这为开展与客户服务直接相关的共同二次配送及联合仓储打下了基础，而且两家公司在无须新投资的情况下，推进了共同物流的发展。

2016 年前后，随着企业所处商业环境的变化，即使是大型制造商也很难单独进行物流的运营与管理。但是多家制造商参与的共同物流业务，往往由于业务的协调工作繁杂，限制了参与企业的自由度。山崎宏认为："实现高效的共同物流最理想的情况是只有两家公司合作。日清食品和三得利的产品轻重和季节忙闲都刚好相反，并且作为同在大阪的企业，彼此之间印象很好，所以开展共同物流比较顺畅。两家企业都希望可以将这个模式很好地发展下去。"

1.3 改变装卸货物只用散装的习惯做法

现在，日清食品的 SCM 部门大约有 20 名职员，大致分为三个团队，分别是生产计划团队、物流企划和管理团队以及负责向顾客供货的团队。一直属于生产部门的生产计划团队在 2016 年 1 月整体加入了 SCM 部门，可以从独立且中立的立场和角度，优化日清食品的物流业务及整个供应链管理。

2014 年开始在运输中使用托盘是物流业务优化的典型例子。SCM 部门希望采用托盘的单元包装形态来改变一直以来的散装运输状态。与三得利不同，日清食品的商品很轻，卡车车厢即使满载也远远达不到载重限制。虽然不用担心超载，但是需要解决如何提高单台卡车运输效率的问题。

此前，为了减少装卸工作的负担，工厂内的物流一直使用 1700mm×1400mm 的大尺寸托盘。但为了提高满载量，从工厂出库时完全不使用托盘，而是一直用人工搬运的散装方式。这导致了大型卡车的装货和卸货竟然各需要两小时左右。使用托盘会导致卡车装载效率下降，运输成本大幅上升。因此，不仅是日清食品这样做，在杯面、零食糖果、谷物早餐等体积大而重量轻的产品运输中通常也采用散装货物的方式。

实际上，日清食品进行人工装卸是 JR 铁路集装箱混载和共同配送能够实现的重要因素之一。托盘装载三得利的产品后会在集装箱上部产生闲置空间，而只有用人工一箱一箱地装载日清食品的产品，才能很好地填满和利用这些空间。

近年来，由于司机的短缺，运输公司都尽量避免人工装卸货物。山崎宏也认为，依靠人工的装卸作业不可能一直延续下去。所以，从 2014 年起，日清食品花费了约一年时间反复探讨托盘尺寸等相关问题。

1.4　选用 T12 托盘

最终，日清食品决定不选用包装食品行业在联运中指定使用的 T11 标准托盘，而选用了 T12 托盘。此类托盘作为日本国内 JIS 标准指定的 7 种托盘之一，虽然在工业产品的运输中十分常见，但在包装食品行业却很少使用。山崎宏对选用此托盘的理由作了如下说明："我公司在使用宽体卡车运送杯面时，在人工装卸的情况下满载率为 100%，而使用 T11 托盘的情况下满载率仅为 52%。但是如果选用 T12 托盘，满载率可达到 92%。即使我公司所有产品的运输都采用此托盘，平均满载率也可保持在 80% 左右。T11 托盘造成的运力损失过大，显然不宜采用。但如果使用得当，T12 托盘的单元包装形态用于装卸和运输是可行的（见图 3-1）。"

（模式 1）内箱尺寸（H）2630mm ×（W）2350mm ×（L）9650mm

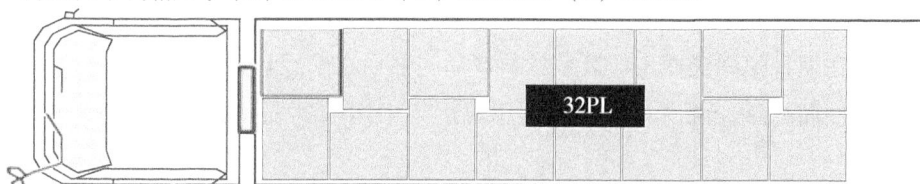

（模式2）内箱尺寸（H）2630mm ×（W）2410mm ×（L）9650mm

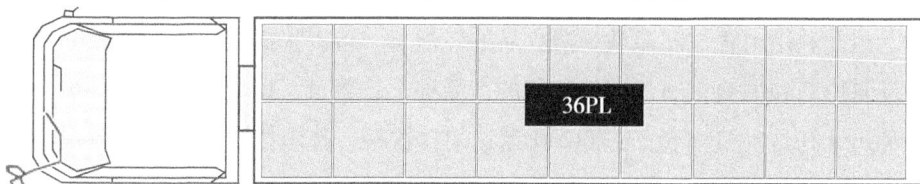

判断在宽体卡车中使用T12托盘装载货物为最佳

图 3-1　托盘装载示意

托盘的使用使货物的装货时间和卸货时间从各自 2 小时减少到了 30 分钟，弥补了和散装相比满载率降低了一成左右带来的损失，并且卡车在工厂等待装卸作业完成的时间也大幅减少。因此，卡车的往返次数从一天一次增加到一天两次。虽然使用托盘造成了运输成本的上升，但可以期待总成本降低的效果。

托盘的使用对日清食品的运营意义重大。截至 2017 年 10 月，日本国内的四个自营工厂（关东、静冈、滋贺、下关）中，除滋贺工厂以外的三家工厂的物流运营中都引进了新规格的托盘。

1.5 共同物流的新发展

日清食品不仅仅和三得利，和朝日饮料及日本通运也展开了联合运输的合作。

朝日饮料是日本市场排在第三位的大型软饮料企业。日本通运是日本最大的综合物流公司，其业务涵盖空运、陆运、海运等所有运输方式。

从 2020 年 9 月开始，三家企业开始了关东—九州的联合运输。在茨城地区有工厂的日清食品和朝日饮料两家公司采用不同规格的托盘。经过反复讨论和设计，双方制订了用日本通运的卡车混载产品的计划，并开始在关东—九州进行联合运输。

以往，日清食品的关东工厂到福冈物流中心的货物和朝日饮料的朝日啤酒茨城工厂到佐贺配送中心的货物是分别单独包车运输的。共同运输开始后，卡车首先在朝日啤酒茨城工厂装载饮料产品，然后在途经日清食品的关东工厂时装载方便面产品，再由日本通运利用海运集中运输到九州的物流仓库（见图 3-2）。

和三得利一样，朝日饮料的产品因为是重货，故车厢上部有大量闲置空间。因此利用闲置空间混载日清食品的轻泡货，可以提高装载率。三家公司经过反复协商和试验，通过调整装载的产品种类、数量，确立了利用很难组合的两种尺寸托盘（日清食品：T12 托盘；朝日饮料：啤酒托盘）进行高效混载的方法（见图 3-3）。

与日清食品和朝日饮料两家公司分别运输产品相比，这个方法的联合运输

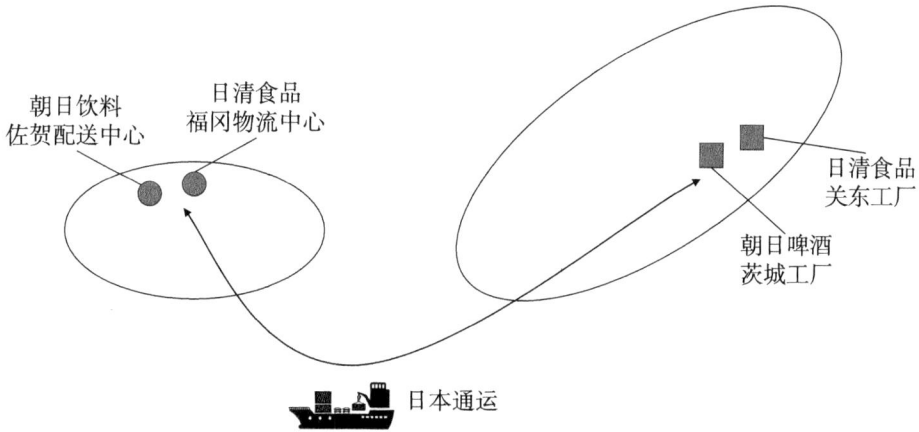

图 3-2　海上联合运输

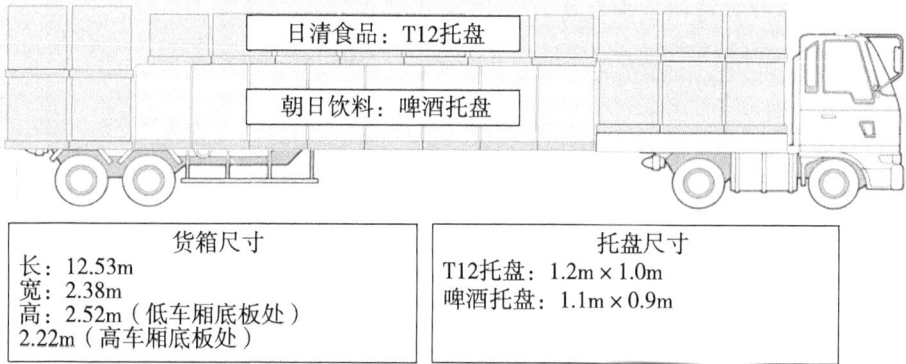

图 3-3　货厢侧面图

使用的卡车数量可以减少 20%，而且日清食品货物包装形态从散装改为托盘，也大幅减少了司机的装卸货工作量。三家公司决定继续对联合运输的频度、区域等反复讨论，共同建立可持续发展的物流体系。

日清食品集团的官方网站：https：//www. nissin. com/jp/

三得利的官方网站：https：//www. suntory. co. jp/

朝日饮料的官方网站：https：//www. asahiinryo. co. jp/index. psp. html

日本通运的官方网站：https：//www. nittsu. co. jp/

【思考题】

1. 试分析日清食品和三得利的共同物流取得成功的主要因素。

2. 共同配送会带来运输距离拉长、装卸点增多的问题，根据本案例的相关内容，试分析如何解决上述问题。

3. 依托货物单元化和总成本等概念和理论，分析在货物的装卸和运输过程中使用托盘的经济合理性和需要克服的问题。你是否认同手工装卸是不可持续的？说说你的理由并给出具体的例证。

4. 日清食品认为共同物流的最佳方式是两家公司合作，试对比多家企业共同参与的共同物流，讨论两种方式各自的优缺点。讨论物流特征的互补性是不是企业共同物流的必要条件。

2 丘比与狮王联手构建可持续发展的物流体系

冈山宏之/金艳华

【摘　要】不同行业的丘比、狮王、日本托盘租赁三家企业，于2018年8月正式开启了联合干线循环运输模式，每周往返于关东和九州的联合运输路线非空车率高达95%以上。另外，利用能耗低的滚装船运送无司机拖挂车，既实现了环保，又缓解了卡车司机紧缺的问题。

2.1 多家企业联手建立可持续发展的物流体系

2018年8月，丘比和狮王联手日本托盘租赁（JPR）开展联合干线运输。三家企业共用一台大型拖挂车，用一周时间往返于关东和九州。此次联合运输没有采取拼车方式，而是在不同区间运输不同企业的货物，并且利用能耗低的滚装船运送无司机拖挂车，既实现了环保又缓解了卡车司机紧缺的问题。该项目还被日本国土交通省认定为"转换运输方式的联合事业"。

此次联合干线运输不仅提高了运输效率，而且降低了人力成本。从关东到九州的往返路线总长2811公里，其中满载运输距离占总长的99.5%，空车运输距离仅为14公里。而且，由于将之前的卡车运输转换成了海运，在关东和九州各地区从工厂或物流中心到港口的公路运输只需配置一名卡车司机即可。三家企业所需的卡车司机总数由之前的10名减少到3名。整个运输业务由关光汽船为总承运人，其中海运部分使用OCEAN-TRANS海运公司的"OCEAN东九邮轮"。

狮王是日本百年日化品牌，主要生产口腔护理产品、洗发护发产品以及洗涤用品，产品畅销东亚以及东南亚。狮王早在1989年就与13家日化用品制造企业合资成立了一家物流公司，即行星物流，是日本共同物流的先驱。行星物流在运营了25年后于2016年7月解散。此次与丘比和JPR进行跨行合作，是狮王继行星物流解散后开展的关于共同物流的新项目。就行星物流的解散与此次新项目的定位，狮王的执行董事兼SCM本部长平冈真一郎告诉笔者："解散行星物流是为了改善本公司死板的管理方式，建立更好的物流体系。行星物流的解散并不代表狮王之前的共同物流业务全面终止。其实，它们在北海道和九州的合作一如既往。不仅仅是我们公司，当年出资建立行星物流的制造企业们也都在各自尝试改善物流体系。与当年的行星物流不同，这次是与其他行业的企业合作。跨行业企业联手主要是为了应对日益严峻的物流危机，建立稳定的长距离运输体系。"

狮王和丘比两家公司物流部门的高管们对于日本物流面临的严峻局面有着许多共识，尤其是关于卡车司机严重缺乏的问题。双方非常期待能够通过这次运输业务的合作，建立一个新的物流体系，解决卡车司机人手不足等问题。就此次合作的目的，丘比的执行董事兼物流本部长藤田正美告诉笔者："此次与狮王携手主要是为了构建一个可持续发展的物流体系。比如，解决卡车司机不足的问题，完善事业可持续发展计划（Business Continuity Plan，BCP），寻找最合适的运输方式等。"狮王的平冈本部长与丘比的藤田本部长有着同样的认识和目标。

其实，丘比一直在寻找提高车辆满载率的方法。丘比从五霞工厂运往九州地区的货运量很大，但回程货物非常少，导致回程空车率很高。为了解决这一难题，丘比的物流部门一直与多家食品企业和日化用品制造企业互相交换信息，寻找合作机会。

恰巧狮王也有同样的问题，并且与丘比回程方向相反。狮王位于四国地区（距离九州岛较近）的工厂到东京的货运量很大，但从东京回程的货物很少。丘比与狮王同是JPR的客户。JPR是日本最大的托盘租赁公司，此次三家企业的跨行业合作就是由JPR提议的。丘比和狮王关东与四国路段的回程车里可以装载对方的货物以此降低空车率。而没有回程互补货物的九州与四国路段，则用来运输JPR的托盘，以此提高全程的装载率（见图3-4、图3-5）。

其实，丘比的藤田本部长与狮王的平冈本部长是多年的老朋友。两人在日

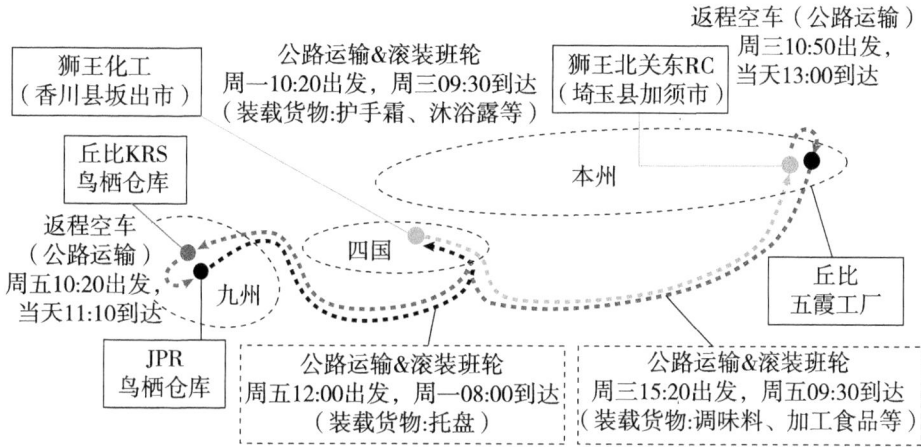

图 3-4 三家企业正式启动联合干线运输

资料来源：根据丘比提供的资料加工制作。

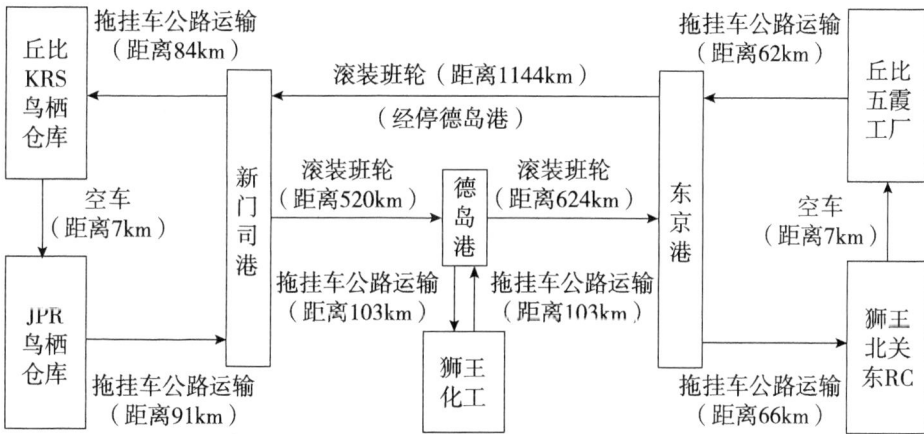

※KRS：丘寿流通系统（丘比集团旗下的物流子公司）
※狮王北关东RC：狮王北关东物流中心

图 3-5 联合干线运输模式

资料来源：根据狮王提供的资料加工制作。

本物流系统协会（Japan Institute of Logistics Systems，JILS）主办的活动中相识。但因各自的企业所属不同行业，之前两人从未想过要一起寻找解决办法。这次JPR的加盟促成了两家企业跨行业的合作。

2.2 打破食品行业禁忌

跨行业企业在合作时，会遇到不同于同行间合作的一些新问题。运输食品和日化用品时一般不会共用一台卡车或一个集装箱。食品对运输过程中的产品品质管理要求非常严苛，如果与日化用品拼车运输，洗涤剂和肥皂等日化用品的气味有可能会影响食品品质。

丘比是日本最大的色拉酱制造企业，主要生产调味料等食品，丘比对食品的生产以及流通过程中的品质极为重视。该公司在此次与日化用品的联合配送过程中，为了保证产品品质，做了一系列事前检验工作。对此，藤田本部长告诉笔者："狮王的产品大多是日化用品，起初还是很担心会串味。公司派了品质保证部门到现场多次进行气味检验，结果证明担心是多余的，品质上完全没有问题。而且根据多次检验的经验，我们总结出了一套跨行业合作时保证产品品质的方法。"

除了现在采用的接力式运输方式，丘比还在考虑今后采用拼车混装运输方式。目前丘比和狮王开展的联合运输业务，虽是共用一台拖挂车，但两家企业的货物并未同时装运，而是在不同的区间使用同一车辆。尽管混装运输必须通过更严格的品质检验，但是根据目前的经验来看，只要将托盘上的货物分别用塑料膜密封好就不会出现品质问题。

其实在电商物流中，食品和日化用品混装配送的情况很常见，混装时也没有分别密封商品，只是将气味较重的商品装进密封性较好的塑料袋里与其他商品分开，但未听说因此发生过问题，并且此次丘比与狮王的联合运输业务中也未检测出品质问题。因此，丘比认为今后可以与其他行业尝试拼车方式的联合运输。

另外，两家企业使用的托盘型号相同，但是材质不同。丘比用的是树脂托盘，而狮王用的是木质托盘。木质托盘会在车厢内残留一些木屑，这些木屑放置久了会生虫。丘比派检验员到现场进行了严格的检查和分析，发现只要每次将车厢里的木屑清理干净，就不会出现影响品质的问题。

此次合作对于丘比来说，除了解决回程空车率的问题，还有另一层意义。

该公司一直在考虑转换五霞工厂（位于关东地区茨城县）与鸟栖仓库（位于
九州地区佐贺县）之间的运输方式。为了保证该区间能够稳定地长距离运输，
丘比一直在探讨用铁路运输替代公路运输。但是铁路运输的震动容易造成货物
损伤，因此，选择合适的运输工具曾是该公司面临的一大物流难题。

此次多家跨行业企业联手开展的联合运输项目将关东与九州之间的公路运
输转换成了海运，由狮王多年的物流合作伙伴关光汽船负责承运，保证了稳定
的运输，交货周期也不会受到影响，转换运输方式的难题在此次合作中迎刃
而解。

2.3　基本货源的联合运输

狮王的问题与丘比有所不同。之前，狮王在北海道和九州等地区内的配送
由行星物流负责，模式是与多家同行制造企业进行联合配送。该公司这些地区
的客户比较分散，货物配送量不多，为了提高卡车装载率、降低运输成本，采
用与其他同行企业联合配送的方式是非常合理的选择。但是在货物配送量大、
客户数量较多、配送地点聚集的市区，同行企业间很难达成通过联合配送来提
高运输效率的共识。为了提高运输业务的整体效率，狮王需要寻找更多的合作
伙伴开展多样化的共同物流，而跨行业的企业间合作便是选择之一。

之前，狮王的坂出工厂（位于四国岛）与埼玉物流中心（位于关东地区）
之间的干线运输完全依靠公路运输。该公司一直想把卡车换成更大型的车辆来
提高运输效率，所以在与丘比和JPR讨论开展联合运输时，顺理成章地决定
将这区间的运输工具从卡车换成了大型拖挂车和滚装船。

狮王和丘比的此次合作与以往不同，不是针对货量少客户分散的路线和地
区，而是把双方的一部分基本货源纳入联合运输的业务流程中，在设计联合运
输的模式时，充分考虑了如何提高共享车辆的整体运输效率。这些举措效果显
著，联合运输路线全程的非空车率达到了99%。

狮王的平冈本部长认为："联合运输的关键在于围绕基本货源展开，在货
物配送量少的区间合作，经济效果非常有限。这次与丘比和JPR的合作中，
我们十分重视改善劳动生产率的问题。劳动生产率低的物流体系不会长久。想

要建立可持续发展的物流体系，就必须全面提高物流的劳动生产率。"

2.4 实事求是地调整服务标准,追求可持续物流

多家企业参与的共同物流项目中，制定和调整具体业务内容不是件容易的事。丘比、狮王、JPR 和关光汽船四家企业经过多番商讨，最终制定了此次联合运输项目的实施方针和目标。

丘比的藤田本部长吸取过去失败的教训，深知制定共同目标的重要性。因此在开展此次联合运输业务时，丘比、狮王以及 JPR 三家企业统一了方针，共同制定了一份文件交给总承运商关光汽船。

每家企业都有各自的经营理念和方针。比如，丘比的经营理念是"重道义"和"努力创新"。基于公司的经营理念，该公司的物流部门制定了三项要求：①是否有利于丘比集团的发展；②是否有益于提高员工的幸福度；③是否对社会有贡献。公司的物流业务必须考量能否满足这三项要求。

2018 年 8 月的业务繁忙期，丘比竟然将东京都市圈内的配送时间由以往的次日送达改成第三天送货。此举在物流行业引起了不小的反响。此次改革有利于提高车辆的使用率和作业效率，但突然改变持续了 30 多年的配送服务标准，并不是个容易的决定。

对此，丘比的藤田本部长解释道："我们深知，这次物流服务标准的更改给客户和公司内外有关各方带来了诸多不便。但是现在不作必要的调整，等到车辆周转不开或成本过高而无法为大家提供正常的服务时就措手不及了。为了避免给大家造成更大的麻烦，此次改革是必要的。"

丘比利用多种会议和行业协作平台积极倡导可持续物流。比如，在大型食品企业参加的"食品物流未来推进会议"，JILS 主导的"关于加工食品行业可持续发展物流研讨会"上，丘比与味之素等食品企业一道呼吁大胆改革现有的物流习惯，以应对人手严重不足的物流危机，共同建立一个可持续发展的物流基础。

丘比、狮王和 JPR 的联合运输项目也是在同样的理念和危机意识下出台的。大胆地打破以往的常规做法，不断拓展共同物流的新模式已逐渐成为包括

食品、日化用品等行业在内的许多日本企业物流改革的新方向。

丘比的官方网站：https：//www. kewpie. com/

狮王的官方网站：https：//www. lion. co. jp/

日本托盘租赁（JPR）的官方网站：https：//www. jpr. co. jp/

【思考题】

1. 根据本案例以及其他相关资料，分析联合运输与转换运输方式之间的相互关系。你认为联合运输的发展可以强有力推动运输方式的转换吗？说说你的理由。

2. 本案例中，狮王的执行董事兼 SCM 本部长平冈真一郎说解散行星物流是为了改善该公司死板的管理方式。你认为他所说的死板的管理方式指的是什么？

3. 食品一般不与其他商品拼车混装，避免出现质量问题，这是日本食品行业多年来的习惯做法。你认为这一习惯做法是否仍然合理？为什么丘比和狮王的合作打破了这个行业常规而并没有发现任何质量隐患？再进一步讨论其他类商品，如药品是否能与其他产品拼车混装运输？说说你的理由。

4. 结合本案例以及其他相关案例，讨论并总结不同行业不同产品类别之间开展共同物流的条件和利弊。

5. 谈谈你所理解的本案例中提到的可持续物流这一概念的具体含义。分析为什么丘比等公司在积极倡导和追求可持续物流。

3 AQUA 与久保田的 CRU 模式

乌羽俊一/谢蕊

【摘 要】AQUA 和久保田通过集装箱循环利用（Container Round Use，CRU）模式不仅提高了效率、缩减了成本，同时在解决车辆不足、减少二氧化碳排放等社会问题上也作出了积极的贡献。他们追求的是货主企业与物流企业互利互惠的模式，希望突破业界壁垒构建大规模的物流平台。

3.1 阪神港六成集装箱

2015 年 4 月，大型白色家电企业 AQUA（原海尔亚洲）和大型农业机械和工程机械制造企业久保田合作，在关西地区开启 CRU 模式。AQUA 从海外生产基地进口产品的集装箱卸货后，用于装载久保田的出口产品。这一合作项目非常成功。

AQUA 从 2014 年开始探索物流革新，提出了以 3C（Central Management，Collaboration，Change）为核心概念的物流战略。其中协作（Collaboration）就包含探索与其他公司开展联合物流模式。恰好此时已在关东地区实施 CRU 模式的久保田正在关西地区寻求合作企业，两家公司一拍即合。

两个属于不同产业的企业采用 CRU 模式合作进展顺利。久保田在大阪府的枚方市设有工厂，生产用于出口的产品，而 AQUA 在此地也设有仓库，相近的地理位置关系显然有利于两家的物流合作。起初，他们采用的是集卡拖车去程运载进口集装箱，返程运载出口集装箱的方式，在两家公司内部称为"底盘车作业"（On-Chassis）方式。京都府伏见区的无水集装箱码头（In-land Container Terminal，ICT）于 2015 年 10 月投入使用后，两家公司的合作又增加了 ICT 方式，即把 ICT 的集装箱堆场作为两家使用集装箱的衔接点。到了 2016 年 8 月，AQUA 从阪神港（大阪港与神户港的合称）进口的集装箱中，约六成顺利地衔接转为久保田的出口用集装箱。

两家公司要求的集装箱在尺寸和规格上匹配度也很高。AQUA 提供给消费者的进口家电需要保证包装箱完好整洁，因此对集装箱品质的要求很高。这一点对久保田产品提高出口品质十分有利。久保田从阪神港出口到欧洲市场的主要是一种称为"迷你型挖掘机"的工程机械。使用 AQUA 的 40 英尺进口集装箱最多可装久保田的 8 吨重机械，满载率较为理想。

CRU 模式在实际操作中也存在一些风险，比如运输过程中如果发生事故导致集装箱受损，如何明确责任范围就很棘手。对此，AQUA 战略总部供应链战略小组的白滨领一告诉笔者："久保田是非常值得信赖的合作伙伴。他们在与我们公司合作之前，已在关东地区成功运作 CRU 模式多年，在预防和应对突发事件方面积累了丰富的经验，每个流程都会对集装箱的状态进行检查。久保田将检查项目表与我们共享，对我们规避风险、明确责任所在帮助很大。"

虽然来自硬件方面的障碍较少，但合作的卡车运输企业对 CRU 项目都很抵触，因为它们担心实施 CRU 后，会导致运输业务量下降。一台卡车往返运送进口和出口的集装箱，一天内运送的次数必然会减少。此外，AQUA 和久保田都有各自长期合作的运输公司，这些运输公司自然都会担忧 CRU 的实施是否会导致其业务关系的终止。

久保田物流企划团队的土本哲也回顾了当时是如何说服卡车运输企业的。"东京港周围的道路拥堵，卡车司机严重不足，再加上二氧化碳排放等问题都说明了 CRU 模式具有重大社会意义。我们从这些角度晓以大义的同时，还向卡车货运企业保证：运送 AQUA 退还的空集装箱的卡车，一定会用于运输久保田的出口集装箱。这样不仅缩短了返箱距离，也确保了回程不会空车。通过耐心说服工作，我们得到了卡车运输企业的理解和配合，并且主动提供空车信息。现在他们提供的空车信息占所需运力的三成以上。"

CRU 模式成功与否的关键在于如何保持和提高卡车运行周转率。因此，集装箱和卡车之间的高度匹配是十分必要的。与卡车运输公司协调的工作由久保田旗下的物流子公司 KBS 久保田负责。该公司海外业务组组长武山义知认为："如果进口商和出口商都坚持自己选择卡车运输公司的话，CRU 就无法成立。我们的做法并不是把运输业务集中到一家或两家，而是在更大范围内发出托运订单。我们强调的是：CRU 不仅使货主企业能确保卡车运力、降低运输成本，同时对于卡车运输企业来说也能缩短返箱距离并确保回程有货，使所有参与 CRU 模式的企业都能受益。"

通过在关东、关西两地实施 CRU 模式，久保田 2015 年的二氧化碳排放量比上年度减少了四成。东京港 1 年出口大约 100 万个 20 英尺集装箱，其中就有 15000 个 40 英尺集装箱是久保田的 CRU 匹配的。CRU 模式作为削减成本、提高运营效率、减轻环境负担的一种有效手段，在久保田的活动中得到了证明。

3.2 发展 CRU 符合日本的整体利益

由于担忧开展联合物流会导致本公司的信息外流，许多企业在与其他企业的物流协作上总是举步不前。这样的情况在日本的很多行业普遍存在。接受笔者采访的白滨、土本、武山三位都认为，重要的信息是否会外泄，信息共享会对公司产生什么不良影响，什么样的信息可以共享，什么样的信息不可以共享，这些问题有太多的不确定性，企业物流业务相关人员难以准确判断。这些因素导致了许多人对联合物流和企业间物流协作十分犹豫，甚至害怕。CRU 模式是否也存在信息外泄的风险呢？白滨认为对信息的取舍和确定优先顺序十分重要，"比如，因日程调整可能使集装箱延期到达，这种情况一般不至于造成所有业务因此而停滞。至于信息外泄，很多时候只要做好有关新产品等核心部分的保密工作即可，应该从如何实现 CRU 模式的角度来考虑问题"。武山更是觉得走联合物流之路对许多日本企业来说势在必行，"路上跑的卡车半数都是空车，这事谁都觉得很糟糕，运输资源严重浪费。司机人手不足必将导致今后确保卡车运力越来越困难。如何才能解决这些问题无疑是思考构建新模式时必须立足的出发点"。AQUA 和久保田推进 CRU 模式合作的时间安排如图 3-6 所示。

关于 CRU 今后的发展方向，土本告诉笔者："目前枚方工厂的集装箱匹配率在三成到四成，远远满足不了需求，必须增加新的合作企业。另外，民间企

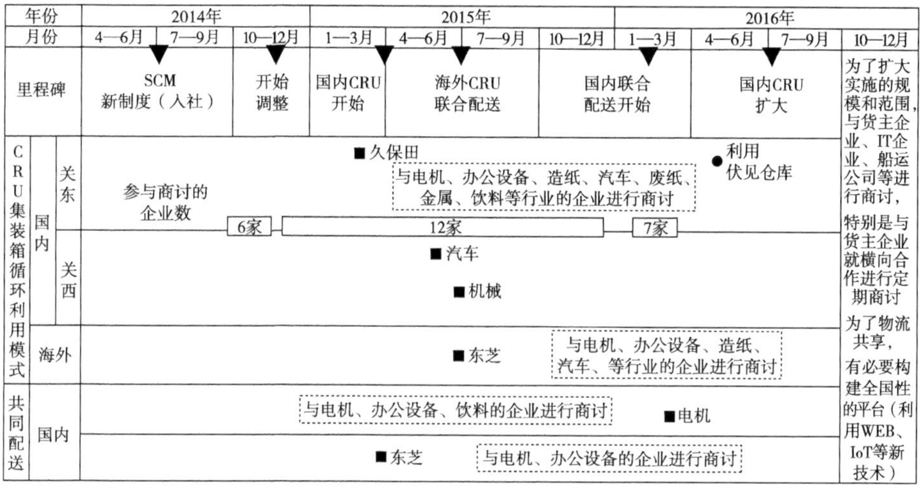

年份	2014年			2015年				2016年			
月份	4—6月	7—9月	10—12月	1—3月	4—6月	7—9月	10—12月	1—3月	4—6月	7—9月	10—12月
里程碑	SCM 新制度（入社）		开始调整	国内CRU开始	海外CRU联合配送		国内联合配送开始		国内CRU扩大		为了扩大实施的规模和范围，与货主企业、IT企业、船运公司等进行商讨，特别是与货主企业就横向合作进行定期商讨
CRU集装箱循环利用模式　国内　关东	参与商讨的企业数　6家			■久保田　与电机、办公设备、造纸、汽车、废纸、金属、饮料等行业的企业进行商讨　12家				7家	●利用伏见仓库		
关西				■汽车　■机械							
海外					■东芝　与电机、办公设备、造纸、汽车、等行业的企业进行商讨						为了物流共享，有必要构建全国性的平台（利用WEB、IoT等新技术）
共同配送　国内		与电机、办公设备、饮料的企业进行商讨					■电机				
		■东芝　与电机、办公设备的企业进行商讨									

图 3-6　AQUA 和久保田推进 CRU 模式合作的时间安排

资料来源：AQUA 提供的资料。

业之间的协作努力所能做到的毕竟有限。CRU 模式的开展要考虑到各地区各行业的不同条件，所以不能照搬同样的模式。另外，实现港口和内陆无水港等基础设施联动的制度设计也是必不可少的，因此各级政府的参与和支持是进一步扩展 CRU 的必要条件。"

作为今后的战略方向，久保田和 AQUA 的构想是：通过 CRU 模式将货主企业、物流企业、船运企业、港口企业等相关的企业紧密地联系起来，充分利用互联网和物联网（IoT）等先进的信息技术，构建大规模的联合物流平台。为此，两家公司正积极地与业界相关企业交换意见并展开讨论，与其他货主企业定期举行研讨会，探讨发展横向合作的机会。

白滨认为："利用 IT 建构起信息共享系统，信息泄露等的风险反而会大大降低。通过开放式平台，各企业各行业间将实现信息互联互通，进而促进整个日本物流的效率改善和物流创新。建立这样一个平台的条件已经逐渐成熟。"

久保田的官方网站：https：//www.kubota.co.jp/

AQUA 的官方网站：https：//aqua－has.com/？spm＝net.32176_pc.hg2020_st_banner_20200911.0

【思考题】

1. 集装箱的回收和循环使用一直被认为是船公司的责任范围。结合本案例讨论货主企业主导建立 CRU 模式与船公司主导的模式有什么不同，有哪些优势和劣势以及成功的条件。

2. 包括 CRU 模式在内的联合物流要求一定程度的信息共享公开。讨论如何既能规避信息共享带来的风险，又能最大限度地实现联合物流的效率目标。

3. 本案例的当事人认为，CRU 模式的进一步扩展需要政府的参与。你认为政府的参与是否有必要？如果是，政府应该在哪些方面发挥作用？

4　大塚仓库实施的共同物流战略

内田三知代/江微言

【摘　要】大塚仓库很早就作为独立公司全面承接大塚集团内的物流业务，构建了医药和饮料两大产品的物流网络。依托这两个网络，大塚仓库战略性地开拓了集团外的物流业务，并使其与集团内原有业务之间产生了极强的协同效应。大塚仓库还对客户企业开放大型物流基地以及订单处理中心，承接包括 BCP 在内的一揽子业务委托。

4.1　构建了覆盖日本的物流网络

大塚仓库是日本大型医药及功能性饮料企业大塚集团旗下的物流子公司，是 1961 年从大塚制药的运输仓储部门分离出来后成立的。

大塚集团发祥于德岛县鸣门市，集团的核心企业之一大塚制药生产和销售的输液剂（点滴注射药品）是该集团最初的主力产品。

从 1961 年开始，集团内各事业部和事业公司就形成了一个共识：将物流相关的责权基本上都委托给大塚仓库，自己则把经营资源集中到核心事业上。因此集团内的各公司新建工厂时，大塚仓库都会投资在工厂内建仓库。事实上，大塚仓库一直以来承担了集团内各公司的物流管理部门的职能，包括物流设施布局、库存管理以及仓储和运输配送管理的系统设计与运行。

大塚集团在日本输液市场占据绝对优势地位，市场占有率超过五成，另外在功能性饮料食品的市场也占有较大份额，其生产的甲硝胺 C 和宝矿力水特等产品畅销不衰，集团一年的出货量超过 7000 万箱。

大塚仓库在医药和功能性饮料的两个领域构建起了覆盖全日本的物流网

络，将集团的产品运输到全国各地的客户那里。

除了在德岛的主力工厂，大塚集团在北海道和富山县也设有药品生产工厂，每个工厂都附设一个由大塚仓库投资建设和管理的仓库。此外，大塚仓库还在札幌、仙台、东京、大阪、德岛、佐贺设置了药品专用基地，由三个工厂向这些基地补货。各地批发商的订单一般次日即可送达。大塚仓库自己不保有运输车辆，而是在各地使用外协货运公司完成运输和配送。

过去大多数的药品批发商在每个分公司和营业网点都保有一定量的库存，所以大塚仓库须向近千个交货点配送货物。进入 21 世纪，医药批发商之间不断地兼并重组，再加上许多物流基地撤并，配送点也变成以大型物流中心为主，以前近千处网点减少了近一半。因此，像输液剂这样货量多的药品可以用大型卡车满载配送。

从德岛工厂直接发往批发商物流基地的订单也越来越多。可满足翌日送达的工厂直接配送区域不断扩大，后来，大阪地区的库存也集中到了德岛的仓库。而大阪的物流基地仅有北海道等工厂的产品。

对于出货量更大的饮料，大塚仓库则构建了更密集的物流网络，在每个县都设有一个库存点（Stock Point，SP）。大塚集团在 20 世纪 60 年代末进入功能性饮料市场，随着 20 世纪 80 年代宝矿力水特等畅销产品的成功推出，出货批量剧增，大塚仓库也在同一时期开始积极建设饮料食品的物流网络。与输液剂一样，饮料类产品也设定了翌日送达的物流服务标准，为此大塚仓库利用各地区的外协运输公司的设施作为 SP，建立了覆盖全国市场的配送网络。

之后随着产品品类的增加，大塚仓库重新评估了库存配置。目前，SP 只配置宝矿力水特等主力产品的库存，而那些出货频率较低、出货量较小的产品，则在各个大区域的大库（在大塚仓库内部，这些大库称为"母店"）集中储存。收到这类产品的订单后，大塚仓库先从大库将订单上的商品发到各县的 SP，然后连同从 SP 库存出货的主力产品于翌日一起配送给客户。

大塚仓库与外协企业合作建立运输配送网络，起初只是为了满足大塚集团内部饮料产品的物流需求。但在 2000 年之后，大塚仓库开始利用这个网络开拓集团外的货主企业。

在此之前，大塚仓库就通过参与集团的采购物流的方式，承接了一些原材料供应商的运输业务，特别是利用到各地区送货的回程车，装运供应商发往大塚集团各工厂的原材料和包装资材，实现循环运输，提高运输效率。

2000 年之后，大塚仓库开始将这种循环运输方式推广到没有供应商的地区，开辟了一些用回程车运输其他行业制造企业产品的路线。此外，它还利用各地的配送中心开展共同仓储和配送业务，与一些饮料企业、清酒企业以及年糕企业一起实现了多项物流合作。

4.2　饮料和方便面的共同配送

大塚仓库拥有集团内所有运输业务的酌定权，这使它在促进开拓集团外业务方面具有优势。大塚仓库负责集团内各工厂的物资采购，以及集团各公司的配送中心和 SP 补货，并拥有决定这些业务的时间和批量的权限。

以饮料和食品为例，母公司的供应链部门只负责设定工厂仓库和配送中心的库存率。大塚仓库在保证这个库存率的情况下，灵活地运用供应链部门制订的计划。

只要库存率在规定范围内，就可以在优先考虑车辆装载效率的前提下安排补货。原则上，大塚仓库可以独自决定运输时间、数量和地点，也可以安排与其他货物合并储运的联合计划。

大塚仓库社长滨永一彦说："如果没有母公司的这种授权，很难推动物流服务外销。"他强调，"大塚集团有一个既定的传统，就是'物流的事情都交给大塚仓库来决定'，在集团内，我们一直以来都有能积极发展外销的环境"。

进入 21 世纪后，公司对外销售额稳步增长。不过以前公司的基本方针是只要能够利用现有网络资源，任何产品的业务都愿意承接，这使公司在利润率上不尽如人意。随着客户数量的增加，物流中心管理的 SKU 数也随之增加，运营的复杂化推高了管理成本。

因此，公司决定摒弃传统的方式重新思考，以"选择和集中"为原则，推行更具战略性的对外销售模式。滨永社长说："公司明确了自己的方针，不随意向外扩张，而是专注于能与集团产品产生最大协同效应的产品，争取利用自身优势在全国范围内开展业务外包。"

大塚仓库的对策之一是缩小目标范围。这不是以哪个行业为目标的问题，而是评估哪家公司的产品与大塚集团的货物开展共同配送，可以最大限度地发挥协同效应。例如甲硝胺 C 和宝矿力水特在旺季和淡季的货量差有 4 倍之多。由于饮料是重货，运输的卡车只能装车厢容积的 50%。因此，将饮料与冬天进入旺季的产品或轻泡货拼车混装，可以获得极大的协同效应。

产生协同效应的条件是：①与大塚集团的产品配送目的地重合率高；②业务繁忙期不在夏季，不与饮料的旺季重合；③属于比重轻的轻泡货，与比重大的饮料正好相反。大塚仓库针对符合上述标准的产品，加强了营销活动。

大塚仓库对营销制度进行了重新审视，将原来由各分公司负责的对集团外客户的营销活动集中到总公司。滨永社长解释道："之所以这样做，是因为分公司只考虑提高自己营业范围内的网络效率。想要开拓集团外的业务，需要采取与传统方法完全不同的方式。"

大塚仓库把目光投向了方便面，认为方便面是符合上述三个条件的产品，并且货运目的地与大塚集团的产品高度重合。通过将方便面与饮料共同配送，大塚仓库希望在平抑货量波动和提高运输效率方面取得好的效果。

大塚仓库向大型方便面制造商阐述了平抑货量波动的好处后，倡议在四国地区建立饮料和方便面的共同配送体系。2012 年 7 月，从大塚制药德岛工厂向关西地区物流基地送完饮料的车辆，前往奈良县的方便面制造商取货后返回德岛，在大塚仓库的物流中心将饮料和方便面按配送路线分拣，然后共同配送到四国一带的顾客手中。

过去，方便面制造商通过零担专线向四国地区发货，要在第三天才能送达四国地区的客户手中。利用大塚仓库的物流网络后，他们在收到订单的当天便可完成从工厂发货并运至德岛的配送中心分拣，第二天就可以送到客户手中，交货周期缩短了一天。

4.3 医药物流网络也开始对集团外企业开放

同时，大塚仓库也在加强开拓医药流通领域的集团外业务。

2012 年开始，医药行业中的制造商的物流业务外包化趋势日益明显。一些制造商在集中经营资源进行新药研发的同时，纷纷放弃自有物流资源，将物流业务外包，解散物流子公司。

拥有输液剂这类大批量货物的大塚仓库每年经手的药品数量在医药行业中算是较多的。大塚仓库在医药物流方面积累了丰富的专业知识，对于医药品有严格物流管理标准，但是很长时间内都没有对外积极开放以输液剂为基础货源构建起来的医药品物流网络。2012年，大塚仓库朝着向集团外医药品制造商提供外包服务的方向迈出了关键一步。

2012年11月，大塚仓库在北关东和关西地区设立了大型物流中心。这是根据应对灾害和突发事故时提供稳定医药品供应的BCP（事业延续计划）实施的项目。

2011年，经历了东日本大地震后，大塚集团将以往集中在德岛的库存分散化，以防不测。大塚集团在新建的东西两个大型物流中心内储存了集团所有品种的医药品，并从这两处大型设施向六个配送基地连续补货，以满足客户的配送需求。

为应对大塚仓库对集团外业务拓展的扩大，两大物流中心也进行了相应的改造，向需要BCP措施的医药品制造商提出在两个新物流中心分散库存的管理方案。除此之外，原有的六个配送基地也根据客户的需求提供相应服务。滨永社长自信地说："我们的物流网络覆盖全日本，可以灵活应对客户企业在物流设施上的不同策略和需求。"

订单处理业务的基础设施也开始对集团外客户企业开放。在20世纪90年代，大塚集团的订单处理业务是由集团各公司的分公司负责。20世纪90年代后半期，集团开始考虑整合订单处理业务，以此提高效率。此时，大塚仓库提出了接单系统的构建和业务委托的方案，首先，和大塚制药合作构建了系统，在东京晴海地区开设订单处理中心作为整合各分公司订单的处理窗口，一揽子承接大塚制药的订单处理业务。

在此之后，大塚仓库在集团内其他公司的要求下改良了系统，于2002年8月构建了综合订单处理系统，将少数公司以外的订单处理业务大部分都整合到订单处理中心。由此，大塚仓库负责全集团的订单处理业务，包括出货商品的安排、发货指示、交货等，并将实际信息实时反馈给集团各公司。

2005 年 9 月，大塚仓库在德岛也开设了一个订单处理中心，并设置了备份服务器，利用 NTT 通信的 Navi-dial（电话服务）功能，根据发信源自动分配订单处理窗口。当其中一台服务器受到攻击时，另外一台服务器可迅速接替处理。东日本大地震发生的时候，虽然东京（物流）中心的员工无法前往公司，业务处于停顿状态，但是在备份机制下，系统将东日本地区的接单业务移交至德岛的订单处理中心。虽然有些地区多少受到一些影响，但没有造成大的混乱。

考虑到对集团外的客户提供服务，大塚仓库在功能设计时在服务器内预留了容量。之后为了充分利用东西部订单处理中心的能力，大塚仓库积极推动向集团外客户提供这一服务，用来提高业务效率以及应急管理能力。

大塚仓库还将触角伸向国际物流领域。大塚集团在 20 世纪 70 年代就开始向海外拓展，但是大塚仓库在此之前并没有参与国际物流，这也制约了向集团外拓展的范围。

4.4　实现了公司的战略转变

大塚仓库在 2013 年 4 月至 2014 年 3 月达成对外销售比例 50% 的目标，带来这一契机的是 2011 年大塚集团创业家族成员大塚太郎担任大塚仓库的会长（董事长）并主导改革。据滨永社长介绍："通过三年的改革，对外销售比例上涨至 55%，营业收益率也超过了 6%。"改革的重点在于改变了对外销售的模式，找到能获得协同效果的合作伙伴，提出深层次的方案。其结果是与集团外制造商签订了全面的委托合同，合同的平均金额也增长了一位数。大塚仓库的集团外销售比例呈跳跃式增长，截至 2012 年已经上升到 48%，2014 年达到了 50% 的目标。滨永社长说："通过一系列的营销和运营改革，我们了解到营销就是要作出选择，知道了'选择和集中'的含义。"

4.5　通过 ID 仓库和 ID 运输达成现场改革

大塚仓库认为销售额突破一千亿日元时，公司的货运量会是 2015 年的 4~5 倍，SKU 数也会增长 10 倍以上。依靠直觉和经验的运营是无法达成这个目标的。因此，以 ID 仓库为核心，新的现场运营系统的建设正在积极地展开。公司给所有员工分配了 iPad mini 实施无纸化作业，开发了依据准确的业绩数据分析导出最优运营方法的系统。系统从 2012 年开始试运行，在不断试错中积累经验，2015 年在各大主要基地正式投入使用。

与此同时，以 ID 运输为核心的改革也在积极开展。运用智能手机这一终端设备，外协运输企业的车辆运行效率得到了提高。在智能手机上显示最优路线以及各个交货地点的具体信息，缺乏经验的司机也能根据指示完成工作。

滨永社长说："改革的第一阶段我们以 ID 仓储和 ID 运输为核心，利用信息技术对仓储和配送业务进行改革。接着进入了第二阶段，我们希望通过将最新的信息技术应用于物流，为物流带来创新。劳动密集型行业的未来发展在很大程度上取决于企业如何利用信息技术。如果我们不率先在物流行业应用信息技术，就会失去对行业的主动权。"

大塚仓库公司的官方网站：https：//www.otsukawh.co.jp/

【思考题】

1. 你是否认为大塚集团在很早剥离物流部门，成立物流子公司对于之后的共同物流的开展起到了关键性的影响？结合本案例以及其他类似案例，讨论集团内物流业务的整合与开展共同配送的关系。

2. 大塚仓库的共同配送表现为业务上的集团外扩展。其在扩展过程中采取了先跨行业开展物流协作，然后在同行企业间开展共同物流的顺序。讨论这么做的合理性。

3. 简要概述大塚仓库在集团外业务拓展战略的转变，分析为什么战略转变对外销比例的提升和利润率改善起到了决定性的作用。进一步分析为什么大塚仓库迟迟没有介入集团企业的国际物流业务和海外物流业务。

4. 根据本案例的相关内容并结合其他类似案例，从物流设施网络和信息技术等角度讨论开展共同配送时应具备的硬性条件。对比企业间以及当事人之间的"信赖关系"等软性条件，深入讨论其必要性和特征。

5   百利达推动跨企业多路径的 CRU

内田三知代/姚佳顺

【摘　要】百利达从 20 年前开始就与船运公司合作实施集装箱的循环利用方案。进口集装箱通过铁路或集卡运往日本国内的物流基地后，于内陆站场和出口企业的货物进行匹配，实现往返实箱运输。2016 年 4 月，百利达还开发了利用铁路运输返程集装箱装载日本国内货物的新模式。

5.1   开拓集装箱循环利用路线

保健器械产品的制造商百利达在日本的秋田工厂和中国的东莞工厂生产酒精检测器、体重计等产品。自 1990 年开设东莞工厂以来，在日本国外制造的产品比率不断升高，2017 年，日本市场上销售的百利达产品有七成到八成是由中国制造的。

东莞工厂生产的产品会装进 20 英尺或 40 英尺的集装箱从深圳港运输至东京港，再通过公路或铁路运输至新潟东港的新潟运输公司的仓库内。百利达销售的 80% 的产品都是通过新潟运输公司的物流网络运往日本全国各地，而非家庭类产品则是由秋田工厂直接发送给顾客。

除了成品，秋田工厂生产所需的很多零部件和设备都是从东莞工厂发出，或从东莞当地的其他供应商处采购，并集中运输到香港的物流基地内，然后同样通过 20 英尺或 40 英尺的集装箱运输至东京港。

从东京港到秋田工厂的常用零部件运输路线有两条：一条是从日本货物铁道株式会社（JR 货物）的东京铁路货运枢纽出发，通过铁路运输运送到岩手县的盛冈铁路货运枢纽，再用集卡把集装箱送到秋田工厂；另一条是直接用货运列车将集装箱运送至秋田铁路货运枢纽，再用集卡运送到工厂。

其实还有第三条路线：不经过香港港，而是在深圳港装船，经由釜山港运输至秋田港。该港的秋田国际集装箱枢纽基地于 2012 年建成后，秋田县政府出台了补贴制度。百利达的第三条路线也能享受这个补贴。但秋田港比东京港的集装箱班轮船次少，而且经由釜山港前往秋田港的路线所需的运输时间为从东京港出发的路线的两倍，因此第三条路线只在运输交货周期较为宽裕的零部件时才会使用。

由于工厂和物流基地位于远离主要港口的新潟县和秋田县，为了克服地理上的不利因素，百利达一直在寻找和尝试有效的运输方式，并在设计运输路线时着眼于集装箱的循环利用（CRU）。百利达将集装箱运送到秋田县或新潟县的工厂或物流中心进行掏箱后，会将集装箱返还给附近的内陆站场，然后由其他出口产品的制造商使用这些集装箱将自己的货物运往东京港。

5.2 通过不断试错摸索出可行的方案

百利达的集装箱循环利用在 20 世纪 90 年代后半段已经开始。当时由于日元上涨，东莞工厂的生产规模扩大，构建面向包括日本的全球市场的产品运输网络已成为当务之急。在一系列的调研中，百利达考察了东莞工厂附近的内陆站场。这次考察成了之后集装箱循环利用活动的重要契机和起点。

当初东莞工厂生产的产品是在香港港装船，工厂需要花费半天时间将集装箱运送到香港港的集装箱码头，在工厂装箱用的空箱也需要从香港港提取。这些集装箱往返运送的成本都需百利达承担，而且只有香港和内地双车牌号特许的车辆才能来往两地，给运输带来了诸多不便。在探讨更低成本的运输方法的过程中，正在建设盐田和蛇口枢纽基地的深圳港进入了视线。在东方海外有限公司（OOCL）的邀请和安排下，百利达派人访问了位于东莞工厂附近的内陆站场。参加了这次调研的百利达销售战略总部国际物流管理部贸易物流主管横山九一告诉笔者："在内陆站场，我们看到了堆积如山的空集装箱，这让我们意识到不需要去香港，在深圳也可以获得足够的箱源。"之后百利达将装货港换成了深圳港，利用内陆站场的集装箱向日本出口产品。

这些集装箱在被运输到新潟运输公司的东港仓库掏箱完毕后，并非还到东京港，而是返还到由 OOCL 设在新潟县境内的内陆站场。在这里，空箱将用于县内汽车零部件制造商的产品出口。

百利达的集装箱循环利用的合作伙伴是通过 1997 年成立的 NPO 法人 ESCOT 找到的。ESCOT 以环保物流为事业核心，从各种角度切入实现运输车辆的碳减排，其会员以物流企业为主。

百利达起初开始集装箱循环利用项目时，把集装箱接驳运输业务都委托给 ESCOT 的会员企业。但是随着事业环境的变化，曾经的委托对象纷纷从业界撤退，百利达需要重新寻找合作伙伴，重新规划运输模式。当初百利达选择了距离新潟的东港仓库比较近的太田国际货物枢纽基地（OICT）作为内陆站场。

进出 OICT 的集装箱主要用于运输汽车零部件，2014 年时出口 20440 个 20 英尺集装箱，进口 7711 个 20 英尺集装箱，出口的比重较大，因大幅出超导致的集装箱不足则是通过从东京港运送来补充。而百利达恰好正在寻找能够接手进口货物掏箱后的空箱，双方自然是理想的合作对象。

虽然 2007 年时百利达通过 OICT 开始了循环利用集装箱，但是 OICT 的开放时间管理严格，集卡错过开放时间无法进场的情况时有发生。为了提高灵活性，百利达选择把循环利用交给在山形县内拥有内陆站场并与 OOCL 有合作的 Yamaraku 运输公司，将该公司的山形县内陆站场作为集装箱循环利用基地。

5.3 利用铁路货运站的内陆站场

集卡的长距离运输的成本和环境污染问题仍然存在。2010 年 3 月，日本国土交通省启动了旨在提高海运集装箱运输效率，促进运输模式转换的示范性事业。JR 货物的盛冈铁路货运枢纽内设置了有保税区和通关功能的无水港。从紧邻东京港大井集装箱码头的东京铁路货运枢纽发出的集装箱直接运到盛冈，在这里的无水港进行进出口货物的装卸，从而顺利实现集装箱的往返实箱运输。

百利达在 2010 年时也开始了香港至秋田的零部件集装箱运输的循环利用。

百利达将通关后的铁路运输、从铁路站到秋田工厂的集卡运输、空集装箱回送至盛冈铁路货运枢纽等业务全部委托给了管理盛冈无水港的日本 Freight Liner 公司。2013 年，百利达的产成品也使用铁路运输开展集装箱循环利用。装有产成品的集装箱从东京铁路货运枢纽运至新潟铁路货运枢纽，再用集卡运输进新潟东港仓库进行掏箱后，空集装箱将回送给附近的 KLJ 公司①的集装箱堆场。这些集装箱会被用于 K-LINE 公司的货物出口。

同样在 2013 年，百利达的东京—新潟路线的 20 英尺集装箱货物全部转向铁路运输，只有 40 英尺集装箱还继续使用集卡运输。2016 年 4 月，百利达开始将进口的集装箱用于自己公司的国内货运。装载了零部件的集装箱先通过铁路运送到秋田铁路货运站，在秋田工厂掏箱后，再装上公司的产品从秋田出发至新潟，最后集装箱将抵达新潟东港仓库。这样的循环利用运输有助于减少秋田工厂和东港仓库间的运输成本。不过，这也需要秋田工厂根据进口集装箱的容量调整生产量和生产日程。

不仅是百利达，为了应对港口的交通拥堵以及司机不足的问题，很多企业都在考虑集装箱的循环利用。但是，构筑循环利用体系也不是一蹴而就的。横山强调："（百利达）通过寻找对循环利用持积极态度的合作伙伴以及多次调整的业务流程，不断积聚循环利用体系的相关知识储备才成功构建了有效的循环利用体系。"

5.4　与合作伙伴的协作是成功的关键

海运企业常常对于设立内陆站场持消极态度，因为在内陆站场一般很难及时找到匹配的货物，导致集装箱滞留时间长。与百利达合作的海运公司则是积极地进行销售活动，力求在进出口货量不平衡的环境下也能继续保持集装箱的循环利用。另外，作为货主的百利达也为了适应出口货主的集装箱需求，在下订单时就对集装箱的品质提出要求，并在装箱掏箱过程中对集装箱箱体状况进行了严格的检查。

---

① KLJ 公司是川崎汽船株式会社（K-LINE）的全资子公司。该公司成立于 2002 年 10 月 1 日，承接了川崎汽船的集装箱船相关业务。

集装箱循环利用的运作是在百利达的物流部门、海运公司、内陆站场、集卡运输企业协同合作下进行的。百利达的国际物流管理部负责国内外物流的统筹规划，秋田工厂和驻香港的员工根据生产和库存计划制订出货和运送计划。成品和零部件的进口则是根据新潟工厂的库存状况及秋田工厂的生产计划，并考虑交货周期由双方协调决定最佳运输路径。合作伙伴则根据计划安排百利达货物的运输，同时与使用空箱的出口企业协调货源与箱源的匹配。

日本政府近些年也在积极推动集装箱的循环利用，制定了一些促进政策，对成立相关的联席会等组织也给予许多支持。横山参加了埼玉县政府召集的集装箱循环利用推进会，国土交通省组织的进出口集装箱铁路运输促进调查会等研讨会，在收集信息交换意见的同时，以期从各种角度寻找扩大集装箱循环利用的可能性。不过他对笔者感叹："现在还远远没有到能够大规模展开集装箱循环利用的时候，各种条件还不成熟。"

实际上，除了和百利达合作的 3 家海运公司，大多数海运公司对于集装箱循环利用都持消极态度。许多海运公司认为，使用内陆站场进行的循环利用是在增加他们管理集装箱的成本。对此，横山认为："将空箱运到港口堆场返还是一种明显的浪费，应该由货主主导，要求船运公司在竞标时就承诺循环利用。"

目前内陆的铁路货运站里，只有盛冈枢纽设置了内陆站场。能承担 40 英尺集装箱的运输的铁路货运站屈指可数。横山还表示："如果能增设铁路线路的话，就可以减少集卡的长距离运输。我希望政府能为铁路货运站的集装箱堆放场和装卸设备的设置提供更多的支持。"

横山还提到，为了调动拖车运输公司配合集装箱循环利用的积极性，二氧化碳减排优惠政策很有必要。他考虑向政府提议，企业通过循环利用集装箱而减少的二氧化碳排放量应该获得认证并受到奖励。

百利达公司的官方网站：https：//www. tanita. co. jp/index. html

【思考题】

1. 促进集装箱的循环利用，减少空箱率是国际物流中的重要课题，益处明显，但是在实际操作上又困难重重。结合本案例给予的启示，讨论集装箱循环利用的主要障碍所在，以及克服困难的途径。

2. 货主企业和海运企业在推进集装箱循环利用上有哪些共同立场和不同诉求？进一步分析双方合作的基础和合作成功的条件。

3. 内陆集装箱站场网络的构建和运营以及相关功能的强化，对于扩大集装箱循环利用非常重要。尝试设计一个新的内陆集装箱站场网络模式，并解释你的模式的独特之处及其可行性。

4. 除了货主和海运企业，你认为还有哪些类型的企业或组织能在集装箱循环利用事业中发挥主导作用？说说你的理由。

6　永旺与花王的运输协作

藤原秀行/王诗雨

【摘　要】大型零售企业永旺与大型日化企业花王在远距离干线运输方面
开展了合作，并实现了运输方式的转换。2016年，两家公司又在日本的关东
地区和中部地区的运输线路上开展了甩挂接力运输的联合实施，以此解决司机
人手不足的问题。这项跨行业的运输协作取得了超出预期的效果。

6.1　超过1000公里的往返运输

永旺和花王在过去的几年中一直在推进包括运输方式的转换在内的各项物
流业务的协作。分属零售行业的永旺和日化制造行业的花王之所以会携手合
作，是因为难以确保足够运输车辆这一难题给两家公司带来了相同的危机感。

两家公司合作的第一条路线是从东京到福冈。从2014年9月开始，两家
公司全程共同使用日本货物铁路公司（JR货物）的铁路集装箱运输，从东京
到福冈的运输由花王负责，永旺则负责从福冈到东京的回程运输。

一直致力于促进制造商和运输企业的运输方式转换的研究的永旺早在
2010年就成立了"铁路运输研究小组"。参加了该研究小组的花王也一直探索
扩大利用铁路货运，想法相同的两家企业可以说是一拍即合。

铁路运输的往返路线上，花王的川崎工厂首先将包含洗涤剂在内的一些日
用化工产品运输到东京的铁路货运枢纽，在那里进行装箱后通过铁路运往福
冈。从福冈的铁路货运枢纽运到花王的物流基地掏箱后，由永旺旗下的物流企
业永旺国际SCM把该集团自主品牌"TOPVALU"的饮料制造厂生产的商品装
进同一个集装箱内运回东京（见图3-7）。

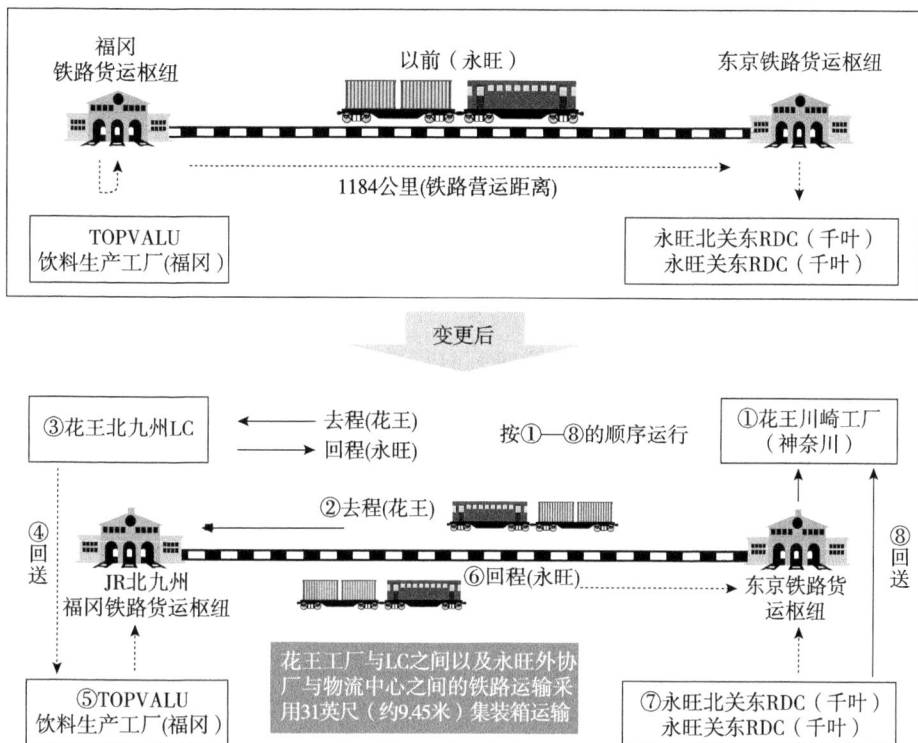

图 3-7 永旺国际 SCM 和花王实施的铁路往返运输示意
资料来源：根据花王和永旺的资料加工制作。

超过 1000 公里的远距离运输以铁路运输的方式相较于卡车运输，不仅可以减少二氧化碳排放而且能提高运营效率。负责共同物流的永旺国际 SCM 业务总部的运营管理部部长坪井安彦说："合作如同烟花般短暂是达不到效果的。为了可以进行长期可持续的合作，我们才选择了往返的预期货运量相当的东京—福冈路线作为合作路线。"

要实现往返联合运输必须克服许多障碍，最大的挑战之一是产品特性的差异。花王 SCM 事业部物流中心负责人山口博人表示："我们的产品存在一定气味。如果在运输过程中永旺的饮料沾染到气味，就不能出售了。为此，我们经过了非常细致的研究和测试。"经过反复而仔细的检测（例如，用气味计测量气味是否残留在集装箱中）确认后，双方最终决定开始合作。

往返联合运输采用的是 31 英尺的集装箱，装载能力几乎与 10 吨卡车相同，其优点是可以和卡车之间顺畅地联结。山口博人说："最初，永旺和我们公司虽然都重视铁路运输，但使用的是 12 英尺铁路集装箱。为了提高效率，我们在实施共同物流时采用了 31 英尺集装箱。"此举不仅缩短了仓库装卸工作所需的时间，也减轻了卡车司机的负担。坪井部长告诉笔者："其实我们之前就一直想使用 31 英尺的集装箱，但因为单程的货运量不够没能实现。"他表示很高兴花王能有相同的需求。

到目前为止，该往返联合运输班列每周运行一次，除了 2015 年时台风导致 JR 东海道线的某些部分关闭 3 周，这种运输协作模式没有发生过重大问题。坪井部长说："往返联合运输模式运行良好已有两年，对两家公司来说都已成为一项日常工作。"

在与花王合作的同时，永旺也在寻求和其他货主企业的合作。2014 年 12 月，雀巢日本、朝日啤酒、江崎格力高也加入了合作，五家公司在东京和大阪之间开行周日货运专列来实现联合运输。这些制造企业使用 26 辆编组（装载 120 个 12 英尺铁路集装箱）的货运列车往返于东京和大阪之间，两端都使用永旺的仓库。这个项目为流通企业与制造企业应对在年末繁忙季节无法获得足够卡车等情况提供了强大助力。

之后，味之素、札幌啤酒和日本宝洁等主要食品和日用品制造商也相继加入了货运专列项目，参与公司的数量现已增加到 10 家。货运专列在繁忙的季节到来之前，每年可以运行 10 次以上。2015 年 12 月，因为在二氧化碳排放控制上的贡献，该货运专列项目在绿色物流伙伴会议上获得了日本经济产业大臣的表彰。

6.2　在采购物流和区域内运输上的协作

铁路集装箱的联合使用取得成功之后，永旺和花王迈出了下一步。2016 年 6 月，两家公司在日本关东与中部地区之间开始了日本国内首个不同行业之间的甩挂接力运输。具体来说，就是以中间点交换货物的方式，代替以前单辆卡车进行远距离运输的方式。这种运输方式使卡车司机可以当日往返，从而减轻了工作负荷。对企业而言，这种方式既缓解了卡车数量不足的难题，也提高了车辆使用效率。

按照以往的方式，负责该路线的司机一次出车往返需2天1夜。引入新方式后，两位司机分别从两家企业的物流基地出发，在静冈县一家外协运输公司的站场进行货物交换。货物交换以后，各组卡车返程，原先运输永旺货物的卡车将把花王的货物运到川越LC，而原先运送花王货物的卡车将把永旺的货物运到千叶RDC（见图3-8）。这种新方式每周运行5天，不仅保证了返程货量，而且减少了运输次数，运输效率也得到了相当大的提高。

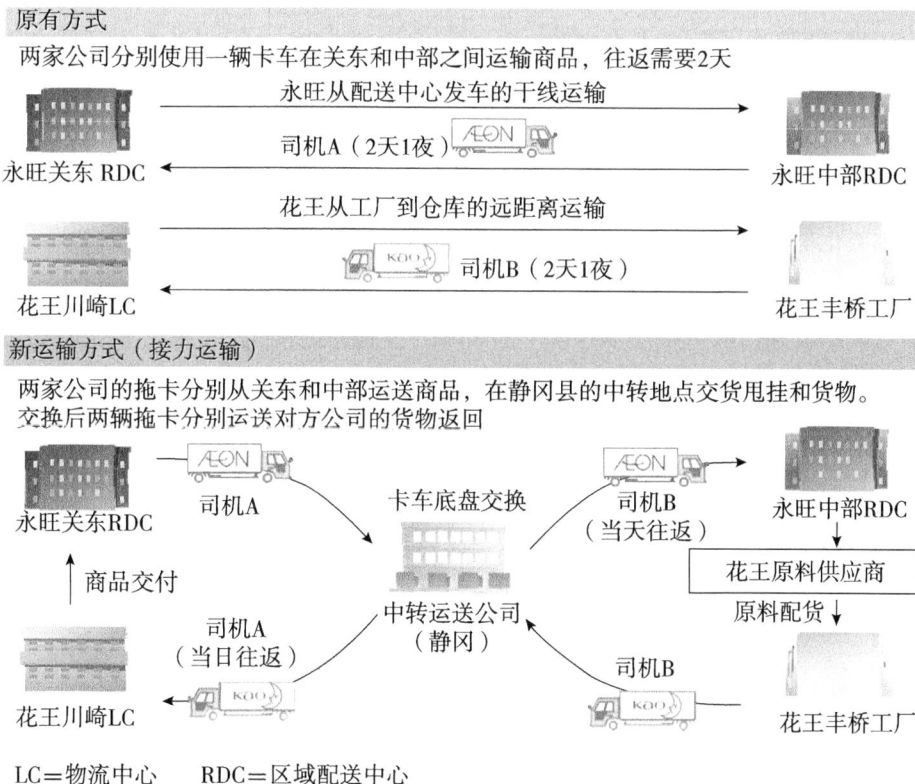

LC=物流中心　　RDC=区域配送中心

图3-8　永旺国际SCM和花王实施的卡车接力运输示意
资料来源：根据花王和永旺的资料加工制作。

山口部长对新方式的采用这样解释道："关东到中央地区的中距离运输不适合使用铁路运输，应该使用卡车运输。按照以往的方式，司机的工作负荷太大。采用在中间点的站场进行货物交换的方式，不但司机可以当日往返，也可以提高卡车周转率。"

"此次卡车接力运输合作最大的目的是将司机的持续工作时间减少到 12 个小时以内，为他们创造一个可以回家休息的条件。而在选择路线时，我们最看重的是如何更多地降低成本。"坪井部长向笔者强调。为了使卡车接力运输更加高效，两家公司在路线选择上下了很大功夫。起初，两家公司考虑了东京和大阪之间的运输采用这种方式，并讨论了在何处设置中转站，但最终由于卡车司机无法在 12 小时内往返放弃了此方案。在经过反复调研之后，他们最终选择了关东到中部的路线。

为了尽可能地避免卡车空驶，从永旺的中部 RDC 出发的卡车先到同在爱知县境内花王的供应商处，将那里的原材料运到花王丰桥工厂后再返回车库。通过这样的运输路线安排，共同物流的范围扩大到采购物流以及区域内运输，弥补了干线联合运输在车辆运行效率上的不足。为了方案的顺利实施，两家公司内部也努力和采购团队、销售团队进行了充分协调。同时，为了减少在各站点浪费的时间，两家公司调整了出发和到达时间。通过实施此方案，接力运输效果显著，整体的运费成本降低了约25%。运输路线使用了一般不会大规模禁行的东名高速公路，即使出现问题也可以立刻重新派车。

卡车接力运输开始后，至今未出现重大问题，进展顺利，但事先制订应急计划以备不时之需仍然是必要的。目前，如果发生意外情况，运输公司会立即与山口部长取得联系。但是由于运输是在夜间进行的，而拖车头在凌晨 1：00至 1：30 更换，因此建立一种可以在相关工作人员间快速共享信息，并在出现问题时及时采取措施的机制是必需的。

6.3 成功的秘诀是信息共享

坪井部长和山口部长都认为成功的秘诀是信息共享。"当我们在进行包括运输方式转换的共同物流时，我们不会对彼此隐瞒所需的详细数据，如每天要发货的数量。"充分的信息共享意味着不仅要分享利益，而且要共同承担风险。只有建立了信任关系，双方才有全力研究共同课题的态度，这也是两家公司的合作能持续发展的原动力。

两家企业决定今后在现有基础货源线路上，采用远距离运输的集装箱循环利用和中距离运输的拖挂卡车交换这两种模式继续推动共同物流。东京与福冈之间的铁路集装箱运输和关东地区与中部地区之间的卡车接力运输中积累的经验，将在今后的共同物流项目中得到应用。

【思考题】

1. 永旺和花王认为共同物流成功的秘诀是信息共享，你是否赞同？谈谈你的看法。除了信息共享，你认为还有什么成功的要素和条件？进一步讨论信息共享与相互信任之间的关系。

2. 思考并总结两家公司在铁路集装箱循环利用的合作过程中遇到了哪些困难，又是如何克服的？

3. 请分析卡车接力运输模式的合理性和局限性，并讨论克服局限的方法。

4. 结合本书中的其他案例，请比较跨行业共同物流与行业内共同物流的异同。

7　企业兼并后的物流整合：朝日饮料和可尔必思的一体化供应链管理

内田三知代/谢蕊

【摘　要】朝日集团通过整合朝日饮料与可尔必思的日本国内饮料业务，实现了库存管理和供需管理一体化，还对物流网络、库存分配及配送路线等供应链业务重新作了部署，降低了运输成本，实现了预期的协同效应。2016 年，朝日集团旗下的 3 家食品公司也对供应链管理部门及物流基地进行了整合，为实施集团内共同物流作了必要的准备。

7.1　企业兼并后 SKU 翻倍

2012 年 10 月，朝日集团为强化饮料事业，出资 920 亿日元收购了味之素的子公司可尔必思。当时，朝日集团旗下朝日饮料的市场份额居日本饮料行业第 4 位，收购可尔必思后市场份额上升至第 3 位，仅次于可口可乐集团和三得利公司。

在 2013 年制订的中期经营计划中，朝日集团提出了饮料事业收益结构改革计划，其核心方案之一就是在采购和物流配送方面，通过朝日饮料与可尔必思的业务整合，力争三年内实现削减成本 65 亿日元，计划约 20% 来自物流领域的协同效应。

为实现此目标，朝日集团首先对朝日饮料和可尔必思的物流基地进行整合。以前，可尔必思的订单处理、库存管理、配送安排、库存调整等物流业务全部委托给味之素旗下的物流子公司味之素物流，对其物流网络的依赖程度很高。加入朝日集团后，可尔必思的物流业务转到了朝日集团的核心物流公司朝日物流，并开始与朝日饮料利用同一物流设施网络。

但是承接了可尔必思的商品后，朝日物流的库内作业效率明显下降。朝日饮料 2011 年的出货量在 1.7 亿箱左右。可尔必思的出货量大概是朝日饮料的 25%，两家的物流需求叠加在一起，不仅出货量增加，SKU 也是以前的两倍。

近年来，各企业都倾向于利用长尾商品丰富商品结构以提高销售额，加上饮料本身类别丰富，这些因素都导致了商品种类的不断增加。朝日饮料和可尔必思也不例外。物流业务整合后两家的 SKU 数合计超过 700。与整合前相比，小批量出货的商品明显增多，拣选的作业效率也因此下降。

朝日饮料和可尔必思在物流管理方式上也有很大区别。朝日饮料使用与朝日啤酒共享的信息系统"SPIRIT"来管理从订单处理到收付款的整个流程。而可尔必思是采用 ERP 系统，包括财务、订单处理、销售、物流等都在该系统内管理。两套不同的系统并存，两家公司需在物流现场安排不同的发货作业线来对应，且使用两套单据和文件，加剧了作业现场的混乱程度。

联合运输的进展情况也不尽如人意。由于交易条件各异，两家公司在卡车运送方面的规则制度也不同，因此有的时候即便是同一方向的配送也必须安排不同的车。

为了改变这种低效和混乱的局面，在收购可尔必思半年后，朝日集团决定在 2013 年 9 月将可尔必思的国内饮料业务及销售部门全部移交朝日饮料，然后在朝日饮料公司内增设可尔必思销售总部，接管可尔必思产品的市场运营和销售等业务。

之后，朝日饮料和可尔必思立刻着手整合两家的物流管理系统。两家公司先是统一了商品代码和送货地址代码，然后将订单处理、库存管理以及销售管理都整合到 SPIRIT 系统上，库内运营因此实现了统一，加上送货代码的统一，这都为联合配送提供了必要条件。在此基础上，两家公司开始着手重新构建物流网络，力图实现运营整合的协同效应。

7.2　变革 RDC 和 FDC 的库存分配

朝日饮料将日本全国市场分为 8 个区块，每个区块都设置了大型仓储基地（RDC）、区域配送基地（FDC）以及越库型联合配送基地（TC），在全日本共设置了 9 个 RDC、15 个 FDC 和 20 个 TC。以前，库存的管理和配置是根据对产品进行了 ABC 分析的结果，将出货量大且出货频率高的 A 类产品的库存配置在 FDC，而在各区块的 RDC 存放包括 A 类在内的全线产品库存并负责向 FDC 补货。

已下单的商品中，B 类和 C 类产品从 RDC 拣货后运输到 FDC，在这里与从 FDC 发货的 A 类产品整合后一起配送给客户，也有些订单是从 RDC 经由 TC 配送给客户。

在整合基地时，可尔必思产品也基本上沿袭了这一网络设计思路，即按区块向 RDC 分配库存。但由于 SKU 数的快速增加，很快超过了 RDC 原有的处理能力。为缓解此状况，朝日将 RDC 的数量从 9 个增加到 12 个，并重新调整了库存分配以减少 RDC 的仓储压力。

随着物流管理系统的整合，朝日集团对朝日和可尔必思两个品牌的所有商品重新进行了 ABC 分析，从 700 多个 SKU 中抽取出货量大的 250 个 SKU。这 250 个 SKU 在各 RDC 中必须保有库存，而其他的 SKU 则根据当地市场的需求状况等因素与销售部门协商是否在 RDC 配置库存以及配置多少库存量。另外，一部分长尾商品的库存被集中在两三个 RDC。

在压缩 RDC 库存量的同时，FDC 的库存量与以往相比显著增加。各 FDC 的 SKU 数在 30~100，平均为 50~70 个 SKU。由于增加了 FDC 的库存品类，订单中需从 FDC 拣选的商品数量随之增加，从而部分替代了 RDC 的拣选工作。FDC 作为发货基地在 RDC 转运来的越库产品到达之前必须完成库内商品的拣选作业。FDC 库内拣选的 SKU 数增加，使发货工作计划安排更加容易，可控性更强。

FDC 库存的商品品类和数量是根据覆盖区域内的客户订货量、订货频度及库内作业量决定的。首先，以实际出货记录为基础，根据原始库存数据和独有的算法计算出该区域所需的库存数量。确定库存量后再计算 RDC 和 FDC 的货物装卸作业所需时间，并计算出每个产品群的 FDC 最佳库存量，实现在一定时间内完成作业又不会过度增加 RDC 的负荷。

向 FDC 补货时也改变了以往一律从 RDC 补货的方式。对于运输批量大的产品，朝日集团建立了直接从工厂发送到 FDC 的路径，无须经过 RDC 环节。

如今工厂直送已渐渐成为主流，FDC 的定位正在从"辅助和补充 RDC 仓储功能的配送中心"转变为"直接从工厂接收 A 类产品的配送中心"。

为了适应运输路径的变化，朝日集团将 FDC 的数量从 15 个增加到了 20 个，并重新规划了配送区域。过去一个 FDC 可以覆盖方圆 250 公里以内的商品配送业务，但现在已缩小到 100 公里，配送距离大大缩短。

通过一系列的基地重组，物流网点总数一度从原来的 44 个增加到了 52 个。朝日集团的物流部负责人岛崎市朗强调："乍一看，增加物流网点的数量似乎是降低效率的做法，但实际上并非如此。将物流设施的位置和运输路线等因素综合起来判断，如果每箱的总运输距离缩短了，那么就可以降低总成本。"

实际上，通过重组后将可尔必思产品加入粗短型的配送网络中，朝日集团的饮料事业部的物流业务获得了极大的规模效益和协同效应。原来中期经营计划中物流部门的三年目标在第一年就达成了。

但在那以后，朝日集团的物流网点布局方针向集约化和大型化转变。以前一天 20000 箱出货量对应的 FDC 的规模为 700 坪，2016 年时已扩大到 1500～2000 坪，并提高了从工厂直接发货的比率。随着集团内自营工厂产量的增加，RDC 的仓储能力也得以扩充。到 2016 年，物流网点总数调整到 44 个，包括 11 个 RDC、15 个 FDC 以及 18 个 TC。岛崎市朗告诉笔者，"根据 RDC 和 FDC 的总作业效率来计算每个基地库存数量的方法对改善运营非常有效，可以帮助我们控制库存量不会随着物流量的增加而成比例上升"。

7.3　制造成本和运输费用最小化

继物流管理系统的整合后，供应链流程的一体化也在有序进行。早在 21 世纪初，朝日饮料就把需求预测、各区域库存计划、各工厂生产计划、资材原料采购等与供应链相关的功能整合到一个团队，此后虽然有过部门名称变更等情况，但基本的管理体制没有改变，一直在谋求生产和物流的优化。

一般来说，饮料生产企业委托外协工厂的生产比例较高。朝日饮料在 21 世纪初时外协委托生产已占六成，但后来，为了降低制造成本，便不断扩充自营工厂（明石、富士山、北陆、六甲）的生产设备。如今，朝日饮料委托生产与自营工厂生产的比率已经逆转。另外，为了降低运输成本，它还将主力商品分别在东西部的工厂分散生产而不是集中生产。对于小批量出货商品，它综合考虑内部工厂的运营成本、外协工厂的委托加工费及运输费等因素调整其生产比例，追求成本最低化。

随着 2013 年 9 月可尔必思的销售部门整合到朝日饮料，负责可尔必思供应链管理流程的需求预测和库存分配的员工也被调到朝日饮料的物流系统部。

朝日集团在 2016 年 1 月将可尔必思国内的饮料生产业务转让给可尔必思的全资子公司可尔必思食品服务公司，然后将原可尔必思吸收合并到朝日饮料，并进行业务重组，使可尔必思成为朝日饮料的全资子公司。

可尔必思在群马和冈山设有工厂，在业务重组之前是由各工厂负责供需管理的人员来决定生产分配的。因此，即使在同一集团内，朝日和可尔必思两个品牌也是分别向外协工厂进行业务委托。

伴随着生产业务的转移，原来负责供需管理的人员被收归至朝日集团物流系统部。自此，其供应链流程全部整合为一个统一体系。业务整合后，可尔必思的冈山工厂开始全力生产朝日的主打产品"三箭汽水"，生产物流的优化工作不断深化。

7.4 旗下 3 家食品公司也整合供应链

2016 年 1 月，朝日集团在饮料业务优化后也实施了食品领域的业务改善，设立了集团的全资子公司"朝日集团食品"（朝日 GF），并将朝日食品与健康、和光堂、天野实业 3 家食品企业置于旗下（见图 3-9）。与此同时，将这 3 家公司的销售、市场运营、供应链等部门移交给朝日 GF。由此，3 家公司被定位为单纯的制造公司。朝日集团近年来以啤酒和饮料为中心致力于开展共同物流，3 家食品公司也部分参与了利用朝日啤酒的配送基地的共同物流业务。朝日 GF 成立后，在物流部主导下加速了 3 家公司的物流网点整合。

以前，朝日食品与保健公司的物流基地设在所泽、西宫，和光堂设在栃木、西宫、冈山 3 处，天野实业设在冈山、大阪、西宫 3 处。整合后，朝日集团将朝日食品公司和和光堂入驻的西宫基地作为西日本的 RDC，集中 3 家公司

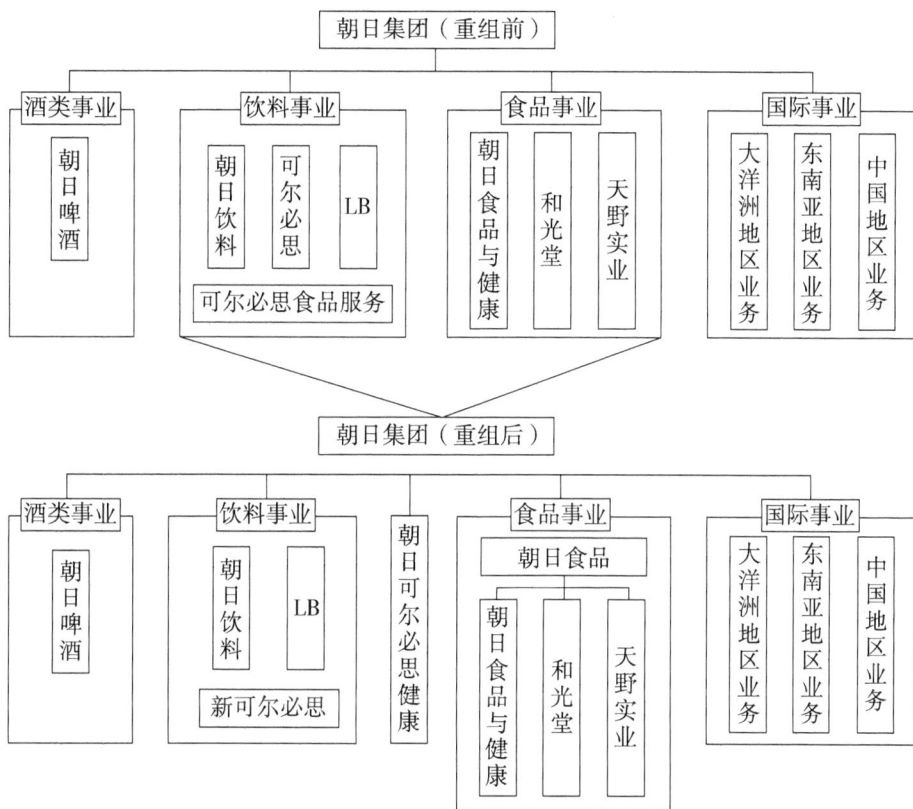

图 3-9 2016 年 1 月饮料事业和食品事业重组

的库存，在东日本则在川越与朝日饮料公司共同新设了 6000 坪的基地，将其作为 3 家公司的 RDC，同时撤销所泽和大阪的基地，此外还在九州的福冈增设两家公司共用的物流基地。

朝日集团在整合基地的同时也导入了共同的 WMS。但此时 3 家公司的物流管理和供求管理还是分开的。2016 年 4 月，它启动了 3 家公司基干信息系统的整合项目。

朝日 GF 复制了朝日饮料相同的步骤，追求合并重组的协同效应，提出了 3 年节约 10 亿日元的目标，其中一成将通过物流改革来实现。朝日 GF 的物流部长川崎洁充满期待地说："3 家公司的小批量配送要占到六成，因此通过集约化提高效率的空间很大。信息基干系统整合后应该可以收到实质性的效果。"

但是在 SCM 统一进程中也存在一些问题。比如，公司自营工厂的生产比率占 100%的天野实业和占 50%的和光堂以及只占 20%左右的朝日食品与健康公司在供需计划的制订方法和生产周期上都不一样，很难统一。朝日 GF 的朝日集团本部力求在充分掌握各类型产品差异的基础上建构最佳流程。

朝日饮料的官方网站：https：//www. asahiinryo. co. jp/index. psp. html

可尔必思的官方网站：https：//www. calpis. co. jp/

【思考题】

1. 根据本案例的内容并结合并购后整合（Post-Merger Integration，PMI）的相关理论，讨论企业兼并后实施集团内共同物流的特征与阻碍因素。

2. 朝日集团在推进集团内共同物流的过程中对物流网络作了反复的调整，RDC 和 FDC 在功能和定位上也发生了变化。概述相关变革内容并讨论变革的合理性及可能出现的弊端。讨论中尽量结合物流总成本、各物流活动之间的二律背反等概念。

3. 试分析朝日食品复制朝日饮料实现物流协同效应的目标的可行性。结合共享服务的相关概念和做法，进一步讨论朝日饮料与朝日食品之间开展全面共同物流的可行性。

第IV部分
共同物流的运营模式和
要素技术的开发与应用

1 日本托盘租赁（JPR）打造联运平台

内田三知代/金艳华

【摘 要】日本托盘租赁（JPR）与多家客户企业联手开展干线联合运输，在客户回程货运量较少的运输区间托运空托盘，降低空车率。JPR 还利用 AI 技术建立了联合运输信息平台，根据客户要求在信息平台的用户数据库中寻找合适的合作伙伴。

1.1 有效利用托盘的移动信息

日本托盘租赁（JPR）是日本最大的托盘租赁公司，拥有 1060 万个托盘、3300 家法人客户，2018 年出租托盘 4500 万次。

以前，托盘只是在仓库内用于产品的仓储和搬运作业。进入 20 世纪 90 年代以后，随着食品加工行业和日化用品行业托盘使用的普及，托盘的用途也变得越来越广泛，从仓储到运输都会用到，已成为物流作业中不可或缺的载货工具。JPR 出租的托盘会同客户的货物一起送到配送地点，随着客户范围的扩大，托盘的回收地点也变得越来越分散。如果某流通企业（批发商或零售商）的多家供应商同时租用 JPR 的托盘，JPR 则需要从流通企业的物流中心内分别找出各个供应商租用的托盘进行回收，回收作业非常烦琐、耗时。这些因素导致 JPR 托盘管理变得十分复杂，回收率下降。

为了解决回收托盘的难题，JPR 在客户企业的协助下，建立了托盘统一回收体系。JPR 事先将客户的货物仓储地点和配送地址等信息输入托盘回收管理系统。客户利用 JPR 的托盘发货时，将发送到各个配送地点的托盘数量告知 JPR。JPR 则根据客户提供的信息，直接从各配送地点统一回收托盘后送到临近的托盘保管库进行清洗和维修。JPR 在管理系统里把这些配合托盘统一回收的配送地点定义为"共同回收店"。截至 2020 年，JPR 托盘回收管理系统内录入的共同回收店已多达 3100 处。

2002 年，JPR 开发了专门管理托盘移动情况的信息管理系统"epal"。截至 2020 年，已有约 63000 处网点使用此系统，其中包括与 JPR 的客户有业务往来的物流公司的物流设施。

近几年 JPR 还利用 epal 系统中的客户信息，为那些寻找长距离干线联合运输合伙人的企业提供匹配服务。在日本，卡车司机人手不足的问题已成为引发物流危机的一大隐患。因此，为了确保运力稳定，建立能够减轻卡车司机业务负荷的运输网络尤为重要。许多客户企业与 JPR 有着同样的危机意识，丘比和狮王两家企业积极地响应了 JPR 的匹配方案，三家企业很快联手合作开始了干线运输的共同物流业务。

之前，丘比和狮王关东与九州、四国地区之间的干线运输用的是卡车。丘比的调味料和包装食品从五霞工厂（位于关东地区的茨城县）用卡车运到 KRS 鸟栖仓库（KRS 为丘比集团旗下的物流子公司，位于九州的佐贺县），而狮王的洗手液和沐浴露从坂出市的工厂（位于四国的香川县）运到北关东物流中心也使用卡车运输。

三家企业在此次的联合干线运输项目中，将大半的运输区间的公路运输换成了海运。去程从关东的东京港到九州的新门司港，回程经停四国的德岛港。具体的联合运输路线如下：丘比五霞工厂的货物用拖挂车运到东京港后甩挂，再用滚装班轮将车厢运到新门司港。到港后，当地的拖挂车头连上车厢运到 KRS 鸟栖仓库。卸货后，拖挂车到 JPR 鸟栖仓库装上空托盘运至新门司港后甩挂，从新门司港改用滚装班轮将车厢运到德岛港。到港后，再由当地的拖挂车头连上车厢，将托盘送到狮王化工坂出市的工厂，卸下托盘后装上狮王的货物返回德岛港，再次甩挂由滚装班轮将车厢运送到东京港。到东京港后，再利用当地的拖挂车头连上车厢送到狮王的北关东物流中心。跨行业的三家企业于 2018 年 8 月正式启动了东京与九州之间的联合干线运输，其中滚装班轮运输和卡车调配等货运代理业务委托给了关光汽船公司。

此次联合运输中使用了专用的拖挂车和专属司机。以前到制造企业的工厂或物流中心取货的卡车不一定每次都是同一个型号。有时运输公司调配的卡车车厢的高度或宽度与包装好的货物尺寸不符，无法装车，只好根据来取货的卡车车厢的尺寸重新包装，费时又费力。而使用专用拖挂车后，这个问题便迎刃而解。每次都由同一辆拖挂车取货，制造企业便可以根据车厢的尺寸提前将货物装在托盘上塑封好，待取货车到达，直接将货物与托盘一起搬到车上。由于提前包装好了货物，不必根据取货车辆的车厢尺寸重新包装，节省了很多装卸时间。并且，由于运输路线不变，司机可以较准确地把握作业情况和下班时间，司机的工作环境也得到了改善。

此次三家企业合作的另一个显著成果就是降低了空车率。狮王和丘比双方都没有从鸟栖运往德岛的货物。为了让这一区间不跑空车，JPR 将向德岛狮王提供托盘的仓库由东条仓库（位于近畿的兵库县）改为了鸟栖仓库（位于九州的佐贺县），将原本没有货物的德岛至鸟栖区间的运力用来运输 JPR 的托盘，以此提高了全程的装载率。

JPR 在全日本设置了约 60 处仓库，用来回收并保管托盘。近年来，相比木制托盘，塑料托盘的使用率较高。目前，JPR 拥有的托盘中塑料托盘的占比高达 75%。食品等对卫生管理要求严格的产品多用塑料托盘。JPR 为了保证托盘的卫生，在 20 处仓库里设置了托盘清洗机。

之前，狮王化工坂出工厂使用的托盘由兵库县的东条仓库提供并回收。后来，在开展干线联合运输业务时，JPR 将狮王化工使用的托盘仓库换成了九州的 JPR 鸟栖仓库。JPR 鸟栖仓库距离丘比的 KRS 鸟栖仓库仅 7 公里。联合运输的拖挂车在 KRS 鸟栖仓库卸下丘比的货物后，到 JPR 鸟栖仓库装上提供给狮王化工的托盘，然后利用滚装班轮运到四国的狮王化工的工厂。在不需要运输丘比和狮王两家企业货物的九州与四国区间，运力则用来运输 JPR 的托盘，以此提高全程的装载率，将空车率控制在 1% 以下。

1.2　开展拼车混装运输提高运输效率

JPR 继 2018 年与丘比和狮王开展联合运输业务之后，分别于 2019 年 7 月和 12 月又参与了两项干线联合运输项目。2018 年的联合运输并没有将两家公

司的货物混装运输，而是在各自的回程空车里装载了对方的货物。而 2019 年
JPR 参与的联合运输则实现了多家制造企业的拼车混装运输。

2019 年 7 月开展的联合运输合作方为丘比、盛势达（SUNSTAR）[①] 和
JPR。以前，丘比与盛势达两家企业从关西地区运往九州地区的货物利用 10 吨
的卡车运输。现在 JPR 将两家企业运往同一方向的货物混装在一辆 20 吨的大
型拖挂车中，再利用滚装班轮运到九州地区（见图 4-1）。具体的联合运输方
式如下：先由 20 吨的大型拖挂车依次从关西地区的丘比神户工厂和盛势达堺
SP 取货后运到泉大津港甩挂，将车厢装到滚装班轮上傍晚出发，第二天早晨
到新门司港；到达新门司港后，当地的拖挂车头连上车厢，将货物依次运到盛
势达福冈 RC 和丘比 KRS 鸟栖仓库；之后，到 JPR 的托盘保管仓库（鸟栖仓
库）取托盘运到新门司港，利用滚装班轮当天傍晚出发，第二天早晨运到神
户港；到港后，再由当地的拖挂车头连上车厢将托盘送到丘比神户工厂。

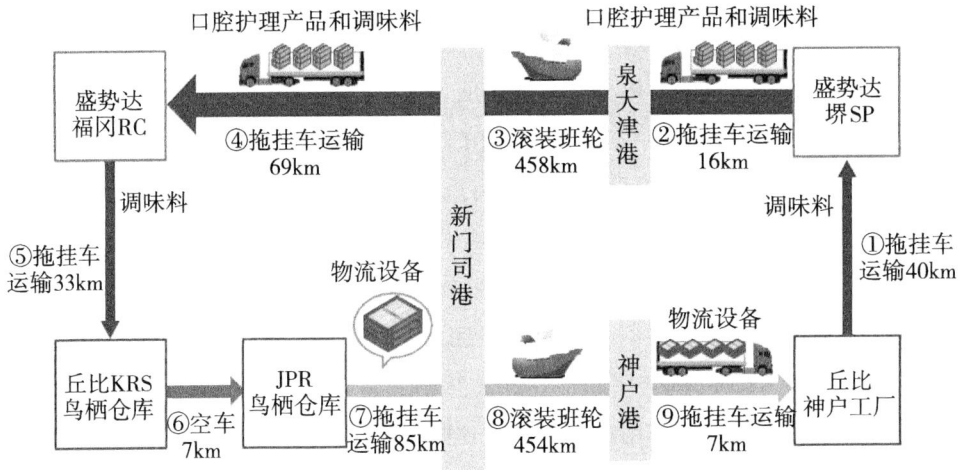

图 4-1　丘比与盛势达的物流流程

资料来源：根据 JPR 提供的资料加工制作。

丘比神户工厂使用的托盘一直是由大阪府摄津市的 JPR 仓库提供的。为
了降低联合运输路线的空车率，JPR 将一部分托盘的发货地转移到了九州，作

---

① 盛势达是日本日化用品制造企业，成立于 1950 年，总部位于大阪府高槻市。

为九州到关西的回程货物。

2019 年 12 月，JPR 与札幌啤酒和茬原食品工业①开展了冈山到九州区间的干线联合运输。JPR 正好在为札幌啤酒、朝日啤酒、麒麟麦酒、三得利四家啤酒厂商提供回收托盘的服务，并参与多家酒厂共同建立的"树脂托盘统一供给和回收系统"项目，因此大概了解各酒厂的工厂和物流设施的分布情况。其中，札幌啤酒在九州地区的大分县日田市和冈山分别有工厂和物流中心，这正与茬原食品工业的冈山到九州区间的运输路线一致。当 JPR 询问札幌啤酒是否有意向开展此区间的联合运输时，恰巧该公司也正在为提高此区间的运输效率寻找解决方案，便欣然接受了与茬原食品工业合作的提议。

然而，此区间既没有海运航线，也没有合适的铁路运输班次，因此全程只能利用卡车运输。10 吨的卡车傍晚从札幌啤酒的日田工厂（九州）出发，第二天早晨到达冈山物流中心。卸货后到附近的 JPR 冈山仓库装上托盘运往茬原食品工业的津山工厂（冈山）。在津山工厂卸下托盘后，装上茬原食品工业的货物出发，第二天早晨到达九州的福冈物流中心（见图 4-2）。

福冈到冈山距离 500 公里，往返一次需要两天。营业部长五十岚诚就联合运输的必要性强调道："考虑到卡车司机的工作时间，单程 500 公里以上的距离往返一次需要两天一夜。如果此路线中存在空驶行程，考虑到运输成本问题，运输公司很难调配车辆。因此，货主自己确保往返的货运量至关重要。而通过联合运输的方式更容易保证货运量，可以提高运输装载率，有利于解决这一难题。"

1.3　打造联运平台

一直以来，JPR 除了租赁托盘业务，还为使用自购托盘的企业提供托盘的回收和管理服务。比如，在客户的托盘和周转箱等循环物流容器上安装 IC 芯片，将每个容器的信息录入"Logiarx"互联网管理系统，管理每个容器的使用和回收情况。

---

① 茬原食品工业是日本调味料生产领域的知名企业，成立于 1958 年，主营各种沙司、酱汁类产品。

【改善之前】

札幌啤酒
的物流

| 札幌啤酒
日田工厂 | →
←······
502km | 札幌啤酒
冈山物流中心 |

JPR

| JPR
冈山仓库 | →
←······
104km | 荏原食品工业
津山工厂 |

荏原食品工业

| 荏原食品工业
津山工厂 | →
←······
483km | 荏原食品工业
福冈物流中心 |

【改善之后】

| 札幌啤酒
日田工厂 | →
502km | 札幌啤酒
冈山物流中心 |

运输全程（1100km）
中唯一一段空车区间

11km

JPR冈山仓库

104km

| 荏原食品工业
福冈物流中心 | ←
483km | 荏原食品工业
津山工厂 |

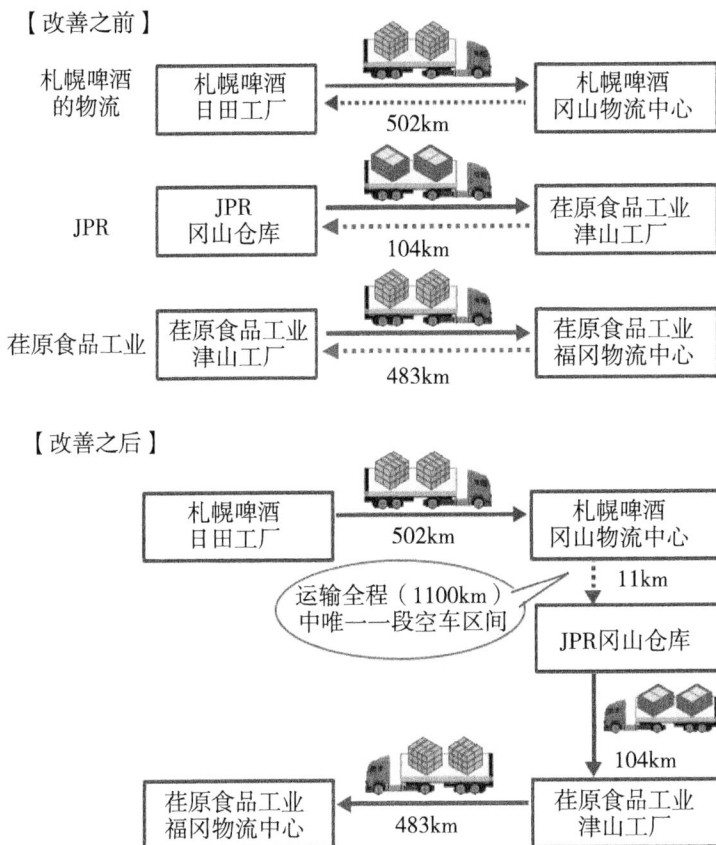

图4-2　札幌啤酒和荏原食品工业的物流流程

资料来源：根据 JPR 提供的资料加工制作。

　　随着市场大环境的变化，客户的物流需求也变得更加多样化。JPR 为了能够满足客户的新需求，于 2019 年 4 月成立了事业企划部，决定正式拓展新事业。新事业的第一个项目就是开发高品质的干线联合运输服务平台。基于近几年参与丘比、狮王、盛势达、札幌啤酒和荏原食品工业等企业的联合运输项目所积累的经验，JPR 决定使用 AI 技术，利用 epal 管理系统中存储的客户信息来开发一种自动寻找匹配信息的信息系统，让更多的客户能够开展联合运输，提高物流效率。

　　2019 年 7 月，JPR 的事业企划部里新设立了数据库营销项目组，着手开发信息匹配系统。此系统针对拥有长距离定期运输路线的客户提供联合运输路线检索、运费估算、企业间的运费比例计算等功能。寻找联合运输合伙人的企业只要在信息匹配系统里输入商品品类、数量、始发地、目的地、发车时间、到达时间、运输频次等信息，系统就会自动从 epal 数据库中找到匹配的客户信息以及空车率最低的运输路线，并估算出各合作企业需要负担的运费。

群马大学和明治大学也参与到此系统的开发中。两所大学主要负责 AI 等技术开发，JPR 主要负责系统的整体设计和页面设计以及运营模式。2019 年11 月，新能源产业技术综合开发机构（NEDO）赞助了此项目。

JPR 的客户多为食品和日化用品企业。为了收集更多行业的客户信息，除了 epal 系统里存储的客户信息，JPR 还将让更多其他行业的企业参与试运行，并在这些企业的卡车里安装 GPS，读取运输过程中的信息。

JPR 在赞助期结束后，根据试运行企业的反馈意见继续完善系统，并将此信息平台项目正式纳入企业的新事业。总策划渡边安彦认为联合运输很有市场，他告诉笔者："大多数企业都因缺乏回程货物而苦恼，联合运输的需求必定不会少。还有些客户希望我们提供更丰富的相关服务，如找到合伙人之后的一系列具体操作以及跟运输公司的接洽等业务。我们今后将根据客户的需求，提供更全面更优质的服务。"

日本托盘租赁（JPR）的官方网站：https：//www.jpr.co.jp/

丘比的官方网站：https：//www.kewpie.com/

狮王的官方网站：https：//www.lion.co.jp/

盛势达的官方网站：https：//www.sunstar.com/jp/

札幌啤酒的官方网站：https：//www.sapporoholdings.jp/

荏原食品工业的官方网站：https：//www.ebarafoods.com/

【思考题】

1. 试调查国内托盘租赁市场的现状以及面临的问题。

2. JPR 在 2019 年参与的两项联合运输业务均为拼车混装运输。试着说明拼车混装的优缺点，以及拼车混装需注意哪些方面，比如怎样才能保护各合作企业的货运信息等企业机密。

3. 站在客户的角度试想一下，JPR 与两所知名大学共同开发的寻找匹配信息的系统，除了提供本篇提到的查询合适的合伙人和计算运费服务，你还希望它能提供哪些服务？

4. 国内外是否有与 JPR 正在开发的信息匹配系统相似的信息系统？或者有哪些较先进的物流相关信息系统？

2　SBS 三爱物流（东京）联合物流中心

内田三知代/江微言

【摘　要】SBS 三爱物流构建的联合物流中心用统一的作业方式处理多家货主的库内业务，多位货主企业共享库内作业人员以及物料搬运设备。SBS 三爱物流对分拣方式和工序间衔接，以及检验方法都进行了改进，大幅提高了作业效率，并实现了 PPM 级的作业精度。

2.1　营业额全部来自集团外业务的物流子公司

理光集团旗下物流子公司的理光物流在日本的不同地区分别设立了六家从事物流实操的子公司，整个集团在日本有 100 多家网点，物流实操子公司在各个区域内负责理光产品的销售以及回收等相关物流业务。

负责东京神奈川地区的 SBS 三爱物流（东京）［以下称"三爱物流（东京）"］和另外五家略有不同，区域内的业务网点只有一个，也不从事与理光产品相关的业务，所有的业务都是理光集团之外的。2001 年，三爱物流（东京）成立之初就致力于拓展理光集团之外的客户群，在不同类别的相关业务中积累了相当多的业绩，特别是与相机类业务的客户群已经有了 10 年以上的业务往来，承接了三家相机用品批发公司的物流业务。

三爱物流（东京）过去曾入驻位于东京都大田区平和岛的东京流通中心（TRC）内的物流大楼。三家相机用品批发公司的物流业务在不同的楼层分别处理。三家客户企业的商品在一定程度上相似，配送地址也有很多重叠，但承接委托的时期不同，业务运营也相对独立。业务分布在不同楼层也阻碍了联合配送和物流资源共享。

随着智能手机的普及，相机市场规模不断缩减，相机用品的出货量也大幅下降。三爱物流（东京）受到了来自各货主要求改善业务、压缩物流成本的压力，同时又需要应对公司内部人工成本的持续增长。

2012年的夏天，TRC内的物流大楼由于年久失修、结构老化，决定在原址重建。三爱物流（东京）趁此机会提出了根本性的解决方案，即建立联合物流中心，集中三家货主的业务，实现物流运营一体化、配送联合化以及现场的作业人员和设备等资源的共享化。为此需要引进新的系统对物流中心统一管理。三爱物流（东京）把这一构想告诉了三家货主，从削减成本与提升服务品质的角度说明联合物流带来的效果。

在获得三家货主的认可后，2013年7月联合物流中心项目正式启动。以三爱物流（东京）为中心，集结了包括理光物流公司的信息系统物流解决方案本部一共13人组成了项目小组。联合物流中心正式投入运营后，项目也算是告一段落，但小组继续保留，并且从业务改善以及市场拓展的角度对人员组成进行了调整。

担任项目组长的三爱物流（东京）的坂本隆则部长强调："自始至终我们都没有依靠咨询公司，一切都是从如何优化业务流程出发，在不断试错中寻求最适合自身业务的方式和结构。"

项目小组调整三家货主各自的运营方式使其标准化，从物流中心的现场分析着手，将仓库内作业细分成430项，并且记录所有项目分别所需的时间。然后，项目小组对各作业环节的负责人进行调查，从中发现需要改善的问题，在此基础上，设定新物流中心的运营成本以及物流水平的目标值，设计相应的业务流程。

项目小组设定了诸多具体的课题，例如，传送带的长宽应如何设定，什么样的操作方式可以最大限度地提高拣货台车的作业效率，等等。对于这些课题，项目小组分别预设假说进行模拟测试，小组成员记录作业时间并与以往的数据进行比较和分析，若无法达到预期效果则寻找改善点，尝试新的方法。项目小组通过反复实验，最终设计出最优业务流程。

在设备的试制阶段，项目小组的成员前往工厂，就各个细节交换意见，根据自身的业务流程对设备规格和功能提出具体的要求，打造出了独特的作业系统。

2.2 独特的分拣系统导入

经过项目小组两年的努力，联合物流中心于 2015 年 8 月开始投入运营。该中心设在理光物流公司的横滨物流中心内，物流设施的整个二楼和三楼的一部分改造为三家货主企业的联合物流基地。

在之前的物流中心里，三家货主企业中两家采用的是库存（Distribution Center，DC）型方式，一家采用的是越库（Transfer Center，TC）型方式。新的物流中心同样拥有 DC 和 TC 两种运营方式，并分别设计了高效率的作业方式。从进仓到出货的大部分业务，无论是 DC 型还是 TC 型都在二楼进行。三楼作为一部分大件商品的仓储场所。虽然 DC 型运营方式和 TC 型运营方式在业务流程上有所不同，但是物流中心整体的运营是不区分货主进行的，彻底贯彻作业人员和设备系统共享的原则。

新的物流中心采用了依托自动仓库在固定位置进行拣货作业的系统。这个拣货系统是三爱物流为大幅提升作业效率而自主开发的。另外，新中心还进一步实现了拣货系统与单件分拨系统的无缝衔接。

过去，由于运营上的区别，TC 型运营方式和 DC 型运营方式之间的作业质量存在差异。TC 型运营方式的失误率为 4.4PPM，与之相比，DC 型运营方式的失误率为 19PPM。新的物流中心为了消除二者之间的差距，设定了失误率 10PPM 以下的目标。

提升仓管效率也是课题之一。原本的物流中心为了合理利用空间使用了夹层。但是日本的《建筑基准法》修改案已经将夹层视为建筑物的一部分，物流中心若增设夹层将超过法定许可的建筑容积率。在不增加仓库面积的前提下，怎样才能挤出与原来的物流中心夹层差不多的 700 坪左右的仓储面积，三爱物流（东京）为此绞尽脑汁。

物流中心内商品保管的方法和区域分为三类。DC 型客户的商品根据 ABC 分类法存放，出货频率高的 A 类商品放置于自动仓库；出货频率低的定义为 B 类、C 类商品，放在轻量货架上；如相框、打印机、相册等大件商品则放在二楼的电动货架或三楼的承重货架上。

自动仓库内各货主的商品按品项存放在折叠箱内，自动仓库可收纳 2700 个折叠箱，为了节省空间，三爱物流（东京）在货架下方还设置了分拣台。

电动货架通道的宽度为了配合台车的尺寸设定在 1.7 米。为了提高仓库面积的使用效率，在货架第二层、第三层进行出入库作业时，按动按钮便可使货架滑行，方便叉车进入，这样，货架通道最长可延展至 2.7 米。

DC 型流程在进行入库作业时，作业人员用手持终端读取预定入库的数据。小件商品扫条码检验后放入折叠箱内，箱内商品便与折叠箱的 ID 绑定，通过传送带进入自动仓库或者是轻量货架等指定的货位上。大件商品则根据作业指示进行理货。

自动仓库接到拣货指令时，18 辆台车将指定的折叠箱运送到分拣台。作业人员用手持终端扫码获取信息，根据显示的数量将商品放入旁边已经准备好的拣货用折叠箱内。这样，作业人员无须移动，在固定位置即可完成拣货作业。

新中心投产前，项目小组曾做过一个模拟测试。测试结果显示，之前作业人员走到货架的货位处取货对 A 类商品拣货，每个作业人员平均每天要走5000 步。在新系统下这些动作基本上可以省去，作业效率也因此提高。

2.3　与系统的无缝衔接

针对小件商品的分拣，新系统可按各门店播种式分拣和按订单摘果式分拣。前者先根据订单总量拣货后暂时存放在自动仓库中，等全部分拣完毕后一起从自动仓库运出，再通过单品分拣系统按门店分拨。后者是根据各订单的内容分拣，再由传送带将折叠料箱传递到自动仓库的分拣台或轻量货架的保管区，作业人员再根据订单将相应商品拣出放入折叠料箱内。

单件分拣系统是环形的。作业人员在料箱内放置商品，到达指定位置后倾斜料箱使商品自动滑落。根据目的地的交货时间制订作业计划，将商品及交货明细单按不同货主的不同门店分拣打包。

单件分拣系统共设置了 8 个投入口和 160 个分拣道口，每小时可以处理8000 件。考虑到存在误投到其他分拣道口等情况，三爱物流（东京）在每个分拣口设置了传感器，如果 3 秒内应到商品没有通过，系统就会自动报警。

分拣作业是通过系统与前道工序的总量拣货联动来控制的。在分拣器的显示屏上可以确认各个目的地的整体拣货状况，系统在显示"拣货完成"后，就会向自动仓库发出"出仓"的指令。

不过，在系统显示"拣货完成"前的一段时间内也可以发出出仓指令，这样可以使尚在拣货作业中的折叠箱不进入自动仓库，而是直接流至分拣系统。坂本部长告诉笔者："为了将前后工序无缝衔接，不出现停滞和时间上的浪费，人工介入也是很重要的。"

通常情况下，分拣系统作业完成后通过传送带将商品送至打包区装箱。但是如果装箱打包工序出现拥堵，也可以发出在分拣系统的分拣道口处完成装箱打包的指令。为此三爱物流（东京）在各个分拣道口处放置了包装用的缓冲材料，作业人员根据分拣的所有商品的尺寸和重量决定最合适的包装箱规格，打包后直接搬运至发货作业区。

坂本部长认为："应对工序延误的好办法不是调整作业人员在各工序的配置，而是将延误的工序作业分散，每个作业人员只需集中精力在自己的工作上。这样就可以最大限度地提高生产效率。"

2.4　"SINGLE PPM"的实现

三爱物流（东京）针对曾因出货错误收到投诉的商品，设置另外的工序进行处理。将出过问题的商品记录在数据库，所有装有与登录信息相符的商品的折叠料箱全部运往特别设置的工序逐个检验。

例如，曾发生过将件数与箱数混淆的情况。为了避免同样的错误出现，检品系统的显示器上会显示正确的包装形态，以提醒作业人员注意。这样的举措发挥了很大的效应，使得物流中心提出的"1 位数 PPM"的品质目标得以实现。

为了尽可能地提高作业速度，三爱物流（东京）引进了重量检验系统，在入库检验的同时进行分拣作业。这一系统是项目小组自主研发的。

在录入各商品的重量之后，作业人员在 8 个道口处分拣并进行重量检验，作业人员扫过商品的 JAN 之后灭灯并将商品投入折叠料箱。

完成一次分拣后，作业人员再按门店进行二次分拣，根据手持设备的指示用折叠料箱进行播种式的分拣。配送地点可根据当日订单进行调整。系统会将出货量最大的门店设置在距离作业区最近的位置，最大限度地减少作业人员的行走距离。

针对使用瓦楞纸箱收货的门店，为了省去重新装箱的工序，三爱物流（东京）将货物直接用纸箱代替折叠料箱进行分拣。在系统的支持下，作业人员事先在纸箱的边缘处贴好带有条码的贴纸后，通过传送带传送至运送分拣区域。分拣完成后，将贴纸在打包区撕下回收。

新技术的引进和有效运用，使联合物流中心的整体成本降低了 20%。只要交货时间匹配，三爱物流（东京）就尽可能地开展联合配送，还推动了干线运输的联合化。

三爱物流（东京）的佐野光宏社长表示："今后公司将着力于开发新的客户，同时进一步提高作业效率为现有客户的物流高效化作出贡献。"

SBS 三爱物流（东京）的官方网站：https：//www.sbs-ricohlogistics.co.jp/rlsc/sbs-sanai/

【思考题】

1. 三爱物流（东京）的联合物流中心模式与一般的 3PL 企业同时承接多家货主企业的物流中心业务有没有本质上的不同？讨论该模式的创新点和优缺点。

2. 相机用品批发企业是三爱物流（东京）的联合物流中心的服务对象。这一目标市场的性质特征对于该模式的确立产生了什么影响？进一步讨论该模式向其他目标市场拓展的可能性，以及如何选择新的目标市场。

3. 三爱物流（东京）开发的分拣方式有什么特征？这些特征对联合物流中心的业务发展起到了什么作用？

4. 结合本案例及其他相关案例，讨论大型制造企业的物流子公司开展联合物流业务时的优势和障碍，以及克服障碍发挥优势的途径。

3 古河物流的采购物流联合运输模式及车辆装载优化方案

内田三知代/唐丽菲

【摘 要】古河物流因"物"制宜，制定出了既适合不同货物，又具有高效率的采购物流方案，即在供应商聚集的区域设置集货中心，拼车运输零部件直达工厂。它同时根据零部件的体积和重量，结合看板方式开发了优化拼装方案的管理系统，很好地解决了小批量运输与降低成本难以兼顾的问题。

3.1 构建高效率的汽车零部件采购物流模式

古河物流是古河电气工业（原古河电工）的全资物流子公司，其前身是古河电工的物流部门，1980 年独立出来成为古河电工集团旗下的物流企业。古河电工集团的产品范围广泛，涵盖了光缆、通信设备、汽车零部件、建筑材料等。这些产品的物流基本上都由古河物流负责。

古河物流 2016 年的销售额为 150 亿日元，员工共计 147 名，在日本国内拥有 21 个网点。它在海外市场的扩展主要集中在亚洲各国，已在 5 个国家设有分支机构，开展产品的发货、运输、配送等业务，并提供进出口清关等服务。古河物流在日本国内共有 11 个分公司和 10 个物流基地。分公司主要承接古河电工及集团内企业的各工厂的包装和出货业务。物流基地不仅负责集团内部产品的仓储和配送，也承揽集团外的物流业务。古河物流自身不拥有车辆，而是采取将运输配送业务外包给运输公司的运营模式。

在这 10 个物流基地中，札幌、东北、关东、三重、大阪、北九州的 6 个被称为物流中心的物流基地，作为"轴辐基地"，还承担着将数家工厂的货物拼车混装以及网点间的运输工作。另外，物流中心还具有根据客户要求对电线进行切割、包装等增值服务。

古河物流的业务领域从销售物流进一步扩展到了采购物流。业务扩展的契机是在 2012 年，与母公司古河电工有业务往来的一家汽车零部件生产企业选定了古河物流作为其采购物流改善项目的合作伙伴。古河物流在该项目中采用了有别于过往的物流模式：古河物流先将数家供应商的货物集中起来，然后向工厂统一交货。它通过此模式成功地降低了物流成本，受到了各方一致好评。

多年来，古河物流与古河电工各工厂内的生产改进小组的物流团队相互合作，一直致力于提高生产效率的改善活动。过去，改善活动的重点放在出货和配送业务上，但是现在，古河物流考虑将在汽车零部件采购物流项目中获得的经验向集团内更多的工厂推广。

2014 年，古河物流先将目标锁定在生产电线和光缆的工厂。这些工厂并非一定要沿用汽车行业的零库存生产方式，而是需要因"物"制宜，根据行业特色以及物流特征，构建独特的采购业务体系。古河物流的执行董事兼战略企划室室长的大原钦回顾了当年选择目标市场时的理由。

电缆因用途不同种类繁多。工厂会根据需求灵活地切换生产线上的产品，每次生产品种的变更都会带来原材料的变化：一些原材料需要直接向施工现场交货，因而需求量极难预测。这些因素都会造成原材料的库存需求量难以判断，库存严重积压时有发生，所以如何削减原材料库存成了大家的共同课题。

因此，古河物流向各个工厂提议，开展以削减原材料库存为目的，构建合理的采购物流体系的活动。为了有效地推动活动展开，由古河电工的生产改进小组、资材部，以及古河物流的营业推进本部的成员组成的项目小组成立了。活动范围逐步扩展到了改善生产流水线原材料供给工序，缩短作业动线等诸多方面。

生产光缆的三重工厂率先响应该项活动并且取得了显著成效。以前，三重工厂的供应商需各自安排大货车，一次性大批量地将原材料交给工厂。而工厂方面则需要确保有足够的场地理货和仓储，甚至不得不在工厂之外另建仓库。

为了削减原材料库存，古河物流将供应商的供货改为小批量，同时由古河物流上门取货替代以往由供应商各自安排车辆送货的方式。因为三重工厂在关东地区有众多供应商，古河物流便将其在千叶县的物流中心作为集货基地（见图 4-3）。

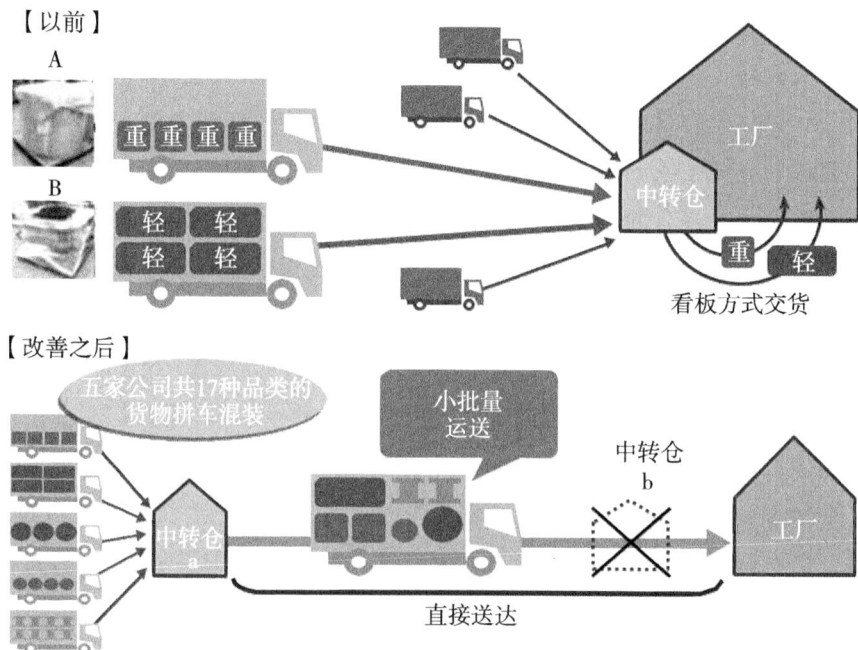

图 4-3　改善方案

资料来源：根据古河物流公司资料制成。

3.2　自建的配车机制

一般而言，小批量的采购与运输效率之间是二律背反关系。为了平衡这个关系，需构建始终保持较高装载率的运输机制。如前文所述，古河物流利用集货基地提高装载率。工厂采购的物料有的是按体积计价的轻泡货，有的是按重量计价的重货，而作为专业物流公司的古河物流需要做的是通过均衡组合方式来最大限度地提高装载率。

具体方法：每一种物料以一片磁石贴片表示。磁石贴片的长代表材料的体积，宽代表重量。在工厂物料仓储区的白板上粘贴这些磁石贴片，据此设计配车方案。一辆卡车对应一块白板。白板的横纵轴分别标注出一辆 10 吨位货车可装载的最大体积值以及最大重量值。然后，从轴的起点开始依次粘贴代表物料的磁石贴片，直到接近最大值。当重量或体积达到上限时，即视为满载。

当然，单纯追求物料的体积与重量达到上限是不够的，还要考虑到不同材料的包装形态。例如，有的材料是放在塑料托盘上，有的是填装在柔性集装袋里，有的光缆类线性材料被缠绕固定在鼓状或筒状容器上。在保证高装载率的前提下，如何组合这些形态各异的货物，古河物流可谓绞尽脑汁。

例如，光缆专用的鼓状容器在装车时会用一根链条穿过鼓芯固定在车上。如果只固定一个鼓，两侧的空间则被浪费。虽然鼓的尺寸大小不尽相同，但大部分的鼓可以三个一组固定进行装运，从而有效提高车厢的空间利用率。因此，三鼓一组就作为装载单元沿用下来了。

另外，受包装形态的制约，有的材料上面不可以叠放任何东西，因此车厢里会产生无法利用的空间，物流从业人员称为"死空间"。古河物流在设定最大装载值时，也会把这一点考虑进去。所以，最大装载值的设定会根据装载材料相应地调整。营业企划部的上原直美告诉笔者，在设计组合方案时，不会只从单品的角度考虑装载效率，而是从混装的所有品类的整体平衡出发，每次运输都会作出相应的调整。

古河物流在利用磁石贴片规划组合方案的基础上，还导入了看板。通常，供应商将记载着品类以及数量的看板随物料一起交给工厂，然后在回程时带回下次交货用的看板，这是看板的常规用法。但是三重工厂只在工厂内部使用看板。具体做法是：从千叶县物流中心出发的卡车到达工厂完成卸货后，工厂会在物料上贴上看板。当仓储区的物料被投放到生产线时，工厂会移除看板，并把与之对应的磁石贴片粘贴在白板上。当白板上的横轴或纵轴达到最大值时，意味着需安排车辆运送补充所需物料（见图4-4）。

3.3 看板与二维码结合

看板结合二维码的操作方式始于2014年，最初是在两家供应商的两个品类上试行的，之后得到了不断扩展。随着品类的增加，磁石贴片的制作以及粘贴在白板上等工作变得烦琐而复杂。负责配车的工作人员在不了解白板的具体情况时，需多次前往物料仓储区进行一一确认，诸如此类的问题不断出现。

为此，古河物流通过使用看板结合二维码的方法，规范了一系列操作流程。古河物流首先采集物料的品类、批量编号等基本信息，并与印刷在看板上

①在到货的物料上粘贴看板后将物料入库

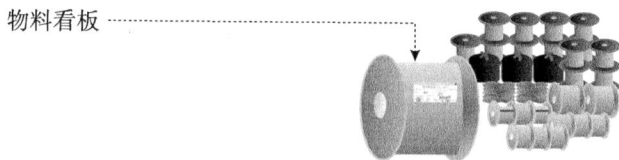

物料看板 ┈┈┈┈┈

②当物料要被投入生产线时，工厂会移除看板，把与之对应的磁石贴片粘贴在白板上

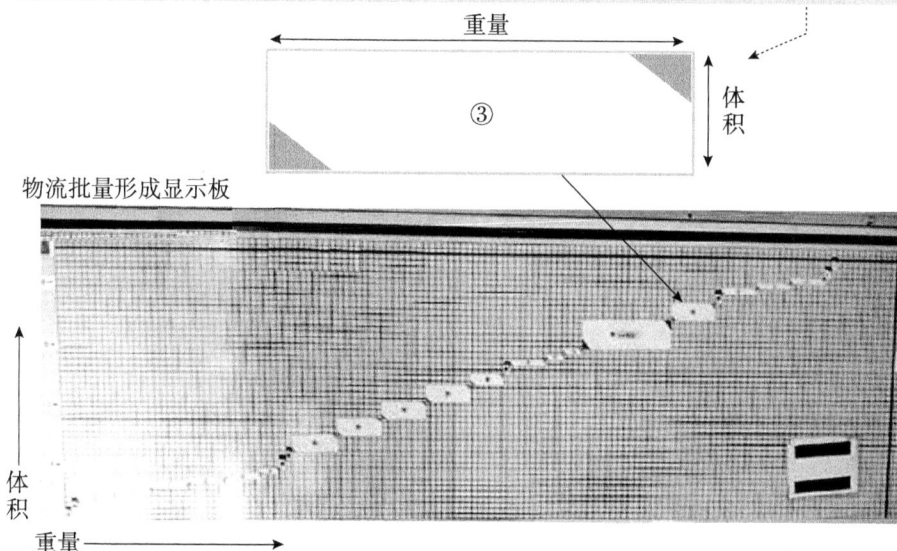

重量

③

体积

物流批量形成显示板

体积

重量 ─────→

图4-4　导入看板用于配车

资料来源：根据古河物流公司资料制成。

的二维码绑定。然后，在管理系统中录入所有品类物料的体积和重量。当投放到生产线上的物料的看板被取下时，古河物流通过扫描看板上的二维码将信息导入管理系统，液晶显示屏会自动生成图表显示此时所需物料的状态。当所需物料的看板数量达到设定值时，屏幕上就会有提示。当达到满载时，系统中车辆管理程序将发出调度车辆的指令（见图4-5）。

液晶显示屏上的信息，由三重工厂的物料仓储区、古河物流的千叶物流中心以及负责三重工厂物料配送的古河物流车辆调度办公室共享。另外，千叶物流中心至三重工厂的运输作业中有一部分是使用从三重工厂过来的回程车，由

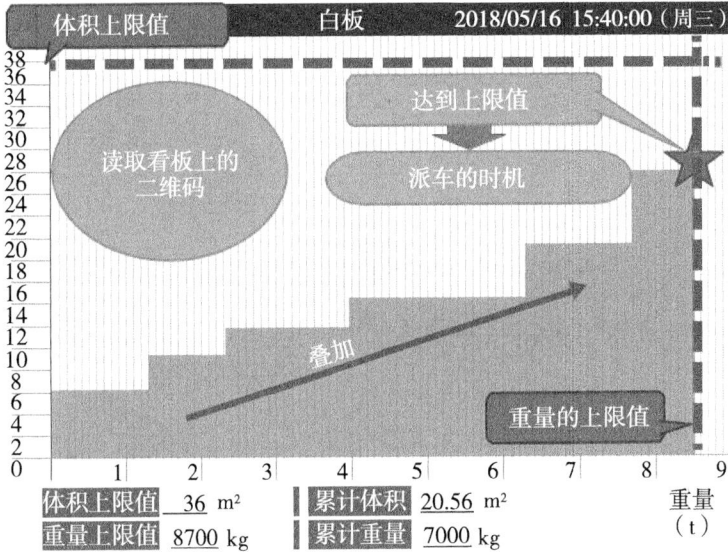

图 4-5　白板与配车时机的判断

工作人员根据具体情况安排配车。

此外，管理系统还具有向供应商下单的功能。管理系统在给出调度车辆指令的同时，向供货商自动发送由系统生成的采购订单。这使三重工厂的工作人员从物料订购与交付的工作中解放出来。

千叶物流中心也会给出采购指令。有些品类的物料在千叶物流中心中有库存，可以根据订单从库存里发货，但也有一些品类则是根据工厂要求的交货日期，由古河物流及时地安排车辆前往供应商处取货。系统设定的是在发出采购订单后的 6 天内材料必须交付三重工厂。配合此时间周期，古河物流需根据交货前置期安排取货及出货计划。

管理系统收集并存储与采购有关的所有信息，包含各种物料的订购时间、订购数量，以及配送车辆信息、交货时间信息，等等。信息系统部的内山聪说："如何有效利用积累的数据，是我们开发和设计管理系统的出发点。"

过去，很多物料在被投放到生产线之前的过程是不透明的。"如果通过我们积累的数据可以实现明确物料的采购频率、投放时间，以及投放数量，那么这将成为检验看板方式所示数值是否正确的判断依据。"大原部长如此解释道。今后还可以将积累的数据与供应商共享，帮助他们制订更精准的生产计划。

3.4　节约了57%的仓储空间

截至2018年年底，管理系统应用于关东地区的5家供应商所供应的17种品类。千叶物流中心到三重工厂的运输班次从最初的每月1~2班增至15班，大幅降低了工厂内物料库存量，节约了57%的仓储空间，也不需要额外租赁仓库了。与之前供应商各自送货时期相比，三重工厂的物流费用减少了约36%，这些成绩远远超出了最初设定的目标。

大原部长说："如果品类数量继续增加的话，每个品类的发货批量可以更小，交货前置期也可以设定得更短一些，同时增加运输班次，这样可以进一步减少库存。今后，我们会将三重工厂的采购模式应用到其他工厂。"

古河物流还在积极地探索如何把这一联合物流模式应用到销售物流领域。目前各工厂向物流中心发货时都是分别制订发货计划，并安排车辆。各工厂的装载率参差不齐，常有临时增加班次的情况发生。针对这个问题，古河物流在尝试把同一区域内的各工厂的货物拼车混装运往物流中心，从而提高装载率、减少运输车辆。

与此同时，古河物流还提出了一些优化物流中心内产品库存的方案。为了应对市场需求的波动，销售部门常常随意更改产品安全库存量。这种随意性会破坏工厂的生产计划。保证生产计划的稳定性对提高工厂的生产效率非常重要。

大原部长说："为了保持生产的稳定性，必须对产品的库存进行正规有序的管理。理想的做法是利用积累的出货数据分析缺货率，在此基础上设定每个品类的安全库存量的理论数值。为了减少库存积压，古河物流希望构建一个合理的机制，尽可能地减少物流中心内不必要的产品库存，帮助货主降低总库存量。"

古河物流的官方网站：http：//www.furukawa-logis.co.jp

古河集团的官方网站：https：//www.furukawa.co.jp

【思考题】

1. 作为古河集团的一员，古河物流在物流改善项目中有何优势及劣势？如果由非古河集团成员的物流企业主导物流改善项目，你认为是否会取得成功？

2. 古河物流采取了先集团内再集团外，先采购物流再销售物流的步骤逐步推进联合物流的应用。试分析这样做的合理性和局限性。

3. 古河物流开发的采购物流联合运输的模式中，采用了磁石贴片、看板、白板等道具改善配车效率。结合运输管理的有关原理，分析这些道具运用的合理性，并谈谈对哪些行业有借鉴意义。

4. 如果你是供应商，你是否放心将供货量、供货时间等信息共享给物流企业？为什么？

4　西浓信息服务公司运用 AI 技术支持联合运输

石原亮/唐丽菲

【摘　要】西浓信息服务公司开创了一种方法：利用图像识别技术自动分析车厢的装载情况，计算出可利用的闲置空间的具体数据。同时，它运用西浓集团大量的实际运输数据对 AI 进行教学，使其获得了自动匹配车辆与货物的能力。此外，西浓信息服务公司还通过与货主企业共享其生产计划，力求使货运量的波动平缓。

4.1　利用"IBM Watson"判断车辆的装载率

西浓信息服务公司成立于 1984 年，发源于日本大型零担专线运输公司之一西浓运输的电子计算机室，是西浓集团旗下的信息战略公司。西浓信息服务公司依托集团在大规模物流系统的维护及运营方面的丰富经验和技术储备，开展相关业务，其主营业务是为其他企业提供物流领域的 IT 解决方案，如提高供应链管理效率，联动生产的物流现场改进等。

西浓信息服务公司多年来致力于开发共享货车系统。此系统利用 AI 技术自动匹配车辆与货物，优化拼车混载的装载率，主要应用于联合物流以及中等批量货物中转基地的拼车混载（见图 4-6）。

为设计出最佳混载运输方案，货物信息与车辆信息必不可少。除了取货时间、配送时间、始发地、目的地、各车辆的行驶方向、出发和到达时间，还需掌握车厢闲置空间的大小。过去只有两种简单的方法确认车厢的闲置空间。一种是物流基地工作人员目测，另一种是根据司机拍摄的车厢内部照片估算。但要在确认大量照片的同时派车，工作人员很难做到。

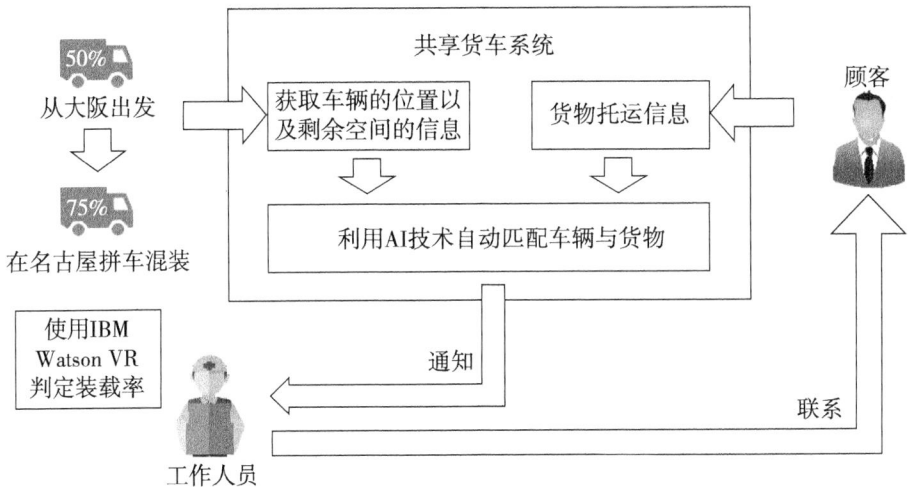

图 4-6　共享货车系统

资料来源：根据西浓信息服务公司的资料加工制作。

西浓信息服务公司的鸟居保德社长说："为了灵活有效地匹配当日的货运量与运输车辆，必须以数据的方式获取车厢闲置空间信息。"但在这之前，"闲置空间的数据化"一直没能实现。随着科技的日新月异，公司以车厢照片为基础，成功开发了利用 AI 判定装载率的技术，使事情出现了转机。

由 IBM 开发的"IBM Watson"图像识别 API 技术被西浓信息服务公司注意到了。此技术基于事先获取的大量学习数据，自动分析并确定车厢的装载率。鸟居保德社长说："近几年，AI 技术一下子达到了普及应用的程度。"

智能机器人推进办公室的小川光昭主任对该技术进行了更细致的描述："以实际使用的车厢照片作为学习数据对 AI 进行教学。如一张照片呈现的装载状态判定为'已装载 25%'，这种情况下，AI 会被教导该车辆'剩余装载率为 75%'。当学习数据累积到一定程度时，即使是第一次看的照片，AI 也会根据已经学习过的内容自动判定车厢内还有多少闲置空间，并将其转化为数据呈现出来。"

西浓信息服务公司于 2018 年 7—9 月，在物流基地员工和卡车司机的协助下，对进入西浓集团各物流基地的 400 多辆卡车的车厢内部进行了多日的拍摄。车厢照片作为装载率判定的基础数据，如何拍摄出展现车厢内部全貌的照片是个不小的难题。为此专业人员对拍摄方法进行了反复试验、多次调整。最初采用普通相机从车厢的侧面拍摄的方式，但这样无法将车厢的底部收入图片内，作为判断车厢剩余空间的数据完整度不够。于是西浓信息服务公司又尝试从车厢后方拍摄，但相机放置点的近处和远处位置又成了拍摄盲区。

最终西浓信息服务公司将拍摄器材由普通相机更换为可 360 度拍摄的全景摄像机。拍摄角度调整为自车厢天花板而下的俯拍。通过更换拍摄器材、调整拍摄角度，西浓信息服务公司成功地做到了用单张照片显示车厢内部全貌。此外，西浓信息服务公司还运用了一种图像处理技术，可以剪掉所拍摄照片中车厢以外的景象，并对彩色照片进行灰度处理，去除由色彩而产生的噪点。

西浓信息服务公司共计用时 7 天，使用全景摄像机对所有车辆的车厢进行拍摄，共获取照片 459 张。西浓信息服务公司使用这些照片对 AI 进行培训，然后以 25%、50%、75%、100%的四段装载率划分法对 AI 进行了测试，结果显示 AI 的判断准确率为 100%，达到了与人工判断同等的水平。

"我们能够确认，500 张左右的照片足以作为四段装载率划分法的支撑数据。因为是首次尝试，测试开始之前，我们预想至少需要近 1 万张的照片。虽说四段装载率划分法相对较为粗略，但是以不到 500 张照片的数据就能取得精准率为 100%的结果，实在是令人惊讶。虽然采用了四段装载率划分法，但现阶段仍不能把装载率从 80%提高到 90%。然而，能将装载率从 40%提高到 50%或 60%，说明它具有足够的实用性。"上原康德执行室长这样说道。

车厢装载率的判断方法，除了上述的 AI 图像识别技术，还有利用传感器判定的方法。在车厢内安装多个传感器以判断闲置空间的大小。另外，AI 图像识别技术结合传感器的方式也是一种选择。鸟居保德社长解释了从众多方式方法中选择 AI 图像识别技术的理由："人工智能技术已与我们的生活紧密相连，息息相关。还有一个考量便是硬件的成本。近年来，因智能手机普及等因素，高分辨率相机的价格十分便宜。综合考虑成本以及未来的可扩展性，技术部门得出了 AI 图像识别技术要优于传感器的结论。"

4.2　AI 利用 6 万件运输数据学习

匹配系统开发所需数据中，取货和交付的时间及地点、出发和到达时间及地点、车辆的行驶方向和路线等信息是可以直接在既有的运输管理数据中获取的，唯一没有被数据化的就是车厢闲置空间的大小。现在通过实验已证明，车厢内闲置空间的信息是可以被数据化采集的（见图4-7）。

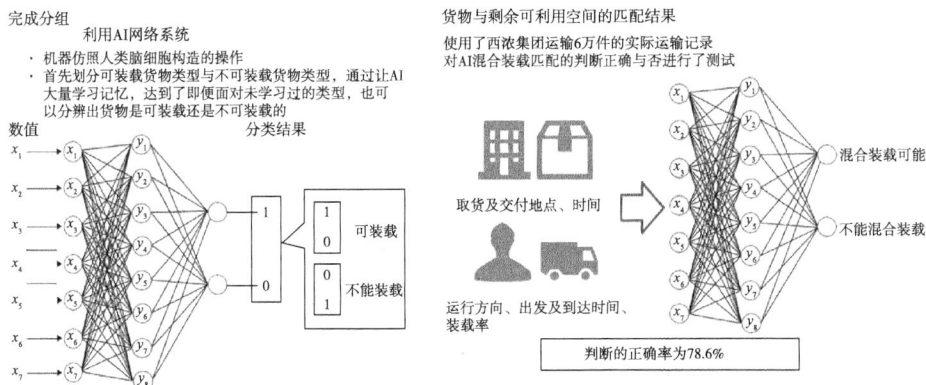

图4-7 匹配货物与货车剩余有效空间操作的概要

资料来源：根据西浓信息服务公司的资料加工制作。

至此，所需数据均已取得，接下来便是"匹配"。西浓信息服务公司决定同样利用AI技术解决此问题。首先让AI学习记忆在实际运输活动中可以混载的模式。基于此，再让AI判断不可混载的模式。通过这样的反复学习，即使面对与以往记录中实际运输条件不同的状况，AI也能自动判定是否可进行混载。

简言之，学习数据的量决定了AI的智能程度。幸运的是，西浓集团拥有大量的运输记录数据。现已将爱知县、岐阜县以及关东地区近6万件运输数据作为AI的学习数据。根据测试，现阶段AI判定的正确率达到78.6%。这种程度完全可以满足将来的实际使用需求。

4.3 将生产管理的"削峰填谷法"应用于物流领域

确认了车辆闲置空间自动判定和车货匹配的有效性，意味着构建共享货车系统这一构想取得了阶段性的成功，与此同时，西浓信息服务公司还找到了新系统功能的开发方向。

一开始西浓信息服务公司设定的目标是利用 AI 技术建立一个能确认车厢闲置空间，并自动匹配与之相适货物的系统。事实上西浓信息服务公司也已经基本上达到了最初设定的目标，大幅提高了装载率，但与此同时也明确了一个事实：如果仅仅根据当天的车货信息进行匹配，存在很大的局限性。

"物流业是典型的劳动力短缺行业。当面对客户突如其来的紧急运输需求或异于平常的货运量时，物流企业很难做到立刻安排人员与车辆应对。为了能更高效地利用有限的运输资源，有必要进一步努力完善，拓展系统的功能性。我们通过与货主企业共享其生产以及发货计划等前瞻性信息，扩展了系统的功能。"鸟居保德社长这样告诉笔者。

主要的办法是，通过事先共享货主企业的需求预测和出货计划等前瞻性信息，适当地对运输日程作出调整，力求运输货物量能去峰填谷、降低波动，优化运输效率。另外，通过共享货主企业的前瞻性信息，物流基地之间固定干线上运输的有些货物，可以在收到发货指令之前发运。

西浓信息服务公司的主要客户是制造企业，为它们提供物流 PSI（生产、销售计划、库存）管理解决方案，并对生产过程的优化与改进给予支援。创建共享预测性信息机制是这一过程的副产品。西浓信息服务公司准备在此基础上不断强化和健全功能。

只要能获得占总货运量一成到两成的货主企业的协作，就会产生非常大的效果。比如，与货主企业协调尽量回避总货运量增加的日子，而在运输能力富余的时候提前发运。哪怕只做到这一点，波动的峰值都会下降。不单单是运输方面获益，也可以减少货物的装卸作业波动。鸟居保德社长说："我们就是要把在制造业生产管理中常见的削峰填谷法运用到物流领域中来。"

共享货车系统的未来整体设想是这样的：数家制造商的出货等计划由数家物流企业共享，构建一个货主物流需求与物流企业运输资源的联动管理机制，实现物流最优化。西浓信息服务公司首先要做的是搭建一个信息共享的平台（见图 4-8）。

鸟居保德社长在谈到共享货车系统的愿景时告诉笔者："我们并不会一开始就将它作为一个完全开放的平台来运营。首先，我们会将它作为连接西浓信息服务公司和客户的平台来培育。然后，随着参与平台的货主企业不断增加，

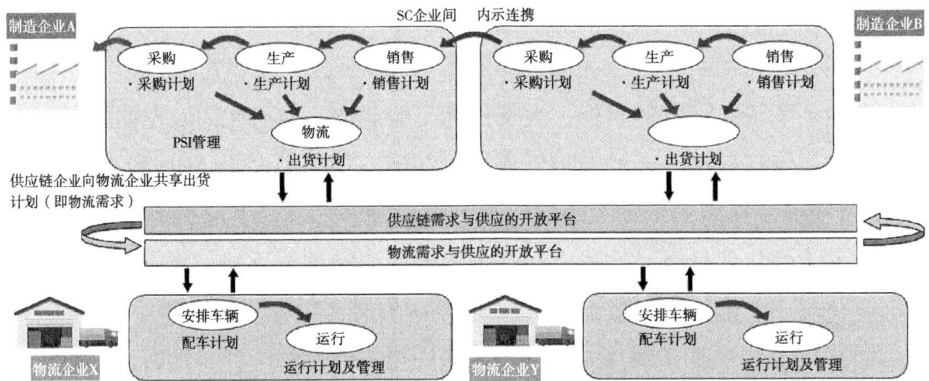

图4-8　共享货车系统的未来整体设想

资料来源：根据西浓信息服务公司的资料加工制作。

当规模扩展到西浓集团之外的物流公司也参与进来的程度时，这个系统自然而然就发展成了开放性平台。因此，平台的可扩展性也是系统开发时的重要考量点之一。总而言之，我们正在加快系统完善的步伐。"

西浓信息服务公司的官方网站：http：//www.seino.co.jp/sis/

西浓集团的官方网站：https：//www.seino.co.jp

IBM的官方网站：https：//www.ibm.com/jp-ja

【思考题】

1. 为达到"削峰填谷"的效果，除了文中提到的共享货主的需求预测和出货计划等预测性信息，还有何种方法？

2. 打造一个开放性物流信息共享平台，除了系统不断地完善和参与企业数量的扩大，还需要哪些不可或缺的条件？

3. AI技术在方方面面给予现代化物流建设有力保障与支援，除了本文中提到的AI技术应用，请列举其他实际应用。

4. 你是否同意文中所述的AI图像识别技术综合而言要优于传感器的说法？

5. 对于那些不拥有大量实际运输数据的公司而言，应从什么方面切入开发拼车匹配系统？

5　阿尔卑斯物流的货源电子地图的开发与应用

石原亮/姚佳顺

【摘　要】通过在运营管理系统内建立的货源电子地图功能，阿尔卑斯物流把原有的运输路线和来自客户的新运输路线咨询等信息可视化，大幅缩短了开发新运输路线所需的时间，还为发展新客户带来了便利。

5.1　自主研发的"宝岛系统"

阿尔卑斯物流①是日本电子零部件大型制造商阿尔卑斯电子的物流子公司，是日本电子零部件物流中最具实力的企业之一。这家物流公司在日本国内设置了 22 个营业所，以此为依托向包括母公司在内的数百家电子零部件企业提供定班次定路线的联合运输服务。合计每天有 600 辆自有车辆和外协车辆投入运营，其中 150 班次是各营业所之间的干线运输，另外 450 班次是营业所与客户之间的收发货车辆。这一庞大的运输网络成了日本全国电子零部件 B2B 物流的重要支撑。

阿尔卑斯物流在 2012 年自主研发了运输管理系统（见图 4-9）。该系统除了对自有车辆和外协车辆的动态管理和行进轨迹的实时追踪，还能对各种运输数据和业绩进行管理，用于提高运输效率、缩短卡车的等待时间。

阿尔卑斯物流的董事兼事业本部副部长吹山浩司告诉笔者："运输管理系统在 2018 年以前主要用于监控运输品质，把控车辆运行实际状况。我们一直

---

①　阿尔卑斯电气株式会社与阿尔派株式会社于 2019 年 1 月 1 日合并成立了集团公司"阿尔卑斯阿尔派株式会社"。本文中的阿尔卑斯物流是原阿尔卑斯电气的物流子公司，主要向国内外电子元器件相关企业提供运输、仓储、进出口通关和货运代理等综合物流服务。

车辆运营管理系统	阿尔卑斯物流的经营课题	现阶段的举措	正在研究的课题
	业务拓展等	活用客户数据库（宝岛系统）	
	扩大收益等	在线车货匹配	缩短干线运输距离
		减少车辆等待时间	自动规划路线（车辆调度）
		每日业绩	
	提升服务品质、客户满意度、员工满意度等	动态管理	图像识别
		行车记录仪	利用多功能感应器
		冲击感应仪	加强手机联动
			泊位管理

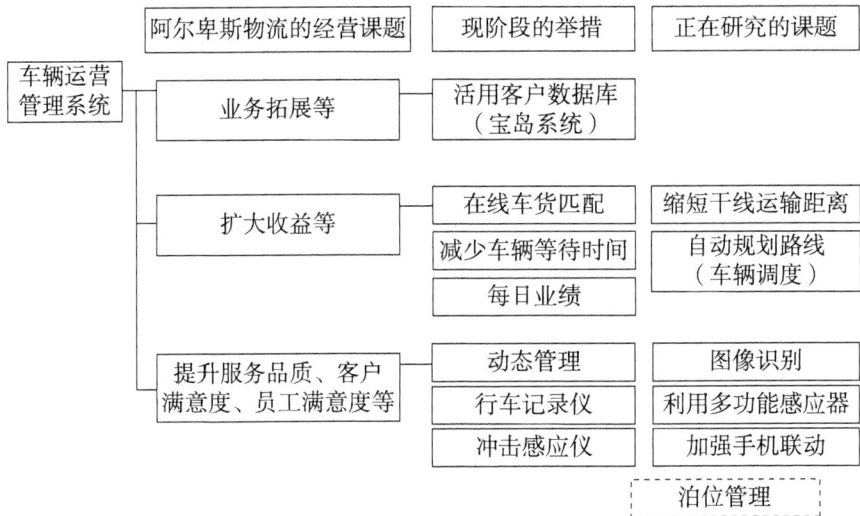

图 4-9　阿尔卑斯物流的车辆运营管理系统

资料来源：根据阿尔卑斯物流提供的资料加工制作。

在思考如何利用运输管理系统收集到的大量车辆运行数据来扩大业务范围。"

当时，阿尔卑斯物流在处理销售信息上存在一个问题：各销售人员常常会接到一些货主企业的新运输要求，如是否可以设定新的配送地点，但当时系统并不具备将这些需求信息整合起来的功能，失去了许多机会。

吹山董事表示："如果我们知道了来自不同客户运往同一个地点的运输需求达到了一定的规模，就可以为这些需求新建一条到 A 营业所的专线，而且以后还可以利用这条专线承接 A 营业所的末端配送业务。"

因此，阿尔卑斯物流更新了运输管理系统，让销售人员能及时将来自客户的新运输需求的有关信息共享到数据库。这个新功能不仅可以输入配送地点的信息，还可以把货物量、运输频率、销售额预估值等输入数据库。

除此之外，阿尔卑斯物流更新后的系统的电子地图上，能同时显示来自客户咨询的新收发货点以及现有的收发货点，以及现有营业处的可承运范围。这个新功能被称为"宝岛系统"，于 2018 年 4 月正式投入使用。

例如，在电子地图上点击阿尔卑斯物流的长野县营业所后，地图上会立刻显示该营业所的现有运输线路连接的所有收发货点，以及距离该营业所一小时车程的范围。如果客户问询的新配送地点在该营业所的一小时车程范围内，阿尔卑斯物流就可以通过当地车辆调度把这些新配送地点追加到现有的运输线路中。

此运输系统的开发负责人，事业推进部运输技术科的渡边真广系长告诉笔者："在地图上直观地显示信息、将其可视化非常重要。仅通过住址等数据很难立刻判断现有的收发货点和客户问询的新配送地点的位置关系，恐怕只有负责该区域的车辆调度员和司机才有这个能力。但是如果这些信息在地图上实现了可视化，即使对当地道路不熟悉的人也能够立刻把握实际的位置关系。追加这个功能有利于调整和新增运输路线。"

正是因为有了这项新功能，以往只能委托给零担专线公司的订单现在也可以纳入阿尔卑斯物流的运输服务网络了。宝岛系统将委托给零担专线公司的订单的配送地点显示在地图上，通过将这些信息与客户问询的新配送地点的信息结合起来，就能判断出是否应该新设一条运输路线。这样既能把外包的货物运输业务拿回来，又能顺利承接新的订单，扩大公司的销售额。

在宝岛系统正式投入使用之前，运输路线基本是由各营业所自行设定的。宝岛系统上线后，运输路线的设定和分析以及对营业所现有路线的调整等业务就改为由公司总部的事业推进部进行统筹规划。以前设立一条新的运输路线通常需要花近半年的时间，而现在通过公司总部对现有路线、委托运输路线、客户的新要求等数据进行综合分析，所需时间缩短到1个月左右。对于这样的效果事业推进部的萩谷秀之部长并不满足，他告诉笔者："如果各个环节的运转效率再高一些，这个周期还可以缩短更多。当初设计宝岛系统的时候，我们设想的是将这个周期降到两周，我相信系统很快就能达到这个水平。"

5.2　利用系统开发潜在客户

目前，宝岛系统仅用于新运输线路的设计和现有路线的优化，今后可以考虑用来开发潜在客户。

阿尔卑斯物流提供运输服务的客户多达近8000家，主要集中在电子零部件行业。但这些还只是日本电子零部件供应商的一部分，业界还有很多潜在的客户没有被开发。特别是在北陆和南九州地区，阿尔卑斯物流还没有充分拓展业务。在这些地区开发新客户时，宝岛系统提供的数据就可以派上用场，为销售人员提出合理方案提供帮助。

对于公司的业务十分薄弱的地区，比如北陆地区，电子地图把尚未开展业务关系的电子零部件相关企业的营业所和工厂地址显示出来，并与现有的运输路线进行对照，就可以发现，现有路线可以覆盖许多目前尚未开拓的客户。阿尔卑斯物流计划进一步更新系统、扩展功能，使系统成为开拓新业务的重要战略手段。关于运营管理系统今后的更新计划，吹山董事告诉笔者："车辆运营管理系统只用于车辆调度实在有些浪费，包括宝岛系统在内的管理系统可以追加更多新功能，为拓展公司业务提供助力。"

阿尔卑斯物流的官方网站：https：//www.alps-logistics.jp/

阿尔卑斯阿尔派株式会社的官方网站：https：//www.alpsalpine.com/j/

【思考题】

1. 从业务流程整合的角度分析阿尔卑斯物流新系统的功能与特征。

2. "可视化"是宝岛系统的关键词之一。为什么可视化对于物流公司的运营管理系统十分重要？可视化在哪些方面有助于阿尔卑斯物流提升竞争优势？

3. 阿尔卑斯物流的运输网络是物流子公司主导并运营的行业共同物流的典型案例。结合本文的内容以及其他类似案例，讨论物流子公司主导的行业物流平台或共同物流服务的特征和优劣势。

6　帕尔系统的产地直销小批量联合运输模式

内田三知代/王慧娟

【摘　要】由于交通法规的严格化导致卡车运费上升，许多有机果蔬产地陷入了难以确保运力的困境。消费者生活协同合作社的帕尔系统（Pal System）向它们伸出了援手。帕尔系统通过与运输公司的通力协作，携手产地直销的宅配流通组织，在遵守法律法规的同时构筑了从九州向东京的果蔬小批量集货交货体系。

6.1　子公司 GPS 专门负责产地直销业务

帕尔系统是由东京都及周边 9 县的 10 个地方性消费者生活协同合作社加盟组成，2019 年总营业额达 2210 亿日元，会员总数达 162.6 万人。帕尔系统于 1993 年成立了一家全资子公司 GPS（Green Plaza System）公司，专门负责农产品的产地直销业务。GPS 公司负责大米和果蔬的产地开发以及与生产者共同协商决定种植方法等事项，实现了从品种、产量、发货时间、价格、采购到销售的一体化管理。

对生产者、生产方法、出货标准均明确达到环保型农业标准要求的产地，帕尔系统与其缔结产地直销协议，进行优先采购。签订产地直销协议的大米生产者达 33 家，果蔬生产者则超过了 300 家，协议对象的生产者包括农业协同组合、农事组合法人、株式会社等各种机构和组织。大米的产地直销比率为100%，果蔬也达到了 96% 的超高水平。

在产地直销的产品中，获得日本农林水产省的有机认证，具有最高安全性的有机农产品以 Core Food 品牌进行销售；而农药减量（化学合成农药或化肥用量减少到 1/2 以下）种植产品则以 Eco Challenge 品牌销售。

因为有机种植和农药减量种植需要耗费大量的人力和物力，所以种植规模比常规栽培小，仅靠 Core Food 和 Eco Challenge 这 2 个品牌产品难以满足广大消费者的需求，为了保证供给量，帕尔系统也会采购以普通方式种植但农药用量相对较少的产品。种植方法不同的产品中，普通种植的出货量最多。在果蔬出货量中，Core Food 出货量仅占 3.7%，Eco Challenge 占 28%，而普通种植的产品占比达到了 68.3%。

帕尔系统工作的基本流程是：果蔬在产地就分装进最终销售单位的包装袋内，然后运到帕尔系统的分拣装箱中心，再按照收货地运输到各地区消费者生活协同合作社的配送中心，从这里向会员们配送。而根茎类蔬菜和一部分水果则在收获后直接运到 GPS 公司的小包装物流中心，进行装袋或切块包装后再送到分拣装箱中心。位于相模原（神奈川县）和岩槻（埼玉市）的两个小包装物流中心承担了全部出货量 1/3 的分拣装箱业务。

6.2 应对大幅运费上涨的措施

2012 年以来，果蔬产地的物流面临很大的困难。GPS 公司在 2013 年年底收到了来自九州各地的有机蔬菜产地方面关于"货运公司运费大幅上涨，导致出货困难，希望能一起探讨相关对策"的请求。

为了确认情况，担任 GPS 公司管理本部长的岛田朝彰亲赴九州各地与各货运公司进行协商。与此同时，货运公司面临严峻的考验。日本厚生劳动省明确规定了驾驶员的驾驶和休息时间并强化监察管理，违反该法规的驾驶员和货运企业将受到严厉处罚。

为了遵守驾驶员每天驾驶时间不得超过 9 小时，一昼夜的休息时间必须达 8 小时以上等规定，从九州向首都圈等地运输货物时，必须配备两名驾驶员，而这不可避免地导致了成本上升。各货运公司都表示，如果达不到合理的运费价格，就很难接受订单。

各产地运费上涨程度不同，有的地方甚至涨到了此前的 1.5 倍左右。帕尔系统的产地除了 JA 之外，大多数产地每次出货量都在 0.1~2 吨。特别是有机种植和农药减量种植产地，通常都是小批量生产，其位置一般不在货运公司上门取货路线之内，这也导致运费大幅上涨。

在 2014 年 1 月召开的帕尔系统九州地区的产地直销协议会全体会议上，GPS 公司的岛田董事受邀出席了该会议并主持召开了物流协商会议。在听取了与会成员的苦衷后，岛田董事当场表明了态度："实现农业持续发展，需要维持长期稳定的运营。在了解了产地所面临的困难后，我们认识到一直以来奉行的'提供安心、安全、高品质果蔬的方针'正面临难以为继的困境。为了对发展资源循环型社会作出贡献，需要流通环节各方的全力支持与合作。"

在九州各地的探访过程中，丸善海陆运输集团（以下简称丸善集团）提出的构建新运输系统的方案脱颖而出。尽管多数货运公司对向本州方向的长途运输持消极态度，但是丸善集团却表现了极大的兴趣。

丸善集团拥有 900 余台冷链车，配送网覆盖九州地区，在遵纪守法的同时保证驾驶员权益，并维持了年轻驾驶员数量的稳定。丸善集团提出了将九州所有地区小批量果蔬集中后发送到本州大消费地区的构想。岛田董事在听了该构想后，在物流协商会上呼吁构建新的运输系统。

但是，产地方面的反应并不热烈。产地方面的出货对象不局限于帕尔系统，也同时出售给销售有机蔬菜的网上超市和大型零售商、批发市场等组织。对产地方面而言，仅仅为了向帕尔系统出货就构筑新系统益处不多，反而可能会导致效率低下。

6.3　遵守法规的同时缩短运输时间

为此，丸善集团再次提出了以关东、关西方面出货的全部果蔬为对象，进行集中采购的方案，并落实了具体措施。

丸善集团的负责人对出货组织进行了探访，在了解了出货品种、出货时期、出货量、收货地等信息之后，发现收货地集中在几个特定流通组织。经过与这些收货组织进行协商，新运输系统的构建得到了生活 CLUB 事业联合生活协同组合联合协会、RADISHBO-YA 和大地守护协会等收货组织的肯定。

自 2014 年 9 月起，以帕尔系统（GPS 公司）为首的 4 家流通组织和出货组织，在丸善集团的倡导下成立了"新九州物流构筑协议会"，并于同年 11 月开始运行新系统（见图 4-10）。

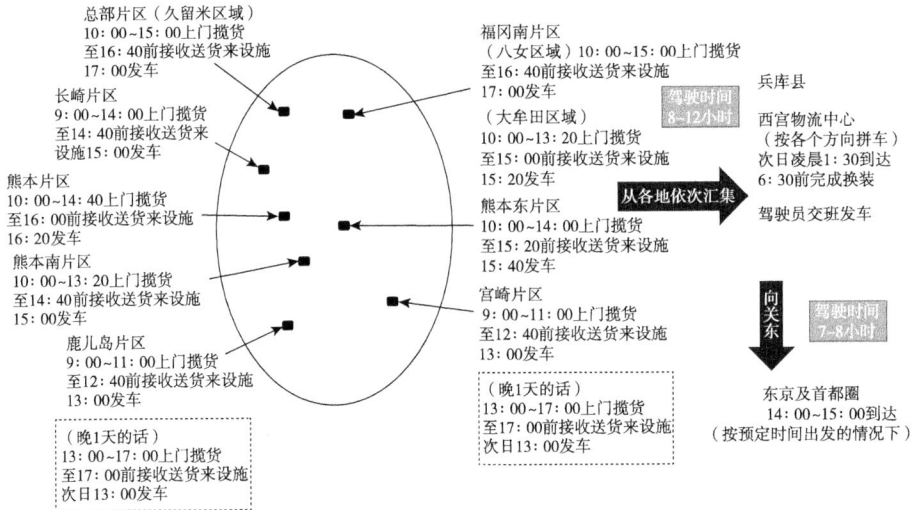

图 4-10　从九州各地集货的新系统

资料来源：GPS 资料。

　　丸善集团按照片区对九州的各个产地进行收货，并将货物运输到位于西宫的西宫物流中心，从各地出发到达西宫耗时 8~12 小时。果蔬在西宫物流中心的冷藏仓库中按照去向分拨，在替换驾驶员后于 6：30 分再次出发，经过大约 8 小时后于 14：00~15：00 到达东京。

　　在严格遵守交通法规的前提下，如果在物流中心不替换驾驶员，从头到尾仅靠 1 名驾驶员从出发地驾驶到目的地的话，为了遵守驾驶员每驾驶 4 小时必须休息 30 分钟等的法律规定，出发首日需要在规定时间内开到滋贺附近后停车，驾驶员在原地休息 8 小时后，次日继续向东京进发。在这种情况下，从福冈出发到东京总耗时 27 小时 30 分钟。

　　但是如果在西宫替换驾驶员，驾驶员休息的 8 小时则不需要计入运输周期。货物的转运结束后即可换另外一名驾驶员迅速出发。加上西宫的分拨作业所需的 5 小时，最终到达东京总耗时仅为 24 小时，缩短了 3 小时 30 分钟（见图 4-11）。

　　在此之前，出货量少的产地只能采用冷链运输或卡车零担专线，10 千克

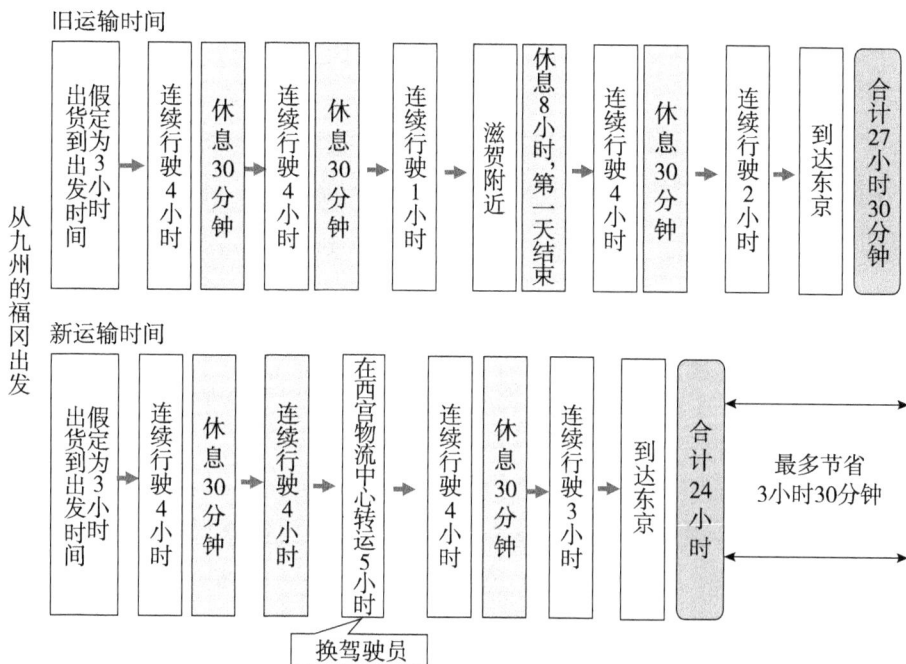

图 4-11 新旧运输模式时间的对比

资料来源：GPS 资料。

果蔬从福冈运到东京使用冷链运输的话需要花费约 1500 日元。而利用新运输系统的话，即使加上上门揽货费和转运费也只需要 800 日元，运输成本降低了。

此外，卡车零担专线由于中转次数较多，曾经发生过在常温下保存或者转运操作不当等问题，造成商品损伤。而新运输系统在西宫的冷藏仓库内完成转运作业，产品品质有所改善，投诉件数减少到了每 1000 箱 1~2 件。

6.4 24 小时收货体制

此前由于物流中心存在早上 7 点到晚上 11 点的工作时间限制，从较远的产地出发的车辆半夜到达的话只能在停车场等待验货。GPS 公司为了配合新运输系统，将小包装物流中心的工作时间变成了 24 小时制，方便收货。此外，还变更了按照到货先后顺序收货的规定，对收货时间短、只需一个托盘即可完成卸载的小批量货物，设置了专门的卸货区域进行优先收货，这一举措受到司机的一致好评。

"等待时间的缩短使车辆可以在多个收货地之间进行有效运转，这需要运输方面的大力支持。毕竟 24 小时工作制度会导致成本上升。"岛田董事如是说。

6.5 燃料费下跌后的对策

在新运输系统开始运营 4 个月过后，其业务开展情况并未达到预期的效果。2014 年 9 月召开的新九州物流构筑协议会说明会上共有 45 个生产者组织表示了参与新运输系统的意向，但是最终只有 14 个组织参与其中。其原因是费用体系存在问题。小规模产地可以通过新运输系统享受到成本优势，但是对于出货规模在 2 吨以上的产地而言，参与新运输系统反而导致了成本上升。与此同时，自 2014 年秋季新运输系统运营开始后，原油价格下跌使燃料费下降，有的货运公司下调了运费。这也导致了新运输系统以小批量货物为中心、每个收货地运送数箱的措施难以为继。

新九州物流构筑协议会于 2015 年 2 月开会协商了对策，面对货运公司难以下调运费单价的现状，探讨在不改变单价的前提下降低成本的方案。其中，提出的相邻多个产地的货物集中后再运往集运站点的方案得到了肯定。会议就通过产地间的协同合作，运输方面再进行协调的问题达成了共识，同时推出了试用价的方案。农闲期通过低价服务让产地感受运输品质，强调不拘泥于价格竞争，旨在突出品质方面优势的策略。

会议还探讨了出货量大的产地和小规模产地混载的方案。例如，某产地向本州运送加工用的卷心菜，此前为了配合车辆的搭载量采取每周运输 3 次，每次运载 10 吨的方式，而实行与小规模产地混载后每周运输次数增加了，每次运载量的设定更为灵活，这给产地带来了方便。

燃料价格的高涨使货运公司面临如何确保运输能力的严峻考验。由于法律法规的加强和驾驶员人数的不足，出现了明确表示将撤出或者缩小从九州地区向东京方向运输果蔬业务的货运公司。九州之外的情况也不容乐观。

此外，由于地域不同，即使是 JA 也存在着难以达到单独路线运载量的时候。岛田董事表示："为了维持农产品的稳定供给，在下一阶段需要继续探索和推进组合间的深化合作。"

帕尔系统的官方网站：https：//www. pal-system. co. jp/

GPS 公司的官方网站：https：//www. pal. or. jp/gps/

丸善集团的官方网站：http：//www. maruz. co. jp/

【思考题】

1. 结合本案例的内容，讨论果蔬物流的特征和要求。

2. 根据物流网络的相关理论，试分析分拣装箱中心存在的合理性。

3. 简述丸善集团提议的新运输系统的内容，并指出关键要素有哪些。

4. 你是否认为西宫物流中心使帕尔系统的物流效率得到了很大改善？谈谈你的看法。

5. 结合你所学的相关物流专业知识，讨论帕尔系统如何应对运费上涨。

7 卡车零担专线运输企业 JTL 的联合运输模式

内田三知代/姚佳顺

【摘 要】砺波控股、第一货物、久留米运送三家日本卡车零担专线运输企业为了提高运输效率，合资成立了开展共同物流的 Japan Tranz Line（简称 JTL）公司。JTL 在关东与关西之间的干线联合运输上配置了 12 辆大型卡车，同时积极推动运输方式的转换，开发了将三家零担企业的货物拼装在 31 英尺的集装箱里，利用铁路在东京与九州之间开展联合运输的服务模式。

7.1 实现稳定的 100% 装载率

JTL 是 2012 年 4 月时由砺波控股、第一货物和久留米运送三家企业合资成立的公司，注册资金为 6000 万日元，其中砺波控股和第一货物各出资 40%，久留米运送出资 20%。砺波控股的核心企业砺波运输与第一货物和久留米运送有着多年的合作关系。这样的合作关系并非这三家企业特有的。大多数卡车零担专线运输企业都会和公司服务区域以外的运输企业开展业务合作以实现运输服务范围覆盖全国。进入 21 世纪，企业间物流开始转向小批量高频次，再加上电商的迅猛发展，货运的小批量化成为一大趋势，卡车零担专线运输业也受到影响。快递业务需求不断增加的同时，中批量货物运输市场在不断缩小。卡车零担专线运输的利润，来自多个客户货物拼装带来的运费差价。但是随着货物的减少，车辆的装载率下降成了卡车零担专线运输企业收益减少的主要原因。

针对运输市场的需求变化，三家企业就今后卡车零担专线运输事业的合作达成了共识。其中一个对策就是设立以高效运输为目的的合资公司，即 JTL。

JTL 于 2012 年 9 月获得了卡车运输营业执照，在东京江东区的第一货物东京分公司以及大阪府堺市的砺波运输南大阪分公司内设立了营业处，开始为三家企业提供东京与大阪间的干线联合运输服务。虽然三家企业都在东京与大阪之间拥有自己的运输网络，但是单个卡车枢纽基地并不是每次都能集满一车货物，所以常常不得不在发车后沿途装载货物。比起专线直达，这种做法的交货周期较长且运输效率不高。现在像这样无法装满一辆卡车的货物就可以交给 JTL 拼装。因为三家企业在关东的葛西卡车枢纽基地和京滨卡车枢纽基地、关西的北大阪卡车枢纽基地都设有站场，JTL 便将这三个公共卡车枢纽基地作为拼车、发车和到达的基地，以提高装载率。

JTL 成立时，以三家企业和 JTL 的运输管理负责人为成员成立了运输工作联席会，该会每月都召开例会，在例会上，各企业开示各路线的装载率等数据，根据这些数据来抽选需要拼车的路线并进行详细讨论。JTL 首任社长坂田昭雄先生告诉笔者："在卡车零担专线运输界，企业公布自家的装载率等数据原本是一件很难想象的事。但由于 JTL 成立之前，三家企业通过多年的业务合作早已形成了良好的信赖关系，这才促成了以提高效率为目的的数据共享。"

JTL 最初的联合运输是从东北与九州之间的线路开始的。2013 年 10 月，第一货物的天童分公司（山形县）和久留米运送的饭塚分公司（福冈县）开展车辆共享，并在北大阪卡车枢纽基地交换司机。JTL 把这一联合运输模式称为"握手运输"。

7.2　交货周期缩短半天

第一货物和久留米运送以前就有在北大阪卡车枢纽基地进行货物交接的情况。以从第一货物天童分公司出发运往九州地区的货物为例，卡车晚上 8 点从山形县天童市出发，第二天早上 10 点到达北大阪卡车枢纽基地内的久留米运送北大阪分公司。但是，卡车到达卡车枢纽基地之后，还需要等久留米运送收集完从大阪到九州的货物才能进行货物交接。在这个时间段内，卡车只能在货场候命。等到久留米运送装载完货物正式出发时，一般已经是晚上 10 点以后，也就是说，卡车在卡车枢纽基地的等待时间大概有 12 小时。

为了提高效率，第一货物和久留米运送采用了"握手运输"。第一货物天童分公司和久留米运送大分分公司分别寻找运往九州、东北地区的货物。第一货物前往九州的车辆和久留米运送前往东北的车辆在北大阪卡车枢纽基地换司机，第一货物的司机驾驶久留米运送的卡车返回天童市，久留米运送的司机驾驶第一货物的卡车返回大分县（见图4-12）。

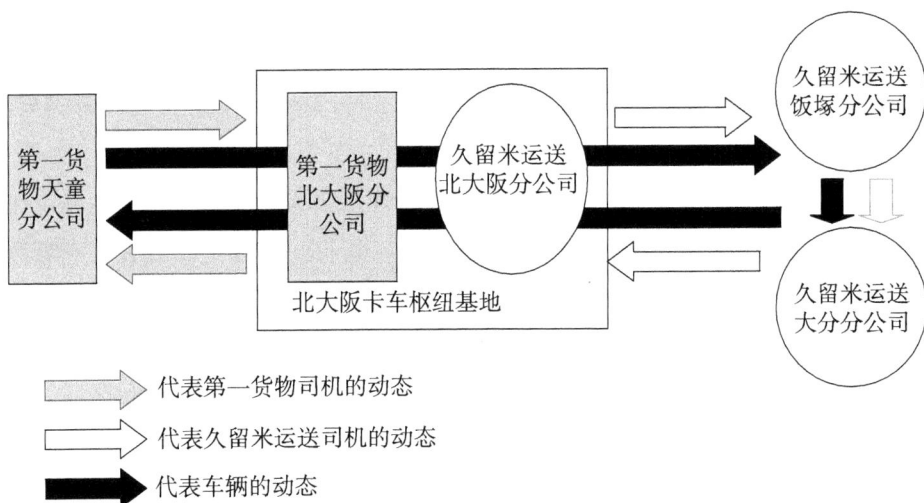

代表第一货物司机的动态

代表久留米运送司机的动态

代表车辆的动态

图4-12　司机和车辆的动态示意

资料来源：根据三家企业提供的资料加工制作。

通过"握手运输"，从天童市出发的第一货物车辆在到达北大阪卡车枢纽基地后不需要等待，直接换成久留米运送的司机开往九州，当天晚上6点就能到达久留米运送饭塚分公司（福冈县），次日上午就能将货物配送到九州全地区。在交货周期缩短了半天的同时，货物装卸的次数减少也使得运输品质有所提高。在2013年，第一货物的山形县分公司出发的货物也开始了"握手运输"。

跟东京与大阪之间一样，东海地区①与关东地区之间也开始了联合运输。这两个地区之间的联合运输并没有使用JTL的卡车，而是通过调整三家企业的班车行驶路线进行运输。2015年1月，砺波运输和第一货物以各发一班车的

---

① 日本东海地区一般指岐阜县、爱知县、三重县三县，亦称作"中京地区"。

方式开始了联合运输，第一班车由第一货物的富士分公司负责运输，经由砺波运输的小牧分公司装货；第二班由砺波运输的小牧分公司负责，发车后经由第一货物的富士分公司装货后运往关东地区（见图4-13）。这样的联合运输目前只在工作日运营。

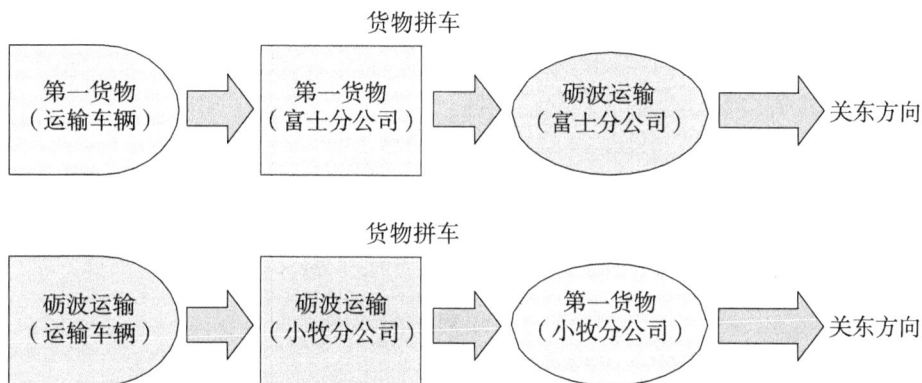

图4-13　东海地区—关东地区之间的联合运输模式

资料来源：根据砺波运输、第一货物提供的资料加工制作。

运输工作联席会的下一个目标是提高周末的车辆运输效率，周末的东京与大阪之间的运输量只有工作日的1/4，装载率非常低。与工作日不同的是，配送地点周日休息，无人接收货物，因此周末货物的交货日往往是下周一，交货周期相对比较宽裕。2015年6月，三家企业利用相对宽松的交货周期，构建了周末联合运输模式。砺波运输和第一货物的车辆在东大阪市枢纽基地装载久留米运送的货物，随后砺波运输的车辆在京滨、葛西、板桥枢纽基地卸下砺波运输和久留米运送的货物，第一货物的车辆则是先前往久留米运送的神奈川分公司和足立分公司卸货，最后再到自己公司的大宫分公司卸下自己公司的货物。通过这样的联合运输，三家企业在周末也能确保卡车的装载率，而久留米运送减少了1班次的车辆，节约了周末送货的成本（见图4-14）。

7.3　31英尺集装箱的联合运输

针对司机人手不足的问题，三家企业选择积极推动运输方式的转换。通过

→ 砺波运输车辆的行驶路线　┄┄► 第一货物车辆的行驶路线

东大阪市货运枢纽

东大阪市货运枢纽	京滨枢纽基地	葛西枢纽基地	板桥枢纽基地
砺波运输东大阪市分公司	砺波运输京滨分公司	砺波运输葛西分公司	砺波运输板桥分公司
久留米运送东大阪市分公司	久留米运送东京分公司	久留米运送江户川分公司	久留米运送板桥分公司
第一货物大阪分公司	久留米运送神奈川分公司	久留米运送足立分公司	第一货物大宫分公司

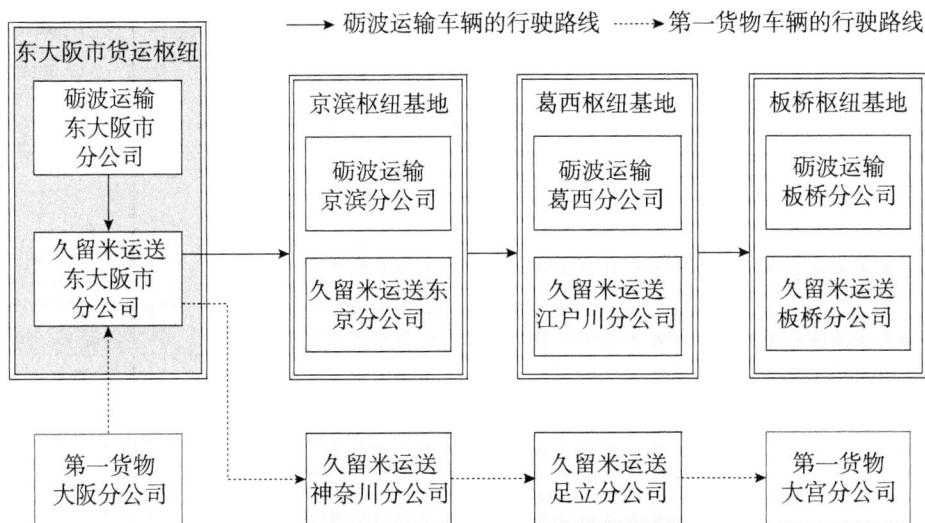

图 4-14　周六、周日的运输模式

资料来源：根据三家企业提供的资料加工制作。

利用砺波运输现有的 31 英尺集装箱进行拼装，三家企业构建了东京与福冈之间铁路往返运输的货运路线。自 2015 年 11 月起，久留米运送在东京的各枢纽基地将三家企业的货物混装在 31 英尺的集装箱，然后从 JR 货物的东京枢纽基地出发，通过铁路运输至福冈枢纽基地。以三家企业现有的卡车零担专线运输网络计算，需要三天的时间才能将货物运送到九州地区。但是他们通过从东京直达九州的铁路运输，可以在第三天的上午就将货物送至九州并开始在当地的末端配送，从而缩短交货周期。返程的 31 英尺集装箱由久留米运送负责填充运往东北地区的货物，集装箱通过铁路运输抵达东京枢纽基地后，由拖车拉入第一货物大宫分公司的卡车枢纽基地，掏箱后再利用该公司的运输网络配送至东北地区各地。运输联席工作会计划将来开展东京与札幌之间的铁道运输服务，以及考虑使用 20 英尺集装箱。

7.4　为 3PL 提供有效支援

三家企业都认为，正是因为他们在第三方物流业务上的服务优势，卡车零担专线运输事业才得以顺利开展。成立 JTL，开展联合运输的目的之一也是为了支援三家企业的第三方物流事业，通过运输工作联席会构建的联合运输模式，达到减少货物装卸、缩短交货周期、提高运输品质的目的。同时，这也是向潜在顾客展示企业服务品质的机会。坂田社长表示："联合运输模式不仅能提高运输效率，在销售方面也能向第三方物流的潜在顾客展现我们企业的竞争力。"

三家企业还在组织特定区域内的联合运输，通过把特定区域的运输服务委托给区域内的特定企业，实现减少重复委托的成本和形成区域内的集聚效果。除此之外，三家企业还在讨论物流设施的共用以及业务系统的对接，以期达成更深度合作。

JTL 的官方网站：http：//www. jtl. jp. net/

第一货物的官方网站：http：//www. daiichi-kamotsu. co. jp/

砺波运输的官方网站：http：//www. tonamiholdings. co. jp/

久留米运送的官方网站：https：//www. kurumeunsou. co. jp/

【思考题】

1. 概括一下 JTL 与三家企业的业务分工与协作，讨论该联合运输模式在提高零担专线企业的运输效率时的条件和局限性。

2. JTL 模式对于三家企业的新业务及新客户开拓有无积极意义？为什么？

3. 本案例中三家企业达成共识并组建 JTL。结合案例中的有关事实，讨论服务的同质化对于企业间横向协作有哪些利弊。

4. 如果你是 JTL 的 CEO，你该如何规划 JTL 今后的战略发展方向？谈谈你的看法。

8 东洋纺与住友化学利用铁路集装箱开展共同物流

藤原秀行/时键

【摘　要】住友化学利用铁路集装箱向东洋纺运送原料树脂，而东洋纺则利用返程集装箱将薄膜产品运送至该企业位于埼玉县的物流中心。这两家企业通过铁路集装箱的循环利用，成功实现了共同物流。目前东洋纺薄膜产品已有超三成从公路运输转为铁路集装箱运输，实现了物流成本的降低和二氧化碳排放量的减少，两家企业也在探讨将共同物流模式拓展到其他新路线上的可能性。

8.1　"货运专线停运"的报道成为转型契机

2009 年 12 月，生产薄膜和功能性树脂等产品的东洋纺和综合化工巨头住友化学开始利用铁路集装箱运输实施物流合作。住友化学将千叶工厂生产的原料树脂聚乙烯、聚丙烯，通过 JR 货物和官民合办的京叶临海铁路运送到东洋纺的敦贺工厂（位于日本西部福井县敦贺市）。而东洋纺则将树脂薄膜产品卷成圆柱状装入回程集装箱，运送至该企业位于埼玉县川越市的物流中心。在共同物流实施前，东洋纺敦贺工厂的薄膜产品都是使用卡车运输到川越物流中心，现在已有超过三成的产品由公路运输转为铁路集装箱运输。

住友化学、东洋纺通过铁路集装箱实现共同物流的契机源自当地媒体的一篇新闻报道。2008 年 11 月 12 日的《福井日报》刊登出一篇以"3 月敦贺港铁路线停止运营，120 年历史宣告结束"为标题的新闻。JR 货物为降低运营成本，决定于 2009 年 3 月中旬停止"敦贺港铁路货运专线"的运营。而住友化学一直是利用该条线路将原料树脂从千叶工厂运送到位于敦贺港的东洋纺敦贺工厂。突如其来的线路停运消息，令这两家企业都感到措手不及。

这篇新闻刊载当日，住友化学千叶工厂生产管理部的物流主管岛田治典正巧在拜访东洋纺敦贺工厂。岛田治典回忆："当时我正好在会议室，东洋纺的物流负责人进入会议室，非常惊诧地问我知不知道这件事。对于我们而言，这无疑是一个令人震惊的消息。不过如果没有这个消息，住友化学和东洋纺的共同物流恐怕也不会这么容易实现。"

当时两家企业都很担心如果敦贺港线路彻底停运，势必影响敦贺工厂的原料树脂的运输供应。住友化学极力希望维持物流通道稳定，以确保对东洋纺的原料供应。所以在那篇新闻报道后不久，住友化学就联合地方政府请求 JR 货物保留敦贺港铁路线。

JR 货物最终还是按原计划于 2009 年 4 月停运了该线路，但为了满足企业客户的需求，将敦贺港站转型为专门办理集装箱业务的无轨车站（Off-Rail-Station，ORS），而且由 JR 货物负责提供敦贺港 ORS 与最近距离南福井站之间的公路货运服务，以替代原来的铁路货运。

无轨车站方式虽然暂时解决了住友化学的困境，但如果敦贺港 ORS 的利用率持续低迷，就有可能再次被取消。而住友化学将原料树脂交货给东洋纺敦贺工厂之后的空集装箱虽在敦贺港 ORS 办理回程，但并不计入该场站的绩效和收益。所以当住友化学了解到东洋纺有产品通过公路运输到埼玉县川越市时，立即向东洋纺提出了利用回程集装箱实施共同物流的方案（见图 4-15）。

对于东洋纺而言，距离其敦贺工厂最近的敦贺港站也极具价值。之前，东洋纺出口海外的产品需要从敦贺工厂陆运到关西地区，再从大阪港或神户港出口海外。但在 2008 年之后，为了降低物流运输成本和减少二氧化碳排放量，东洋纺逐步增加了从敦贺港直接出口海外的货物量。东洋纺也担心敦贺港站的停运会对其出口业务造成不利影响。当地政府也希望通过港湾建设振兴地方经济。另外，东洋纺所属团体——日本化学纤维协会大力推进的"地球温室效应对策"等因素都对两家企业共同物流的实现起到了直接或间接的推动作用。

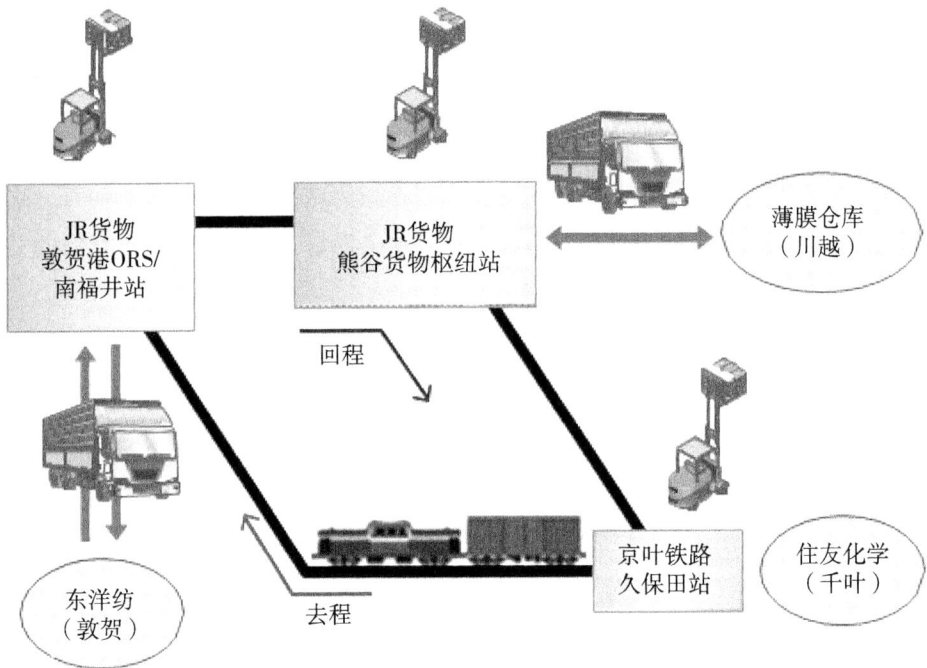

图 4-15　铁路集装箱联合物流示意

资料来源：住友化学提供资料。

8.2　JR 货物为共同物流提供必要的基础性支援

在共同物流实现之初，东洋纺和住友化学最先考虑的是改进专用集装箱。在此之前，住友化学是以货物散装的形式将原料树脂装入专用的"底卸式集装箱"（20 英尺、13.5 吨），再通过铁路进行运输。但是这种底卸式集装箱没有箱顶，回程时无法满足装载东洋纺薄膜产品的要求。

为此，住友化学改用可密封的 ISO 规格集装箱（20 英尺、20 吨），并且使用专用薄膜包装原料树脂，以防止集装箱内部污染。东洋纺也与运输企业积极协调，采取更加完善的防护措施，防止在铁路运输过程中由于震动和冲击对薄膜产品造成损伤。多家企业的物流部门联手，解决了产品包装、运输模式等问题，促成了共同物流的实现。

考虑到集装箱载重量增加，JR 货物采用了刚性更强的拖车，加固了货场地基，并配备了大型叉车、吊装等装卸设备，为两家企业的共同物流准备了必要的基础性支援。

正是由于多方的努力，在地方媒体刊载"3 月敦贺港线停止运营"新闻的一年之后，住友化学和东洋纺两家企业实现了铁路集装箱的共同物流。住友化学的物流主管岛田在接受采访时强调："除了东洋纺，JR 货物也给予了大力支持。尤其是 JR 货物为推动运输方式转换而设立的解决方案小组与我们通力合作，促进了项目的顺利实施。"

据东洋纺估算，该共同物流项目每年可减少约 40 吨二氧化碳的排放量。另外，随着单次货运量的增加，东洋纺和住友化学的物流效率都得到了显著提高。

东洋纺的物流部清水义夫部长表示："我们企业内部已经形成了'如果能在成本上达到与公路运输相同的水平，就积极开展铁路共同物流'的共识。住友化学的岛田先生发挥了重要的领导能力，特别是在确保运输周期上贡献很大。如果运输周期达不到我们企业内部的要求，很难想象共同物流可以顺利实施。"

住友化学和东洋纺在确立"千叶—福井线共同物流"的基础上，也在探讨采用相同方案，利用铁路运输实现东洋纺丰科工厂（位于长野县安昙野市，生产薄膜产品）的共同物流。

针对不同行业企业间的共同物流，住友化学的岛田认为："合作双方应坦诚沟通，互相了解对方的诉求和底线，这一点对于信赖关系的构建非常重要。"住友化学物流部藤永刚史部长在接受笔者调研时，也对共同物流表现出极大热情："如果有机会，我们非常愿意增加与包括东洋纺在内的其他行业企业的共同物流合作。"

东洋纺的官方网站：https：//www.toyobo.co.jp/

住友化学的官方网站：https：//www.sumitomo-chem.co.jp/

JR 货物的官方网站：https：//www.jrfreight.co.jp/

【思考题】

1. 促使东洋纺和住友化学实现铁路集装箱共同物流的内部和外部因素有哪些?

2. 为了铁路集装箱共同物流的实现,相关企业做出了哪些努力?

3. 讨论联合运输与运输方式转换之间的关系。

9　大盛 Every24构建联合交货预备中心
与广域冷链网络

大矢昌浩/时键

【摘　要】大盛 Every24 是日本一家专注于为量贩和便利店配送冷鲜食品的物流企业。该企业汇集了多家食品制造商的商品，在货物交付地附近设立"联合交货预备中心"，并实施了联合配送，同时通过定班卡车专线连接各联合交货预备中心，形成了广域覆盖的冷链物流网络。2013 年，该企业又与日本通运缔结物流联盟，进一步加强了日本国内外冷链物流领域的战略合作。

9.1　以联邦快递为标杆的冷链物流网络

物流中心将冷冻食品解冻至冷藏温度范围之后配送给客户的运输方式，在日本业界被称为"Rechiru"（冷链配送）。为了适应冷链配送业务的发展，大盛 Every24 针对市场需求，不断扩充冷冻品储存设施。该企业的田中孝昌社长认为："以便利店为主，新鲜糕点、成品菜等冷鲜商品的需求量持续增长。通过强化各物流中心的冷冻功能，能够进一步提升本企业在冷链物流网络中的价值。"

作为一家独立的食品物流企业，并没有来自母公司的基本货源支撑，大盛 Every24 又是如何构建起广域性制造商共同物流网络的呢？对此，田中社长给出了答案："我们并不是在一个现有市场上决一胜负。时代在不断变化，当市场上出现新需求时，我们必须迅速地积极应对，探索出适合我们企业自身发展的业务方向。"

20 世纪 80 年代之前，日本食品制造商都是通过自家的销售公司（部门）或关联批发商将商品直接配送到各零售门店。自 20 世纪 80 年代以来，随着日本国内连锁经营模式的兴起，零售企业专用物流中心开始出现，门店交货也转变为物流中心交货。这种方式使制造商的货物交付的数量在一定程度上减少了，但与此同时又必须应对各物流中心不同的交货条件和方式。由此，也就产生了在交货点附近建立多家制造商共享的"联合交货预备中心"的需求。

所谓联合交货预备中心，就是在量贩店、便利店等大型零售连锁企业的物流基地附近，设置多家食品制造商共享的冷链物流中心，以实现货物联合配送。大盛 Every24 在东海、北陆、关东、关西、四国、九州等地区共设置了 36 处联合交货预备中心作为冷链物流基地。

自 20 世纪 80 年代以来，大盛 Every24 开始致力于物流领域的专业化服务，通过物流干线连通设置在各地区的联合交货预备中心，构建起广域性的冷链物流网络，由该网络帮助食品制造商的偏远地区工厂向市场送货。

其实，这种运营模式是借鉴了联邦快递创始人、总裁兼首席执行官弗雷德里克·史密斯的思想。大盛 Every24 的创始人，也就是田中孝昌社长的父亲——田中孝一会长是联邦快递（日本）公司的首任社长。田中孝一会长在联邦快递的管理知识和经验，奠定了大盛 Every24 的企业经营理念。

大盛 Every24 在物流业务竞标时，时常与食品制造商旗下的物流子公司产生直接性竞争。不过，田中社长认为："我们与物流子公司的营销战略完全不同，相互间的竞争仅局限在部分领域。本公司的业务非常简单，目标也很明确，当然即便是业内同行也有对本公司业务产生误解的。"

大盛 Every24 并不过度关注作为 3PL 物流中心的运营和终端线路配送，而是集中精力强化企业自身的物流网络建设。在联合交货预备中心内，附设零售商/制造商物流中心，货物不需要转运即可完成交割，从而降低运营成本。实际上，经常有制造商和零售商提出类似的要求。但如果需要处理的货物量过大，影响整个网络的正常运营，大盛 Every24 就有可能要求附设的零售商/制造商物流中心退出联合交货预备中心。

企业自制的"班次时间表"是大盛 Every24 又一强有力的营销工具。大盛 Every24 每天的交货地点有万余处，其中约 500 处主要交货地点确定了货运时间班次。大盛 Every24 的货运时间班次表上有连接各联合交货预备中心的干线运输班次和时间。

"班次时间表"也会发送给食品制造商、批发商的物流负责人，以确保物流网络的高效性。另外，大盛 Every24 还注重向货主企业了解新需求，在对班次时间进行物流模拟实验时，经常会听到货主咨询"这样的业务可以做吗？""可以改成这样吗？"等问题，由此也就掌握了尚未得到满足的市场需求。在应对客户需求的过程中，大盛 Every24 的物流网络体系也得以不断完善。

目前，大盛 Every24 自有车辆约 550 台，其中外协车辆约占总数的 50%，而且外协车辆的费用一直呈增长趋势，车辆不足问题日益突出。因此，大盛 Every24 也一直在努力增加自有车辆数量，降低外协车辆占比。企业自有车辆不仅服务质量容易保证，收益性也会更好，而且可以实现 24 小时满负荷运转。

9.2　服务亚洲多国的 Every24 低温运输

大盛 Every24 创业于 1969 年，2000 年之后陆续与大约 20 家日本低温物流企业联合组成了 Every24 集团。集团业务内容广泛，涉及仓储运输、汽车维修及二手车销售、资源回收利用、电气工程、互联网、食品等领域。2014 年，Every24 集团的营业收入约为 500 亿日元，到了 2019 年，Every24 集团的年度营业收入已达 753 亿日元。Every24 集团秉持"杂木林式"经营原则，尊重各成员企业的独立自主性，采取相对松散的战略合作模式。

为了拓展海外业务，大盛 Every24 于 2011 年进入泰国市场，2013 年进入中国市场和马来西亚市场，2014 年进入印度尼西亚市场。大盛 Every24 进入海外市场之初，没有可依托的货主企业，而且从进入的时间点上看，在日本低温物流企业中也属于较晚进入的。田中社长向笔者表示："即便如此，我并不认为错失了良机。日资货主企业进入亚洲各国市场之后，一开始大多是自营物流。但随着当地人工费用上升，降低成本就成为企业经营上的重要问题，这就需要考虑物流业务的外包。所以，我们认为在亚洲的许多国家（地区），真正意义上的低温物流市场才刚刚形成。"

许多日本物流企业在亚洲各国以仓储和货运代理为主营业务，而大盛 Every24 则是将战略目光聚焦在海外市场的国内配送，将日本高品质的温控运输技术原原本本地引入当地。尽管运营成本高于当地的运输企业，但还是有追求高品质的货主企业采用该技术。另外，大多数的日资大型物流企业对海外的当地配送感到棘手，这也为大盛 Every24 的海外业务发展提供了机会。

强大的业务能力使大盛 Every24 获得了国内外业界的高度评价。2013 年，大盛 Every24 与日本通运缔结了战略联盟，开始在国内外低温物流领域开展业务合作，通过日本通运，大盛 Every24 能够获取大量有价值的商业信息。在进入泰国市场的第 3 年，大盛 Every 24 实现了单年度赢利。田中社长满怀信心地告诉笔者："虽然还未完全步入正轨，但是已经开始有回报。我们将继续发挥本企业特有的经营模式优势，积极拓展海外业务。"

大盛 Every24 的官方网站：https：//www.every24.co.jp/

日本通运的官方网站：https：//www.nittsu.co.jp/

【思考题】

1. 讨论联合交货预备中心产生的背景，并结合轴心与辐条的原理分析其存在的合理性。

2. 大盛 Every 24 的班次时间表为什么能成为该公司重要的营销手段？

3. 讨论大盛 Every24 的共同物流模式的主要特征及构成要素，并分析该模式应用于海外市场的可能性。

4. Every24 集团采用了一种松散联盟的方式。谈谈这种方式的优点和局限。

10 企业集团内物流整合与综合 WMS 的开发和应用：朝日啤酒的案例

内田三知代／时键

【摘　要】朝日啤酒依托啤酒业务的物流基础设施，大力整合物流资源，推进集团啤酒、饮料、食品各事业部门的物流集约化，强化了物流设施内作业时间的标准化管理，以及混载配送中的货物状态追踪管理。朝日啤酒开发了集团内各企业共享的综合 WMS，实现了交货地、货物代码、分拣配货、车辆装载等作业的统一化管理。朝日啤酒通过物流管理系统的开发与应用，整合了集团内物流资源，保证了集团内共同物流战略的有效实施。

10.1　物流设施内的作业时间表管理

日本国内啤酒类市场持续萎缩。2001 年，朝日啤酒的年出货量保持在 2.1 亿箱以上，占据日本国内市场份额最大。2002 年出货量开始下降，虽然在 2003 年重登行业榜首，但当年 1.7222 亿箱的年出货量比最高峰时减少了近两成。

朝日啤酒为应对日本国内日趋饱和的啤酒市场，从 2000 年年初开始拓展新的业务领域，并提出了成为综合性酒类企业的战略目标。为满足消费者多样化的需求，朝日啤酒先后从协和发酵工业、旭化成等企业收购了低度酒精饮料、烧酒、洋酒、葡萄酒等多个品牌商品的销售权，由此产品线涵盖了酒类的主要细分。2005 年又收购了钟纺（Kanebo）集团生产儿童饮料的子公司 EL-BEE，继而又将日本国内最大的婴幼儿食品制造商"和光堂"及以生产烘干食品而闻名的"天野实业"收归旗下，加快了从酒类制造商向综合食品制造商的转型。

业务领域的多元化拓展使企业物流面临新的挑战。与可以大批量仓储、运输的啤酒不同，洋酒、葡萄酒等属多品种、小批量交易，出货单位小、分拣作业繁杂耗时。经常出现卡车到了装车发货区但分拣验货迟迟不能完成，结果导致交货延误的情况。

朝日啤酒需要在改善物流服务的同时，应对因品种数量多而造成的物流成本上升。在朝日啤酒采取的诸多应对措施中，物流基地实施的作业时间表管理方法具有一定代表性。

为了严格遵守客户的交货时间，仓库内作业各工序按交货时间倒推，列出详细的作业时间表，实施严格的时间管理。朝日啤酒根据客户要求的交货时间设定发货时间，并以此为起点制作每天的库内作业计划表。首先，根据每位客户要求的出货时间，按时间段调度当天进入仓库装货的车辆。然后，根据车辆台数计算出货物装载所需的作业量，进而计算出为满足该时间段内的装车要求，需要在哪个时间点完成多少量的货物分拣、配载工作。

根据基于各作业工序计算出的结果，以及掌握的单位时间作业处理能力，配备必要作业人员和叉车等装卸设备。作业现场每天都会有这种带有明确时间指示的作业计划表，作业人员随时对照作业进展情况，以保证按时完成计划。负责现场管理的组长根据作业计划表安排作业人员和设备，监督作业进度，预测并应对在时间段内出现的作业高峰。各组长之间也会基于分析判断，对作业高峰进行调整，互相支援。

朝日啤酒的这套作业时间表管理体系并没有一味地依赖IT，而是更多地依赖人为判断和协调。朝日啤酒物流系统部部长儿玉彻夫对此解释说："如果完全依赖信息化系统，就容易形成只有管理者掌握情况，现场人员只是根据指示被动作业的状况。我们的目的是让现场作业人员在能够按照计划进行作业的同时，随时根据实际情况判断需要做什么和怎么做。计划管理最终还是要立足于作业现场。"

10.2 基于货物运输状态配载货物

装载作业时间波动大是朝日啤酒现场管理中的最大问题，从车辆进入泊位到完成装车，有时需要 15 分钟，有时需要 40~50 分钟。特别是洋酒、葡萄酒等小批量订单，由于单位数量少，一个托盘往往需要拼装多个品种，所以装车耗时长。另外，由于混装货物的包装、形状不统一，托盘上货物的稳定性就差，在运输途中容易发生倒塌损坏事故。所以在装车过程中，作业人员要反复确认货物重量、放置状态，并进行适当调整以确保货物稳固，这也是装载作业耗时的又一个原因。

为解决装车过程中的货物摆放问题，朝日啤酒对整个作业流程进行了优化，要求装车前的分拣配货作业要充分考虑货物运输状态，在托盘上合理摆放货物。同时，为减轻因工序改变给分拣配货作业造成的负担，朝日啤酒在WMS 中增加了分拣配货辅助功能。

基于货物的重量、形状等因素的考虑，可能会有多种摆放、装载方法确保托盘上的货物在运输中稳固、安全。将这些信息录入 WMS 后，WMS 就会根据发货信息自动生成货物配载指令，并按照托盘上的货物摆放顺序发出分拣配货指令。另外，为了给作业人员呈现出良好的视觉效果，WMS 会以 3D 的方式显示货物摆放托盘的效果。作业人员只需要对照 3D 效果图，按照发货清单顺序分拣配货即可。

同样，分拣配货后托盘的装车效果图也以 3D 方式显示。作业人员参照该装车模拟图，按照顺序和装车要求依次将托盘装入停在泊位区的卡车即可。朝日啤酒使用综合 WMS 后大幅缩短了装车作业时间，有效地解决了交货延误问题。

如此一来，小批量、多品种货物的装载作业效率得到了极大改善，加之啤酒出货量的减少，现有物流设施的仓储、配送能力就产生了富余。因此，充分利用现有物流设施，与集团内部其他企业开展业务合作以产生协同效应，成了朝日啤酒提升物流效益的新举措。

集团内的共同物流首先在朝日啤酒和朝日饮料之间展开。朝日饮料是集团旗下生产销售清凉饮料的企业，其产品与啤酒在物流特征上相近，相对容易整合。双方在茨城工厂开展的共同物流比较有代表性。该工厂是朝日集团最大的啤酒生产工厂，有三个仓库与啤酒生产线直接连通。仓库区有自动化仓库、以层为单位的托盘货物自动分拣配货装置、卡车装卸设备以及场内车辆引导系统等设备，能够确保啤酒类货物快速发货。

作为朝日集团收益结构改革中的重要一环，朝日啤酒将茨城工厂由单一产品转型为多种产品的生产工厂，2007 年开始生产低度酒精饮料，并从朝日饮料接单生产清凉型饮料。随后，朝日饮料关闭了设备老化的柏工厂，生产业务移交给了朝日啤酒的茨城工厂。同时，朝日饮料停租柏工厂周边三处企业外部仓库，终止工厂原有的仓储和发货功能，向关东地区的发货业务也全部移交给了茨城工厂。朝日啤酒的茨城工厂为配合集团生产和物流的集约化战略，在厂区内新建了清凉饮料自动化仓库和包括洋酒在内的多品种、小批量商品单层仓库。自此，朝日啤酒和朝日饮料实现了生产、物流一体化运营。在销售高峰期来临时，朝日啤酒和朝日饮料相互融通发货能力，为相同方向的客户提供联合配送服务。

朝日啤酒随后将茨城工厂的经验推广到其他工厂，扩大共同物流业务的范围。但与茨城工厂不同的是，其他工厂不再新建仓库，而是在已有的仓储设施中划出专用区域，用于储存从外部仓库转移过来的清凉饮料。为保证物流业务的顺利整合，朝日啤酒努力提高仓库内作业效率，严格管控库存水平，通过改进仓储和装卸方法改善场地周转利用率。负责仓储业务的物流子公司朝日物流和外协物流企业反复调整各作业工序的人员配备，以改善库内作业效率。与此同时，朝日饮料为实现与啤酒联合配送的协同效应，重新规划送货区域，优化了联合配送网络。通过这一系列的措施，从 2007 年开始的三年时间里，朝日集团节约了数十亿日元的物流成本。

10.3　共同物流的拓展

2010 年，朝日啤酒开始和新加入集团的 ELBEE、和光堂、天野实业等食品企业开展共同物流。运营方式与和朝日饮料合作的基本相同，在同一个仓库内分别储存各企业货物，发货时采用定向联合配送。集团内各企业货物配送的目的地有三成左右是重叠的。朝日啤酒的共同物流没有停留在点上，而是将其进一步扩大到面上。原则上以配送频度高的交货点为轴心，半径 10 公里以内的区域用 1 台卡车联合配送，这种方法大大提高了货车装载率。在日本，啤酒的配送一般采用载重 12~13 吨的大型卡车，啤酒和饮料的货量往往只有 9~11 吨。据估算，如果实现食品与饮料或啤酒的拼车混载，装载率就能提高到 90% 以上。

饮料或啤酒与食品的共同物流也会存在问题。朝日集团旗下各企业的库存管理、分拣配货、车辆装载方法等各有不同，票据的格式、商品和客户的编码体系也是形形色色。其实，朝日啤酒和朝日饮料在开展共同物流初期出也遇到过类似问题，两家企业按照各自体系分拣配货，在货物装车过程中经常遇到货物需要调整，甚至重装的情况。一开始，作业人员采用了开展啤酒物流时的做法，但是随着参与共同物流企业的增多，货物重装以及配车的作业负担急剧增加。

为解决上述问题，朝日啤酒着手开发可解决共同物流问题的综合 WMS。2005 年，朝日啤酒对四个 DC 使用的 WMS 进行了升级改造，升级后的综合 WMS 可以支持运输本企业以外的货物，从而实现作业指令和业务管理的一体化。在综合 WMS 中，朝日啤酒新增了原系统中没有的配车功能。物流部齐藤毅副课长强调："综合 WMS 的最大特点就是能够实现集团货物配车业务的整合。配车也是此次系统开发中最受重视的功能。"

综合 WMS 从集团各企业的 ERP 中获取订单信息，统一配车。朝日啤酒和朝日饮料使用的是同一个 ERP "SPIRIT"，与其他企业的 ERP 不同，因此综合 WMS 还具备与各企业对接的界面。

10.4　新旧系统兼容

综合 WMS 的管理对象不局限于啤酒工厂的仓库，还包括集团内所有实施共同物流的物流基地，其中既有如茨城工厂引进了自动仓库以及按层分拣系统的物流基地，也有在库内作业中使用 IC 标签的 DC。因此，综合 WMS 的最大特征就是能与各物流基地的多样性系统兼容。

在混装多品种、少批量货物时，综合 WMS 会对发货信息数据进行排序，确定托盘、车辆的装货顺序，给出分拣配货装载作业指示。同时，为确保托盘上的货物在运输中安全稳固，在拣货阶段就要把反映货物包装形态的数据导入综合 WMS，并生成 3D 模拟图，以确保装载作业中的货物状态管理。

配车和作业指令一元化管理的前提是客户编码和商品编码的统一，前者是配车作业的必备要素，后者是拣货作业和装载作业中所必需的。统一编码，需要对集团各企业的 ERP 进行改造，具体办法是在综合 WMS 中附加虚拟的统一编码。这样，各企业的 ERP 依然按照原有的客户编码和商品编码进行管理，ERP 的发货指令信息导入综合 WMS 时自动转换成虚拟编码，综合 WMS 据此安排车辆，生成分拣配货以及装载的作业指令。为了不使作业人员感到困惑，拣货作业单上仍使用原有的编码。由于综合 WMS 统一了分拣配货顺序等作业指令，最终业务统一化管理也得以实现（见图 4-16）。

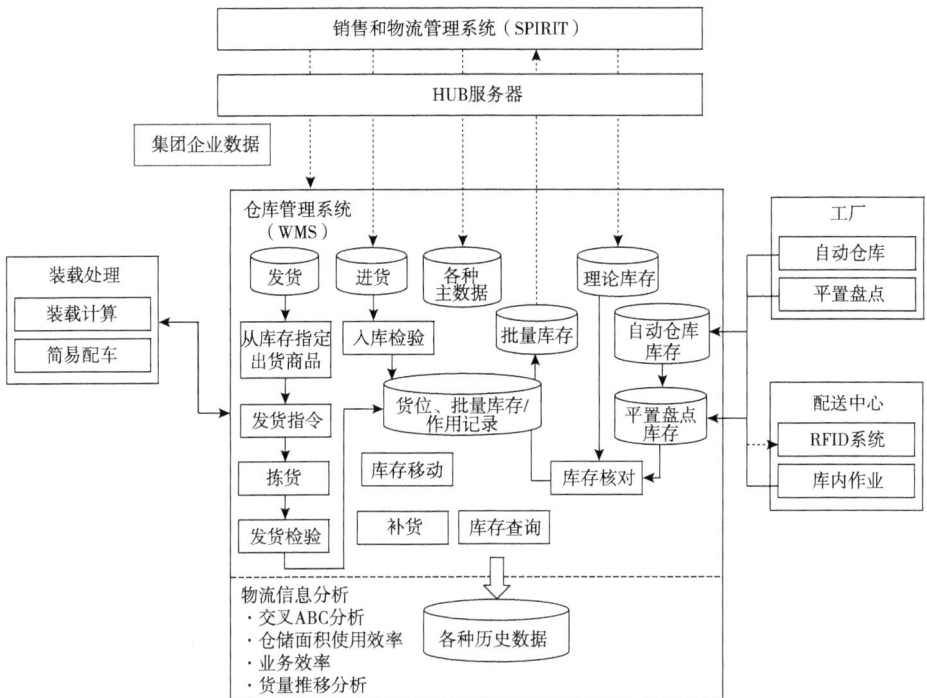

图 4-16　综合 WMS 示意

在此之前，各生产基地和物流基地都是单独导入 WMS，而这次投资总额达 3 亿日元的综合 WMS 服务器设置在朝日集团的数据中心，方便进行集中统一管理。继和平岛、西宫东的各 DC 及博多工厂之后，其他的 DC 和工厂也陆续完成了综合 WMS 的引进。

朝日啤酒物流系统部的儿玉彻夫部长表示："综合 WMS 的开发与应用，奠定了集团内共同物流的基础平台。有了这个平台，朝日集团今后可以更大力度地推进共同物流的开展。"系统中的虚拟编码实现了配车和作业指令的一元化，与现有系统实现了兼容和协作。综合 WMS 不仅适用于集团内部的物流管理，而且可以用于协调与外部企业开展的共同物流，成为开拓与集团外部企业合作的有力工具。

【思考题】

1. 分析朝日集团内部物流整合的主要因素和障碍。集团内的共同物流与一般的企业间共同物流相比，在因素和障碍上有哪些异同？

2. 为什么朝日啤酒的物流部门人员认为综合 WMS 的开发和应用奠定了集团内共同物流的基础平台？你是否赞同这种观点，为什么？

3. 共同物流的开展需要一些要素技术的开发。除了 WMS 等信息系统，你认为还有哪些要素技术十分重要？结合其他相关案例展开讨论。

后　记

有不少人认为共同物流的逻辑不言而喻、简单明了：让装载率都只有50%的两家公司统筹运输，所需的卡车数量将从两辆减少到一辆，成本几乎可以减半，环境负荷也相应地大大降低，不过如此！但读了本书案例的读者不难发现，共同物流绝非只是拼车降成本、减能耗那么简单。不论是参与主体，还是协作业务的种类、合作的地理范围、运营模式和技术支持，共同物流都有着毋庸置疑的多样性。虽然运营杠杆原理的物流合并效应仍是决定共同物流合理性的主要原理，但远远不能充分解释各种共同物流的特性和要因。

合并效应固然十分重要，但并非物流的唯一原理。如果只需遵从合并效应，计划经济方式的运输仓储应该是最合理的安排，或者将所有的物流活动交给几个大型承运商。但除了合并效应，各产业、各企业乃至各产品、各市场固有的物流特殊性也同样影响着企业的物流战略和物流运营。正因如此，货主企业不仅需要无差别地提供价格低廉的规格化服务的物流企业，也需要提供定制化服务的物流企业。第三方物流企业就是后者的典型，物流子公司则是后者的极端形态。

共同物流是介于规格化物流服务与定制化物流服务之间的中间形态。换言之，共同物流既要发挥合并效应，又不丧失定制化物流的优势。虽然是介于二者之间，但是共同物流大多以企业原有的定制化服务为基点，寻找或可集成或可互补的伙伴企业，以尽可能地获取更多的合并效应。这中间的范围和程度可大可小，也正是造成共同物流多样性的原因所在。

为了理解多样性丰富的事物，一个便捷的方法就是划分出类别。共同物流可以从多个维度分类：根据主导主体的性质可分为货主企业主导型、物流子公司主导型和3PL主导型；根据协作企业间的关系可分为同行业共同物流和跨行业共同物流；根据业务协作范围可分为单一业务合作型和多业务综合型；根据合作企业的数量和方式可分为多企业合作平台型和两三家企业合作的伙伴型；根据合作业务的差异度可分为同质集成型和异质互补型；根据合作的地理范围可分为特定区域限定型和广域拓展型；根据合作的推动和执行模式可分为运营实体型和论坛型。

本书的定位是案例集而非学术专著，所以对各类型的严密论证和分析不多。不过在本书的终章，我们还是想选取几个日本物流业界普遍认为较为典型的共同物流的类型，简单地梳理各自的要点。需要说明的是，下面提到的几个类型并不属于同一纬度的分类。

·跨行业共同物流

分属不同行业或不同业态的企业之间开展共同物流，因为不存在市场竞争关系，实施的障碍相对较小。例如，运输方向相反的企业可以利用彼此的回程卡车或掏箱后的空集装箱；重货和轻泡货的拼车混装能够有效地提高装载率；物流量的季节性和周期性波动相异的企业之间物流资源共享，可以减少设备的淡季闲置，从而提高物流资源利用率。

然而跨行业的共同物流常常因为找不到合适的合作伙伴而难以实施。双方的运输网络或物流量波动必须有互补性，对车辆和设备要求的差异须在双方均可接受的范围内。有些商品由于气味等原因不可与其他货物混装在同一运输工具内。因合作伙伴的商品构成或销售状况发生变化导致共同物流的方案难以为继的情况也时有发生，许多共同物流的合作项目也因此夭折。

·同行企业的共同物流

同行企业之间的物流协作由于交货目的地重合的概率较大等因素，与跨行业的情况相比常常显得效果更佳。而且由于所需设备以及理货方式大同小异，物流实操时一般不会出现太大的问题。收货方也会因为能够一次验收多家供应商的送货而受惠于此。

但是同行企业间的共同物流的具体实施过程也是障碍重重。比如，企业难免担心与同行的物流协作会导致客户、交易量、交易条件以及促销计划等机密信息被竞争对手知晓。企业在体量规模上的差异也会阻碍协议的达成，因为一般来说规模较小的企业通过协作获取的利益更大，因此规模较大的企业会觉得被占了便宜，尤其是行业内的龙头企业，对共同物流大多数态度消极。

正因如此，同行企业的联合配送项目在地广人稀的地区容易实施。例如，在北海道或九州的一些地区配送效率很低，又远离东京、大阪等主要消费市场，各企业在营销战略上因销售量有限一般重视度不高，大型企业也会对联合配送有较强的参与意愿。

· **行业内物流平台**

行业内物流平台是一个将行业内物流协作的范围最大化的工具。原有的物流网络大多是由各制造企业分别独立构建的纵向系统。物流平台就是要打破这些纵向网络的束缚，建构行业内各企业共享的横向网络。

行星物流是行业内最著名的物流平台。这是一个由 10 家日化用品制造企业共同出资，于 1989 年成立的共同物流运营公司。主导这个平台的是日化用品行业第二大企业狮王。2000 年是该平台的鼎盛时期，有 40 家生产企业加盟，在日本全国设有 7 个物流基地，负责各企业产品面向批发商的联合仓储和联合配送。

但是到了 2016 年 7 月，行星物流宣布解散了。自开始运营以来的 25 年时间里，由于日化用品的批发领域经历多番淘汰和整合后，企业数量大减，从生产企业工厂直接向批发企业的物流中心的发货量不断增加，并且发货批量也比以前大了许多。这些环境的变化降低了向批发商联合配送的需求，因此物流平台存在的意义受到了质疑。

然而通过行星物流的实践，日化用品业界有关托盘尺寸、单据格式、纸板箱的表面标识等方面的标准化取得了长足的进展。现在各生产企业正是在这些基础上成立新的研究会，探索新一代共同物流的模式。

包装食品行业的 5 家公司于 2019 年 4 月共同出资成立了一家共同物流的运营公司 F-LINE，以味之素的物流子公司味之素物流为核心，整合了各家制造企业的物流资源。

F-LINE 的平台规划其实参考了之前的行星物流。不过行星物流成立之初的主要目的是希望通过共同物流降低成本，以抗衡行业龙头花王的物流优势。那时的花王已经独自构建了覆盖零售店的物流网络。但在包装食品行业并没有像花王那样鹤立鸡群的巨人，F-LINE 的目标主要是物流的可持续性和食品的稳定供应。

正如本书 F-LINE 的案例中所讲述的，近年来日本劳动力短缺，物流领域尤其严重。包装食品行业的物流平台正是在这样的背景下出现的。2015 年以后，由于卡车司机不足，许多企业在销售旺季无法确保足够的运力。物流危机不仅引发了运费飙升，运输企业的管理层因为担心员工会跳槽也尽量避免承运司机讨厌的货物。

包装食品就是最不受卡车司机欢迎的货物之一。因为大多是轻泡货，很多货主为了尽量多装货，不愿采用托盘而是将商品直接装车。因此司机总是被要求装卸货物，耗时费力，在食品批发商的物流中心内外常有多辆卡车长时间滞留等待卸货。

尽管不受卡车司机待见，但毕竟包装食品货量大而且稳定，所以在物流运力供给充裕的时候，确保所需的卡车数量倒也并非难事。可是由于运输市场已经从货主挑选运输公司转变为运输公司挑选货主和货物的卖方市场，对于食品生产企业来说，如何确保运力成了关乎主业存续的大问题。

因此，可持续性上升为食品制造企业物流管理的主要目标，其重要性甚至超过了降低物流成本和提高服务水平。共同的问题意识和目标促使食品企业选择了与竞争对手开展物流协作，共享运输资源以减少运力浪费实现物流业务的可持续性。随之而来的各种标准化问题，如单据格式、业务流程和外包装箱规格等，也获得了长足的进展。

· 物流专业公司主导型

行业物流平台中，有些是行业内大型制造企业通过其物流子公司向同行企业开放物流业务逐渐形成的。本书介绍的大塚集团的大塚仓库和阿尔卑斯电气旗下的阿尔卑斯物流的案例就属于这一类型。不过这些平台大多针对的是相对小众的产品，主要目的还是让物流子公司扩大集团外销售，从成本中心发展成为利润中心。

相比之下，行星物流和 F-LINE 等平台是针对日化、食品等大众消费商品，并由行业内主要生产企业联手构建起来的。"在物流上合作，在商品上竞争"是加盟这些物流平台的企业秉持的方针。

F-LINE 的食品行业共同物流平台有可能发展到前所未有的规模。但是制造企业联手组建的物流平台有着不同于物流子公司主导的平台的问题，例如，谁拥有更大的发言权并在平台运营中发挥核心作用？企业间如何才能形成共识？利益和风险如何分担？如何才能推动不以赢利为目的的业务协作？这些都有可能成为物流平台发展的障碍。

在这一点上，由于3PL企业主导的行业物流平台与任何特定的制造企业都没有特殊的关联，因而被认为有着更大的发展潜力。这些物流专业企业站在第三方的立场，纯粹地基于经济合理性开展共同物流，既不会被货主企业间的市场竞争关系束缚，也不会因协调共识而停滞不前。另外，由于物流是他们的主业，与制造企业主导的平台相比，他们更有利于培养物流的专门人才。

对于没有母公司基础货源的物流企业来说，从零开始开展共同物流业务当然很不容易。在许多成功的案例中比较常见的模式是在特定区域深耕的运输企业为某货主企业提供区域内专线配送服务时，利用配送车辆的富余运力拼车混装其他企业的货物。这样的拼车混装有时候并不需要取得货主企业的同意，共同物流也就自然而然地形成了。随着规模逐渐扩大，这一行为作为既成事实而被认可。实际上，在一些货量相对较少的地区，低温食品和包装食品的企业共享当地的运输企业提供的专线配送服务的情况已经十分普遍。

但是一些大型物流公司早已不满足自然形成的共同物流业务，而是通过大规模的物流网络建设战略性地构建有特定指向的物流平台。例如，日立物流、佐川急便、SB物流投资设立的自动化程度很高的大规模EC订单执行中心为大量的中小型电商企业提供了可靠的物流平台。日本通运耗资约1000亿日元建成的医药物流平台覆盖日本全国，提供采用区块链技术的信息平台、四座医药品专用物流中心，以及符合GDP标准的医药品专用车辆。

本书提到的行星物流的共同物流项目，除了生产企业和流通企业的有关人员，还有许多学者和研究人员也深入参与了战略规划和运营方案的开发。在这个过程中，人们认识到共同物流的设计和实施需要有系统思维，要创造一个生态。在这个生态中，一部分要素间的相互作用会影响整体，整体又会影响各个要素，从而形成新的秩序。

任何改革都需要推动力。变革原有系统不仅耗时，还会遭遇阻力。作为企业间重要的横向协作的共同物流如果仅能带来直接成本的些许削减，可能很难获得企业的支持并达成企业间的共识。物流协作不是单纯的加法，要素的整合和集成追求的应是乘数效应。本书的案例中列举了许多模式和技术的创新。这些实操层面的要素固然非常重要，而且有时还起到关键性的作用，但在本书的最后，我们想强调的是，创造新的价值才是共同物流最重要的推动力。共同物流的项目能否成功，取决于物流协作方案中有没有提出要共同创造什么样的新价值以及如何去实现。同时，完整公平的契约和相互信任对于共同物流项目的成功也必不可少。与供应链成员间的纵向协作相比，横向协作的交易治理机制更加复杂，也更容易陷入挫折。横向协作的治理与维系既不能简单地依赖市场机制，又无法像同一企业组织内采用规则和指令，因此需要契约和信任分别作为正式的和非正式的交易治理机制相辅相成，保证在协同合作过程中利益分配与风险分担的公平。本书许多案例中的企业管理层的发言一再为契约与信任并用的重要性提供了佐证。价值创造、契约、信任应该是从事共同物流研究和实践的所有人应持有的视角。

向为本书的问世付出时间和心血的全体人员表示衷心的感谢！

李瑞雪

大矢昌浩